rowohlt
BERLIN

Hernando de Soto **_Freiheit für das Kapital!_**

**_Warum der Kapitalismus nicht weltweit funktioniert_**

Deutsch von Hainer Kober
Mit einem Vorwort von Lothar Späth

**_Rowohlt · Berlin_**

1. Auflage September 2002

Die Originalausgabe erschien 2000 unter dem Titel
«The Mystery of Capital» bei Bantam Press

Satz aus der Sabon PostScript PageMaker bei
Pinkuin Satz und Datentechnik, Berlin
Druck und Bindung Clausen & Bosse, Leck
ISBN 3 87134 449 4

Die Schreibweise entspricht den Regeln
der neuen Rechtschreibung.

*Für Mariano Cornejo, der mich lehrte, mit beiden Füßen fest auf dem Boden zu bleiben, und für Duncan Macdonald, von dem ich lernte, mich nach den Sternen zu richten.*

## *Inhalt*

## *Vorwort von Lothar Späth*

Die Globalisierung ist eines der beherrschenden Themen unserer Zeit. In Deutschland und in anderen Staaten der so genannten ersten Welt wird viel über die Chancen und Risiken dieses Prozesses diskutiert. Dabei wird immer wieder die Tatsache verdrängt, dass Globalisierung *Weltumspannung* bedeutet und damit den Weg zu einer einzigen gemeinsamen Welt beschreibt. Das verpflichtet die reichen und tonangebenden Staaten, globale politische Verantwortung zu übernehmen. Globalisierung bedeutet ebenso eine Zunahme gegenseitiger Abhängigkeit und schafft schon dadurch die Notwendigkeit, die Probleme der schwachen Staaten auch zu den unsrigen zu machen. Doch bleibt die Frage, wie diese Pflicht wahrgenommen werden soll: Wie kann man den Menschen der Dritten Welt und des ehemaligen Ostblocks, auf die sich Hernando de Sotos Analyse bezieht, wirksam und nachhaltig auf dem Weg aus der Armut helfen?

Wir haben die Idee des Kapitalismus exportiert und geglaubt, damit werde sich auch in den ärmeren Ländern schon alles zum Guten wenden. Doch wir sehen seit einiger Zeit, dass das kapitalistische Wirtschaftssystem nicht beliebig auf jede andere Gesellschaft übertragen werden kann. Wir müssen mehr über die Probleme lernen, mit denen die Staaten konfrontiert werden, die den goldenen Weg des Kapitalismus einzuschlagen versuchen. Obwohl der Zusammenbruch des Sozialismus keinen Zweifel mehr an der wirtschaftlichen Überlegenheit des kapitalistischen Systems lässt, gelingt es den ehemaligen kommunistischen Staaten nur sehr zögerlich, den Ländern der so genannten Dritten Welt häufig noch viel weniger, durch die schlichte Übernahme kapitalistischer Grundsätze die Armut zu beseitigen.

Nach vielen Jahrzehnten gut gemeinter, aber überwiegend erfolgloser Entwicklungspolitik wagt Hernando de Soto im vorliegenden Buch die unverblümte und unbequeme Frage, warum der Kapitalismus im Westen triumphiert und überall sonst fehlschlägt.

Wenn das kapitalistische System des Westens an sich funktioniert, die Dritte Welt und die Staaten des ehemaligen Ostblocks aber trotz der Systemtransformation keinen Wohlstand hervorbringen, so scheint der Schluss nahe zu liegen, dass etwas mit den Menschen, die dort agieren, nicht in Ordnung ist. «Mangel an unternehmerischem Geist» oder «fehlende Marktorientierung» sind die häufig genannten Gründe für ein Scheitern des kapitalistischen Systems in diesen Ländern. Wer de Sotos Buch liest, der begreift jedoch schnell, dass diese Erklärung voreilig und selbstgerecht ist. Sie ignoriert die Notwendigkeit einer Vielzahl von Rahmenbedingungen, welche für uns Menschen aus der westlichen Welt selbstverständlich geworden sind und sich deswegen lange Zeit unserer Wahrnehmung entzogen haben.

De Soto ist dem Wesen des Kapitalismus auf den Grund gegangen. Der Kapitalismus lebt von der Schöpfung wirtschaftlicher Werte über die tatsächlichen Vermögensbestände hinaus: von der Schöpfung des Kapitals – im Sinne von Geld zu Investitionszwecken. Kapital ist nach de Soto «das Lebensblut des kapitalistischen Systems, die Grundlage allen Fortschritts».

In der ersten großen Euphorie der Entwicklungshilfe hat man aus dieser einfachen Wahrheit prompt den falschen Schluss gezogen und Kapital in die armen Länder gepumpt. So kam 1970 die UN-Vollversammlung zu dem zweifelhaften Beschluss, dass jedes wirtschaftlich fortgeschrittene Land den Entwicklungsländern ein Prozent seines Bruttosozialproduktes zur Verfügung stellen solle.

Später musste man erkennen, dass auf diese Weise, also durch Kapitalversorgung von außen, keine nachhaltige Entwicklung eingeleitet werden kann. Im Gegenteil, man behinderte sogar die wirtschaftliche Entwicklung der armen Länder. Diese sich mehr und mehr durchsetzende Erkenntnis führte schließlich zu einer Entwicklungshilfe mit dem Grundsatz «Hilfe zur Selbsthilfe». Nach diesem Prinzip sollten nur solche Projekte finanziert werden, die geeignet schienen, Menschen in der Dritten Welt zu einer eigenständigen Versorgung zu führen. Es ist dieser Grundsatz, der meines Erachtens der Prüfstein jeder vernünftigen Maßnahme sein muss, die den Namen «Entwicklungs»-hilfe trägt.

Was Hernando de Soto nun mit seinem Buch anmahnt, ist eigentlich die Notwendigkeit zur Zusammenführung beider Ansätze: Wir brauchen Maßnahmen, die unter dem Primat der Selbsthilfe zu einer ausreichenden Kapitalversorgung führen. Nach der empirischen Bestandsaufnahme de Sotos bestehen die Probleme der Dritten Welt entgegen allen herkömmlichen Annahmen gar nicht in ihrer zu geringen Vermögensausstattung. Was der Westen dem Rest der Welt viel entscheidender voraushabe, sei die ausgeprägte Fähigkeit, Kapital zu produzieren. Die Unzulänglichkeiten im Prozess der Kapitalschöpfung sind nach de Sotos Auffassung trotz ausreichend vorhandener Vermögenswerte der wahre Grund für den Entwicklungsstillstand dieser Länder. Und ich glaube, er hat Recht.

Doch warum besitzt der Westen diese ausgeprägte Fähigkeit zur Kapitalisierung? Das Geheimnis liegt in der Schöpfung eines umfassenden formalen Eigentumsrechts, der Grundlage für einen Umwandlungsprozess, der es ermöglicht, Kapital zu produzieren. Dieser Aspekt ist für uns Deutsche von besonderer Bedeutung. Es geht nämlich in letzter Konsequenz um die Funktionstüchtigkeit einer öffentlichen Verwaltung. Sie scheint uns in den letzten Jahrhunderten den Weg in den Wohlstand geebnet zu haben. Wer hätte das gedacht? Hierzulande ist es populär, die Behörden eher als Hindernis auf dem Weg zu Innovation und wirtschaftlicher Entwicklung wahrzunehmen. Dafür gibt es auch ernst zu nehmende Anlässe. Betrachtet man jedoch die viel sagenden Beispiele, die de Sotos Forscherteam zusammengetragen hat, dann wird klar, dass zwischen einer konstruktiven Überregulierungskritik in Deutschland und der prinzipiellen Bedeutung willkürfreier und gut organisierter öffentlicher Verwaltung kein Widerspruch besteht. Vielmehr lesen sich de Sotos Erfahrungsberichte aus den wirtschaftlich unterentwickelten Ländern manchmal wie eine satirische Übertreibung des deutschen «Amtsschimmelproblems».

Ganz selbstverständlich greifen wir in Deutschland und in der gesamten westlichen Welt auf eine Vielzahl behördlicher Leistungen zurück, um unser Vermögen mit der gebotenen Rechtssicherheit bemessen und registrieren zu lassen. Man stelle sich einmal vor, Sie würden irgendwo in Deutschland ein bestimmtes Grundstück erwerben wollen, um ein Haus darauf zu stellen und eine Autoreparaturwerkstatt darin zu betreiben. Niemand kann jedoch so genau feststellen, wem das Grundstück eigentlich gehört. Den Kredit, welchen Sie benötigen, wird Ihnen eine Bank erfahrungsgemäß und verständlicherweise nur dann gewähren, wenn sie gegebenenfalls die Möglichkeit hat, Sie zur Verantwortung zu ziehen. Dazu sind verlässliche, willkürfreie und eindeutige behördliche und notariell beglaubigte Zertifikate notwendig. In Deutschland mag uns das manchmal mühselig erscheinen. Was aber würden wir Bürger der westlichen Welt tun ohne diese Handlungssicherheit?

In den Ländern der Dritten Welt wird der Versuch, sich diese Rechtssicherheit im Hinblick auf ihr Eigentum zu verschaffen, für die Masse der Menschen zu einer echten Lebensaufgabe, wenn nicht sogar zu einem aussichtslosen Unterfangen. Die dortigen Eigentumsrechtssysteme erscheinen rein formal ausreichend, sind aber de facto nur von kleinen elitären Gruppierungen nutzbar. Der Masse bleibt der Zugang durch subtilste Methoden versperrt und damit auch die vielen Vorteile allgemein gültiger, verbindlicher und einklagbarer Eigentumsrechte.

Wir können uns kaum vorstellen, in einem Land zu leben, das keine Möglichkeit bietet, die Eigentumsverhältnisse einheitlich und eindeutig zu klären und damit das (potenzielle) Privatvermögen gegen Willkür zu schützen. Diese Problematik haben wir bei der zögerlichen Regelung von Eigentums- und Verfügungsrechten während der Wiedervereinigung Deutschlands zu spüren bekommen. Die Kapitalschöpfung durch Kredite ist in einer solchen Situation praktisch unmöglich. Die einzigen noch vorstellbaren Darlehen würden mit Wucherzinsen belegt, was in Ländern der Dritten Welt in Ermangelung vernünftiger Alternativen zum typischen Bild gehört. Hohe Zinsen wiederum erhöhen den Druck auf die Unternehmer, erfolgreich zu sein. Was würde mit dem westlichen Unternehmertum wohl geschehen, wenn es Zinsen von zwanzig, dreißig oder gar mehr Prozent bedienen müsste? Darüber hinaus wird das unternehmerische Risiko noch dadurch erhöht, dass die Notwendigkeit, außerhalb der offiziellen Gesetze zu wirtschaften, jede im Westen übliche Form der Versicherung vereitelt. Was bleibt, sind Zahlungen von Schutzgeldern an mafiaähnliche Organisationen und Duldungszahlungen an korrupte Beamte. Unternehmerische Erfolgsgeschichten sind unter diesen Bedingungen nahezu undenkbar. Selbst hartgesottene westliche Unternehmer scheuen sich bekanntlich vor Investitionen in solchen Ländern, wenn ihnen nicht mit Hermesbürgschaften oder politischem Schutz auf höchster Ebene das unternehmerische Risiko erträglich gemacht wird.

Wir Deutschen können auf besondere Weise nachvollziehen, dass die gewachsenen Regeln und Konventionen – legale wie extralegale – im Umgang mit Vermögensgegenständen Eingang in die Eigentumsordnung finden müssen. Schließlich war der Entwurf der sozialen Marktwirtschaft auch keine komplette Kopie des amerikanischen Systems. Man kann einer Gesellschaft nicht irgendein idealtypisches Muster überstülpen und sich dann wundern, warum es keiner annimmt. Die jahrhundertlange Entwicklung, die dem kapitalistischen Westen den Reichtum gebracht hat, kann im Prozess nachholender Entwicklung bestenfalls abgekürzt werden – indem man den nachahmenden Ländern bei der Orientierung hilft, nicht, indem man versucht, sie ins Ziel zu tragen.

Mit dem vorliegenden Buch hat Hernando de Soto eine Vision entworfen, wie die Armut in der Welt effektiver bekämpft werden kann. Ich hoffe, dass die interessanten Ergebnisse seiner aufwendigen Untersuchungen hierzulande noch weitere Verbreitung finden werden und die Bereitschaft stärken, globale Verantwortung zu übernehmen.

# *Kapitel 1*
# *Die fünf Geheimnisse des Kapitals*

> Die Frage, deren Beantwortung den Schlüssel zum ganzen Problem liefert, lautet also: Aus welchen Gründen hat der Sektor der Gesellschaft von gestern, den ich ohne zu zögern als kapitalistisch einstufen möchte, wie unter einer Glasglocke gelebt[1] bzw. sich eingekapselt; warum konnte er nicht ausschwärmen und die ganze Gesellschaft erobern? ... [Warum gestattete] die Gesellschaft von gestern eine nennenswerte Kapitalbildungsrate nur in bestimmten Bereichen, nicht aber im Gesamtgefüge der damaligen Marktwirtschaft?
>
> FERNAND BRAUDEL, *Der Handel*

Die Stunde seines größten Triumphs ist für den Kapitalismus zugleich die Stunde seiner Krise.

Der Fall der Berliner Mauer beendete mehr als hundert Jahre politischen Wettstreits zwischen Kapitalismus und Kommunismus. Nun präsentiert sich der Kapitalismus als die einzig praktikable Methode, eine moderne Volkswirtschaft zweckmäßig zu organisieren. Zum jetzigen Zeitpunkt der Geschichte hat keine verantwortungsbewusste Nation eine andere Wahl. Also haben Entwicklungsländer und einstige kommunistische Staaten – mit unterschiedlicher Begeisterung – ihre Haushalte ausgeglichen, Subventionen gekürzt und Zollschranken aufgehoben.

Das Ergebnis ihrer Bemühungen war schwere Enttäuschung. Von Russland bis Venezuela waren die letzten fünf Jahre durch wirtschaftliche Entbehrungen, sinkende Einkommen, Angst und Zorn geprägt. Oder wie der malaysische Premierminister Mohamad Mahathir bitter anmerkte: «Hunger, Aufruhr und Plünderungen». Kürzlich hieß es in einem Leitartikel der *New York Times*: «Nach dem Sieg im Kalten Krieg ist für den größten Teil der Welt der vom Westen so gepriesene freie Markt ersetzt worden durch die Grausamkeit der Märkte, durch Vorbehalte gegenüber dem Kapitalismus und die Gefahren der Instabilität.» Der Triumph des Kapitalismus nur im Westen könne geradezu eine Rezeptur für wirtschaftliche und politische Katastrophen in der übrigen Welt sein.

Für die in Frieden und Wohlstand lebenden Amerikaner war es allzu leicht, den Aufruhr in anderen Teilen der Welt zu ignorieren. Wie kann der Kapitalismus in Schwierigkeiten stecken, wenn der Dow-Jones-Index höher klettert als Sir Edmund Hillary? Wenn die Amerikaner auf andere Nationen blicken, sehen sie Fortschritte, mögen sie noch so schleppend sein. Kann man in Moskau etwa keine Big Macs essen, in Schanghai keine brandheißen Videos ausleihen und sich in Caracas nicht ins Internet einloggen?

Doch selbst in den Vereinigten Staaten lassen sich die Alarmzeichen nicht übersehen: Kolumbien steht am Rande eines verheerenden Bürgerkriegs zwischen Guerillas, die vom Drogenhandel leben, und feindlichen Milizen; im Süden Mexikos tobt ein Aufstand, der sich nicht unter Kontrolle bringen lässt; in großen Teilen Asiens erstickt das künstlich genährte Wirtschaftswachstum in Korruption und Anarchie. Die Sympathie für die freie Marktwirtschaft zeigt in Südamerika einen deutlichen Rückgang: Im Mai 2000 war die Zustimmung zur Privatisierung von 46 auf 36 Prozent gesunken. Am bedrohlichsten aber ist die Lage in den ehemaligen kommunistischen Staaten, wo man vom Kapitalismus enttäuscht ist und wo die Vertreter der alten kommunistischen Ordnung Gewehr bei Fuß stehen, um die Macht wieder an sich zu reißen. Wie einige Amerikaner sehr wohl wissen, ist ihr jahrzehntelanger Wirtschaftsboom nicht zuletzt dem Umstand zu verdanken, dass amerikanische Wertpapiere als sicherer Hort für internationales Geld umso attraktiver werden, je unsicherer die Lage im Rest der Welt ist.

In der Wirtschaftsgemeinschaft des Westens wächst die Sorge, die reichen Volkswirtschaften könnten in eine Krise treiben, wenn in den meisten übrigen Ländern der Welt alle Versuche scheitern, den Kapitalismus zu etablieren. Wie Millionen Anleger schmerzlich erfahren mussten, als sich das Geld verflüchtigte, das sie in

Fonds für Schwellenländer investiert hatten, ist die Globalisierung keine Einbahnstraße: So wenig sich die Entwicklungsländer und die ehemaligen Ostblockstaaten dem Einfluss des Westens entziehen können, so wenig kann sich der Westen umgekehrt aus ihrer Umklammerung befreien. Auch in den reichen Ländern selbst hat sich die Abneigung gegen den Kapitalismus verstärkt. Die Proteste in Seattle bei der Welthandelskonferenz im Dezember 1999 und in Washington bei der Tagung von Weltbank und Internationalem Währungsfonds sechs Monate später zeigten bei aller Unterschiedlichkeit der Anliegen, wie groß der Zorn ist, den die Ausbreitung des Kapitalismus hervorruft. Viele erinnerten an den Wirtschaftshistoriker Karl Polanyi und seine Warnung, dass freie Märkte mit den Anliegen der Gesellschaft kollidieren und in den Faschismus führen könnten. Japan schlägt sich mit der größten Wirtschaftskrise seit der Großen Depression herum. Die Westeuropäer wählen Politiker, die ihnen einen «Dritten Weg» versprechen, also die Abkehr von dem, was in einem französischen Bestseller *Der Terror der Ökonomie* genannt wurde.

So beunruhigend diese Alarmzeichen auch sind, bisher haben sie die amerikanischen und europäischen Politiker nur dazu veranlasst, dem Rest der Welt wieder die alte Leier vorzubeten: Stabilisiert eure Währungen, haltet durch, ignoriert die Lebensmittelunruhen und wartet geduldig auf die Rückkehr der ausländischen Investoren.

Ausländische Investitionen sind natürlich eine schöne Sache. Je mehr, desto besser. Auch stabile Währungen sind schön, ebenso wie Freihandel, Transparenz des Bankwesens, Privatisierung staatlicher Industrien und alle anderen Heilmittel, die der Westen in seinem Arzneischrank vorrätig hält. Doch wir vergessen dabei ständig, dass es schon früher Bestrebungen gab, den Kapitalismus zu globalisieren. Beispielsweise sind in Lateinamerika Reformen, die zum Ziel hatten, kapitalistische Systeme einzurichten, mindestens viermal gescheitert, seit man in den zwanziger Jahren des 19. Jahrhunderts die Unabhängigkeit von Spanien erreicht hatte.

Jedes Mal haben sich die Lateinamerikaner nach anfänglicher Euphorie von der kapitalistischen Wirtschaftspolitik und der freien Marktwirtschaft wieder abgewandt. Offenbar reichen diese Heilmittel nicht aus. Tatsächlich sind sie so unzulänglich, dass sie fast keine Rolle spielen.

Wenn ihre Heilmittel nicht wirken, ist die westliche Welt allzu leicht geneigt, nicht die Angemessenheit der Rezepturen infrage zu stellen, sondern den Menschen in der Dritten Welt ihren Mangel an Unternehmergeist oder Marktorientierung vorzuwerfen. Wenn sie es trotz all der ausgezeichneten Ratschläge nicht zu Wohlstand bringen, dann stimmt irgendetwas mit ihnen nicht: Ihnen fehlt entweder die protestantische Reformation, sie sind durch das koloniale Erbe gelähmt oder ihr IQ ist zu niedrig. Doch die Behauptung, die Kultur erkläre den Erfolg so grundverschiedener Regionen wie Japan, Schweiz oder Kalifornien, und die Kultur sei es auch, die die Armut so kulturell unterschiedlicher Regionen wie China, Estland und Baja California erkläre, ist nicht nur zynisch: sie ist schlicht nicht überzeugend. Das Wohlstandsgefälle zwischen dem Westen und dem Rest der Welt ist viel zu hoch, als dass es durch Kultur allein zu begründen wäre. Die Menschen sehnen sich nach den Früchten des Wohlstands, so sehr, dass viele, von Sanchez' Kindern bis zu Nikita Chruschtschows Sohn, in westliche Länder abwandern.

In den Städten der Dritten Welt und der ehemaligen Ostblockstaaten wimmelt es von Unternehmern – Sie können über keinen Marktplatz des Nahen Ostens gehen, in kein lateinamerikanisches Bergdorf wandern und in kein Moskauer Taxi steigen, ohne dass jemand versucht, ein Geschäft mit Ihnen zu machen. Die Bewohner dieser Länder besitzen Talent, Begeisterung und eine erstaunliche Fähigkeit, praktisch aus dem Nichts Profit zu schlagen. Die moderne Technik können sie verstehen und anwenden. Sonst wären die amerikanischen Unternehmen nicht so bemüht, die unberechtigte Verwendung ihrer Patente im Ausland einzuschränken. Auch würde die amerikanische Regierung sonst nicht so darum kämpfen, die moderne Waffentechnologie den Ländern der Dritten Welt vorzuenthalten. Märkte haben eine alte und weltweite Tradition: Vor 2000 Jahren vertrieb Jesus die Geldwechsler aus dem Tempel, und schon lange bevor Kolumbus Amerika erreichte, brachten die Mexikaner ihre Produkte auf den Markt.

Doch wenn die Menschen in Ländern, die sich im Übergang zum Kapitalismus befinden, weder bemitleidenswerte Bettler noch hoffnungslos in antiquierten Verhaltensweisen festgefahren oder Gefangene fortschrittsfeindlicher Kulturen sind: was hindert den Kapitalismus dann, ihnen den gleichen Wohlstand zu verschaffen, den er dem Westen geschenkt hat? Warum blüht der Kapitalismus nur im Westen, als befände er sich unter einer Glasglocke?

In diesem Buch möchte ich zeigen, dass das Hauptproblem, das den Rest der Welt daran hindert, vom Kapitalismus zu profitieren, die Unfähigkeit ist, Kapital zu produzieren. Das Kapital ist die Kraft, die die Produktivität der Arbeitskräfte erhöht und den Wohlstand der Nationen schafft. Kapital ist das Lebensblut des kapitalistischen Systems, die Grundlage allen Fortschritts und jener Faktor, den die armen Länder der Welt offenbar nicht aus eigener Kraft schaffen können, egal, wie eifrig sich Menschen dort allen anderen Aktivitäten widmen, die ein kapitalistisches Wirtschaftssystem auszeichnen.

Mit Fakten und Zahlen, die meine Forschungsgruppe und ich Wohnblock für Wohnblock und Farm für Farm in Asien, Afrika, dem Nahen Osten und Lateinamerika ermittelt haben, werde ich ferner zeigen, dass die meisten Armen bereits die Vermögensgegenstände besitzen, die sie brauchen, um im Kapitalismus erfolgreich zu sein. Selbst in den ärmsten Ländern sparen die Armen. Tatsächlich haben die Ersparnisse der Armen einen immensen Wert: vierzigmal so viel wie alle ausländische Hilfe, die seit 1945 weltweit empfangen wurde. In Ägypten beispielsweise ist das Vermögen, das die Armen zusammengetragen haben, 45-mal so viel wert wie die Summe aller Direktinvestitionen, die dort jemals verzeichnet wurden – einschließlich des Suezkanals und des Assuanstaudamms.

In Haiti, dem ärmsten Staat Lateinamerikas, ist das Gesamtvermögen der Armen mehr als 150-mal größer als die ausländischen Investitionen, die dort seit der Unabhängigkeit von Frankreich im Jahre 1804 vorgenommen wurden. Sollten die Vereinigten Staaten ihre Auslandshilfe auf das von den Vereinten Nationen empfohlene Niveau anheben – auf 0,7 Prozent ihres Bruttosozialprodukts –, würde das reichste Land der Welt mehr als 150 Jahre brauchen, um den Armen der Welt Mittel in der Höhe bereitzustellen, die dem dort bereits vorhandenen Vermögen gleichkämen.

Doch diese Vermögenswerte leiden unter Mängeln: Häuser, die auf Grundstücken mit fragwürdigen Eigentumsverhältnissen gebaut sind, Nicht-Kapitalgesellschaften mit ungeklärter Haftung, Branchen, die für Finanziers und Investoren unsichtbar bleiben. Da die Eigentumsverhältnisse nicht ausreichend dokumentiert sind, lassen sich die Vermögensgegenstände nicht so leicht in Kapital umwandeln; sie können nur innerhalb enger lokaler Grenzen gehandelt werden, wo die Menschen einander kennen und vertrauen. Weder eignen sie sich als Sicherheiten für Kredite noch zur Ausgabe von Aktien an Anleger.

Im Westen dagegen ist jedes Grundstück, jedes Gebäude, jedes Gerät und jeder Lagerbestand in einem Eigentumsdokument repräsentiert – als sichtbares Zeichen eines umfassenden verborgenen Prozesses, der alle diese Vermögensgegenstände mit dem Rest der Volkswirtschaft verbindet. Dank diesem Repräsentationsprozess sind Vermögensgegenstände in der Lage, neben ihrer materiellen Existenz ein unsichtbares Doppelleben führen. Sie können als Sicherheit für Kredite dienen. In den Vereinigten Staaten ist die wichtigste Finanzierungsquelle für Existenzgründungen die Hypothek auf das Haus des Unternehmers. Dieser Vermögensgegenstand kann also eine Verbindung zur Kreditgeschichte des Hauseigentümers herstellen, er erst schafft eine verlässliche Adresse für die Einziehung von Schulden und Steuern, er schafft die Basis für die Tätigkeit zuverlässiger öffentlicher Versorgungsbetriebe und er ist eine Grundlage für die Herausgabe von Wertpapieren (wie

Pfandbriefen), die rediskontiert und auf Sekundärmärkten verkauft werden können. So haucht der Westen seinen Vermögensgegenständen Leben ein und nutzt sie zur Kapitalbildung.

Ein solcher Repräsentationsprozess fehlt in Ländern der Dritten Welt und ehemaligen kommunistischen Ländern. Infolgedessen sind die meisten von ihnen unterkapitalisiert, genauso wie eine Firma unterkapitalisiert ist, die weniger Wertpapiere ausgibt, als es ihre Einnahmen und Vermögenswerte rechtfertigen würden. Die Firmen der Armen haben große Ähnlichkeit mit Unternehmen, die keine Aktien oder Bonds ausgeben können, um neue Investitionen und Finanzmittel zu erhalten. Denn ohne Repräsentationen sind ihre Vermögensgegenstände totes Kapital.

Die armen Einwohner dieser Länder – die überwältigende Mehrzahl – haben zwar Besitztümer, doch ihnen fehlt der Prozess, der erforderlich ist, um ihr Eigentum zu repräsentieren und Kapital zu schaffen. Sie haben Häuser, aber keine Grundbucheintragungen, Ernten, aber keine Eigentumsdokumente über ihre Ernteverträge, Firmen, aber keine Unternehmenssatzungen. Das Fehlen dieser entscheidenden Repräsentationsmechanismen erklärt, warum Menschen, die alle anderen westlichen Erfindungen übernommen haben, von der Heftklammer bis zum Atomreaktor, bislang nicht in der Lage sind, so viel Kapital zu schaffen, dass ihr heimischer Kapitalismus funktionsfähig ist.

Das ist das Geheimnis des Kapitals. Um es zu lüften, müssen wir verstehen, warum die Menschen im Westen in der Lage sind, in ihren Vermögensgegenständen Kapital zu sehen und aus ihnen Kapital zu schlagen, indem sie sie durch Eigentumstitel repräsentieren. Eine der schwierigsten Aufgaben für das menschliche Denken besteht darin, die Dinge, von denen wir wissen, dass es sie gibt, die wir aber nicht sehen können, wahrzunehmen und zugänglich zu machen. Nicht alles, was real und nützlich ist, ist auch greifbar und sichtbar. Die Zeit zum Beispiel ist real, aber man kann nur vernünftig mit ihr umgehen, wenn man sie durch eine Uhr oder einen Kalender repräsentiert. Von Beginn an haben Menschen immer wieder Repräsentationssysteme erfunden – die Schrift, musikalische Noten, die doppelte Buchführung –, um mit dem Verstand zu erfassen, was die Hände nicht greifen können. In gleicher Weise vermochten die großen Praktiker des Kapitalismus, von den Schöpfern der integrierten Eigentumssysteme und der Ausgabe von Aktien bis hin zum Börsenspekulanten Michael Milken, Kapital zu erkennen und zu schaffen, wo andere nur wertlose Dinge sahen. Und sie ersannen neue Methoden, um das unsichtbare Potenzial zu repräsentieren, welches in dem Vermögen verborgen liegt, das wir anhäufen.

In dem Augenblick, da Sie diese Zeilen lesen, sind Sie umgeben von Wellen des ukrainischen, chinesischen und brasilianischen Fernsehens, das Sie nicht empfangen können. Genauso sind Sie von Vermögensgegenständen umgeben, die unsichtbares Kapital beinhalten. Die Wellen des ukrainischen Fernsehens sind so schwach, dass Sie sie nicht direkt spüren können. Sie lassen sich aber mithilfe eines Fernsehempfängers entschlüsseln, und dann können Sie sie sehen und hören: Auf die gleiche Weise kann Kapital aus Vermögensgegenständen gewonnen werden. Doch nur der Westen verfügt über die Voraussetzungen, die erforderlich sind, um Unsichtbares in Sichtbares zu verwandeln. Dieser Unterschied erklärt, warum westliche Länder Kapital schaffen können, Dritte-Welt-Staaten und ehemalige kommunistische Länder jedoch nicht.

Das Fehlen dieses Prozesses in den ärmeren Regionen der Welt, wo fünf Sechstel der Menschheit leben, ist nicht das Resultat einer monopolistischen Verschwörung des Westens. Vielmehr halten die westlichen Staaten diesen Mechanismus für so selbstverständlich, dass sie sich seiner überhaupt nicht mehr bewusst sind. Obwohl er in ihren Ländern allgegenwärtig und umfassend ist, sieht ihn niemand mehr, auch die Amerikaner, Europäer und Japaner nicht, obwohl sie doch ihren ganzen Reichtum der Fähigkeit verdanken, ihn zu nutzen. Er ist eine implizite rechtliche Infrastruktur, die tief in ihren Eigentumssystemen verborgen liegt – wobei Vermögensgegenstände nur die Spitze eines Eisbergs sind. Der Rest des Eisbergs ist ein komplizierter, künstlicher Prozess, der Vermögensgegenstände und Arbeitskräfte in Kapital verwandeln kann. Dieser Prozess geht nicht auf einen Entwurf zurück und er wird in keiner Hochglanzbroschüre beschrieben. Seine Ursprünge liegen im Dunkeln, und seine Bedeutung ist tief verborgen im ökonomischen Unterbewusstsein der kapitalistischen Staaten des Westens.

Wie konnte uns ein so wichtiger Aspekt entgehen? Gewiss, es ist nicht ungewöhnlich, dass wir wissen, *wie* man Dinge verwendet, ohne zu wissen, warum sie uns nützen. So hatten Seeleute Magnetkompasse schon lange in Gebrauch, bevor es eine befriedigende Theorie des Magnetismus gab. Bevor Gregor Mendel die Gesetze der Vererbung entdeckte, haben Tierzüchter seit Jahrhunderten praktische Kenntnisse der Genetik entwickelt. Obwohl der Westen seinen Wohlstand dem reichlich vorhandenen Kapital verdankt, ist fraglich, ob die Menschen sich des Ursprungs dieses Kapitals wirklich bewusst sind. Falls nicht, besteht sogar die Gefahr, dass der Westen die Quelle seiner eigentlichen Stärke beschädigt. Wenn sich der Westen über den Ursprung des Kapitals im Klaren ist, wird er auch in der Lage sein, sich und den Rest der Welt zu schützen, wenn die Hochkonjunktur wieder einmal der unvermeidlichen Krise weicht. Dann wird wieder die Frage zu vernehmen sein, die bei jeder internationalen Krise gestellt wird: «Mit wessen Geld soll das Problem gelöst werden?»

Bisher waren die westlichen Länder damit zufrieden, ihr System zur Kapitalbildung als gegeben hinzunehmen und dessen Geschichte nicht weiter zu dokumentieren. Diese Geschichte muss wieder entdeckt werden. So ist das vorliegende Buch zu verstehen: als ein Versuch, noch einmal der Quelle des Kapitals nachzuspüren und auf diese Weise zu erklären, wie den wirtschaftlichen Misserfolgen armer Länder abzuhelfen ist. Diese Misserfolge haben nichts mit Mängeln des kulturellen oder genetischen Erbes zu tun. Würde irgendjemand im Ernst behaupten wollen, es gäbe kulturelle Gemeinsamkeiten zwischen Lateinamerikanern und Russen? Und doch haben beide Regionen im letzten Jahrzehnt, seit sie begannen, den Kapitalismus ohne Kapital aufzubauen, mit den gleichen politischen, gesellschaftlichen und wirtschaftlichen Problemen zu kämpfen gehabt: mit eklatanter Ungleichheit, Schattenwirtschaft, organisierter Kriminalität in großem Umfang, politischer Instabilität, Kapitalflucht und krasser Missachtung der Gesetze.

Diese Probleme entstanden nicht in den Klöstern der orthodoxen Kirche oder an den alten Inkastraßen. Sie sind auch keine Besonderheit von ehemaligen kommunistischen Staaten und Ländern der Dritten Welt. Schon 1783 wurden die Vereinigten Staaten von ihnen heimgesucht, damals klagte Präsident George Washington über «Banditen ... die auf Kosten der vielen den Rahm des Landes abschöpfen und verzehren». Diese «Banditen» waren illegale Siedler (*Squatter*) und kleine Unternehmer, die Land besetzten, das ihnen nicht gehörte. Während der nächsten hundert Jahre stritten die Squatter um das gesetzmäßige Recht auf «ihr Land» und Schürfer kämpften um «ihre Claims», weil sich die Eigentumsgesetze von Stadt zu Stadt und Lager zu Lager unterschieden. Die Durchsetzung von Eigentumsrechten stiftete in den jungen Vereinigten Staaten ein solches Maß an sozialen Unruhen und Auseinandersetzungen, dass sich Joseph Story, Vorsitzender des obersten Bundesgerichts, 1820 fragte, ob die Juristen wohl jemals in der Lage sein würden, die Konflikte beizulegen.

Squatter, Banditen und offene Missachtung der Gesetze – klingt das vertraut? Immer wieder verkünden Amerikaner und Europäer dem Rest der Welt: «Seid einfach wie wir!» Dabei haben diese Länder große Ähnlichkeit mit den Vereinigten Staaten vor hundert Jahren, als diese ebenfalls ein Dritte-Welt-Land waren. Einst sahen sich die westlichen Politiker den gleichen tiefgreifenden Problemen gegenüber, mit denen sich heute die Verantwortlichen in Entwicklungsländern und ehemaligen kommunistischen Staaten herumschlagen. Doch die Politiker im Westen wissen nicht mehr, wie es war, als die Pioniere, die den amerikanischen Westen erschlossen, unterkapitalisiert waren, weil sie selten Eigentumstitel über das

Land hatten, das sie besiedelten, und die Dinge, die sie besaßen. Vergessen sind die Tage, als Adam Smith auf Schwarzmärkten einkaufte, als Straßenjungen Pennys aus den schlammigen Ufern der Themse gruben, die lachende Touristen hineinwarfen, und als die Technokraten von Jean-Baptiste Colbert 16 000 Kleinunternehmer hinrichteten, deren einziges Verbrechen darin bestand, dass sie Baumwollstoffe herstellten und einführten und damit gegen die französischen Wirtschaftsgesetze verstießen.

Diese Vergangenheit ist für viele Nationen Gegenwart. Die westlichen Staaten haben ihre Armen so erfolgreich in ihre Volkswirtschaften integriert, dass sie vollkommen vergessen haben, wie sie das eigentlich gemacht haben – wie die Kapitalbildung begann, damals, als sich, mit den Worten des amerikanischen Historikers Gordon Wood, «in der Gesellschaft und Kultur etwas Folgenschweres ereignete, das bei einfachen Menschen Sehnsüchte und Energien freisetzte, wie es sie in der amerikanischen Geschichte noch nie zuvor gegeben hatte».[2] Das «Folgenschwere», das sich hier ereignete, bestand darin, dass die Amerikaner und Europäer im Begriff standen, ein umfassendes formales Eigentumsrecht zu schaffen und durch dieses Recht jenen Umwandlungsprozess zu erfinden, der es ihnen ermöglichte, Kapital zu produzieren. Das war der Augenblick, wo der Westen die Demarkationslinie überschritt, die den Weg freigab zum erfolgreichen Kapitalismus – wo der Kapitalismus aufhörte ein privater Klub zu sein und Teil der populären Kultur wurde, in der sich George Washingtons gefürchtete «Banditen» in die geliebten Pioniere verwandelten, die heute in der amerikanischen Gesellschaft so gehätschelt werden.

Das Paradox ist so klar wie beunruhigend: Kapital, der wichtigste Faktor für den wirtschaftlichen Fortschritt des Westens, ist zugleich der Faktor, dem am wenigsten Aufmerksamkeit geschenkt wurde. Weil es vernachlässigt wurde, umgibt das Kapital ein Geheimnis – genau genommen sind es fünf Geheimnisse.

## ➤ *Das Geheimnis fehlender Information*

Wohltätigkeitsorganisationen haben so nachdrücklich auf die Not und Hilflosigkeit der Armen in der Welt hingewiesen, dass niemand ihre Fähigkeit, Vermögensgegenstände anzusammeln, angemessen dokumentiert hat. Im Laufe der letzten fünf Jahre habe ich zusammen mit hundert Kollegen aus sechs verschiedenen Ländern die Bücher zugeklappt und die Augen geöffnet: Wir sind hinausgegangen in die Städte und Dörfer auf vier Kontinenten, um zu ermitteln, wie viel Vermögen in den ärmsten Gesellschaftsbereichen gebildet worden ist. Der Wert dieses Vermögens ist enorm, doch das meiste ist totes Kapital.

## ➤ *Das Geheimnis des Kapitals*

Das ist das entscheidende Geheimnis und das Kernstück dieses Buches. Das Kapital ist ein Gegenstand, der kluge Köpfe seit dreihundert Jahren fasziniert. Marx sagte, man müsse über die Physik hinausgehen, um die Henne zu berühren, «die goldene Eier legt». Nach Adam Smith musste man eine «Wagenspur durch die Luft» legen, um zu dieser Henne zu gelangen. Doch niemand hat uns gesagt, wo sich die Henne versteckt. Was ist Kapital, wie wird es geschaffen und in welcher Beziehung steht es zum Geld?

## ➤ *Das Geheimnis des politischen Bewusstseins*

Wenn es so viel totes Kapital in der Welt gibt und wenn es sich in den Händen so vieler armer Menschen befindet, warum haben die betreffenden Staaten dann noch keine Anstrengungen unternommen, um den potenziellen Wohlstand zu nutzen? Das hat einen einfachen Grund: Diese Situation hat sich erst in den letzten vierzig Jahren ergeben, als Milliarden von Menschen in der ganzen

Welt ein Leben hinter sich ließen, das in kleinem Maßstab organisiert war, um ein Leben zu führen, das in großem Maßstab organisiert ist. Diese Abwanderung in die Städte hat zu einer raschen Arbeitsteilung und auch in ärmeren Ländern zu einer gewaltigen Revolution im gewerblichen Bereich geführt – einer Revolution, die, so unglaublich es klingt, praktisch nicht zur Kenntnis genommen wurde.

### ➤ *Vernachlässigte Lehren aus der Geschichte der Vereinigten Staaten*

Was in der Dritten Welt und den ehemaligen kommunistischen Staaten geschieht, hat sich zuvor auch in Europa und Nordamerika zugetragen. Zwar haben wir fasziniert zugeschaut, wie eine große Zahl von Nationen beim Übergang zum Kapitalismus Schiffbruch erlitt, leider haben wir aber vergessen, auf welche Weise die erfolgreichen kapitalistischen Staaten es «geschafft» haben. Jahrelang habe ich Technokraten und Politiker in den fortgeschrittenen Ländern von Alaska bis Tokio aufgesucht, aber sie wussten keine Antwort. Es war ein Geheimnis. Schließlich entdeckte ich die Antwort in ihren Geschichtsbüchern, wobei sich die Geschichte der Vereinigten Staaten als das anschaulichste Beispiel erwies.

### ➤ *Das Geheimnis des Scheiterns gesetzgeberischer Maßnahmen: Warum das Eigentumsrecht außerhalb des Westens wirkungslos bleibt*

Seit dem 19. Jahrhundert bildeten Staaten in aller Welt die Rechtssysteme des Westens nach, um ihren Bürgern den institutionellen Rahmen zur Schaffung von Wohlstand zu liefern. Noch heute kopieren sie solche Gesetze, aber offensichtlich haben sie damit keinen Erfolg. Die meisten ihrer Bürger sind noch immer nicht in der

Lage, ihre Vermögen mithilfe dieser Gesetze in Kapital umzuwandeln. Warum sich das so verhält und was erforderlich ist, damit die Gesetze die erhoffte Wirkung zeitigen, bleibt ein Geheimnis.

Jedes dieser Geheimnisse wird in einem gesonderten Kapitel des vorliegenden Buchs gelüftet.

Die Zeit ist reif, um die Frage zu klären, warum der Kapitalismus im Westen triumphiert, während er sich praktisch überall sonst festgefahren hat. Da sich heute alle plausiblen Alternativen zum Kapitalismus erledigt haben, sind wir endlich in der Lage, das Kapital einer gründlichen und objektiven Untersuchung zu unterziehen.

# Kapitel 2
# Das Geheimnis der fehlenden Information

> Die Volkswirtschaftslehre ist im Laufe der Jahre immer abstrakter geworden und hat sich von den Ereignissen in der wirklichen Welt entfernt. In der Regel untersuchen Ökonomen nicht die tatsächlichen Wirtschaftsprozesse, sondern sie theoretisieren darüber. Wie Ely Devons, ein englischer Ökonom, einmal auf einer Tagung sagte: «Wenn Volkswirtschaftler die Absicht hätten, das Pferd zu untersuchen, dann würden sie nicht in den Stall gehen und sich Pferde anschauen, sondern sich in ihr Arbeitszimmer setzen und sagen: ‹Was würde ich tun, wenn ich ein Pferd wäre?›»
>
> RONALD H. COASE, *The Task of the Society*

Stellen Sie sich ein Land vor, in dem niemand feststellen kann, wem was gehört, in dem sich Adressen nur schwer überprüfen lassen, Menschen nicht dazu gebracht werden können, ihre Schulden zu bezahlen, Eigentum nicht in Aktien aufgeteilt werden kann, Beschreibungen von Vermögensgegenständen nicht standardisiert und daher nicht leicht zu vergleichen sind und die Regeln, die die Eigentumsverhältnisse festlegen, sich von Stadtviertel zu Stadtviertel oder sogar von Straße zu Straße verändern. Soeben haben Sie sich in das Leben eines Entwicklungslandes oder eines ehemaligen kommunistischen Staates hineinversetzt, genauer, in das Leben von 80 Prozent ihrer Bevölkerungen, die von dem ihrer westlich geprägten Eliten so streng getrennt sind wie einst Schwarz und Weiß in Südafrika durch die Apartheid.

Diese Mehrheit von 80 Prozent lebt nicht, wie sich die Menschen im Westen oft vorstellen, in verzweifelter Armut. Trotz ihrer offenkundigen Armut besitzen selbst die, die unter denkbar undemokratischen Regimen leben, weit mehr, als man vermuten würde. Doch was sie besitzen, wird nicht so repräsentiert, dass es zusätzlichen Wert schaffen könnte. Wenn Sie aus der Tür des Nile Hilton Hotels treten, verlassen Sie damit nicht die hoch technisierte Welt der Faxgeräte und Eismaschinen, der Fernsehempfänger und Antibiotika. Zu all diesen Dingen haben auch die Einwohner von Kairo Zugang. Was Sie tatsächlich verlassen, ist die Welt der rechtlich verbindlichen Transaktionen auf der Grundlage von Eigentumsrechten. Hypotheken und verlässliche Adressen, mit denen sich zusätzlicher Wohlstand schaffen ließe, stehen selbst den Menschen in Kairo, die Ihnen wahrscheinlich als ziemlich reich erscheinen würden, nicht zur Verfügung. Außerhalb der Stadt wohnen die Ärmsten der Armen in einem Gebiet alter Grabstätten, das «Totenstadt» heißt. Doch fast ganz Kairo ist eine Totenstadt – eine Stadt von totem Kapital, von Vermögensgegenständen, die sich nicht optimal nutzen lassen. Die Institutionen, die dem Kapital Leben einhauchen – die den Beteiligten ermöglichen, die Interessen Dritter durch ihre Arbeit oder ihr Vermögen zu sichern –, gibt es hier nicht.

Um zu verstehen, wie das möglich ist, müssen wir ins 19. Jahrhundert zurückblicken, als die Vereinigten Staaten aus der Wildnis eine Gesellschaft formten. Die Vereinigten Staaten hatten von Großbritannien nicht nur dessen unglaublich kompliziertes Bodenrecht geerbt, sondern auch ein weit verzweigtes System einander überschneidender Landzuteilungen. Ein und dasselbe Stück Land konnte einem Mann gehören, der es als Teil einer Landzuteilung von der britischen Krone erhalten hatte, ein anderer beanspruchte es, weil er es von einem Indianerstamm gekauft hatte, und ein Dritter hatte es anstelle eines Gehalts von der Regierung eines Bundesstaates erhalten – und unter Umständen hatte es keiner der drei je zu Gesicht bekommen. Derweilen füllte sich das Land mit Einwanderern, die Grenzen zogen, Felder pflügten, Häuser bauten, Land überschrieben und Kredite aufnahmen, lange bevor ihnen staatliche Stellen das Recht dazu gaben. Das waren die Tage der Pioniere im «Wilden Westen». Unter anderem war er deshalb so wild, weil diese Pioniere, die meisten von ihnen nichts als Landbesetzer, «darauf beharrten, dass ihre Arbeit und nicht formale Eigentumsurkunden oder willkürliche Grenzziehungen den

Wert des Landes und damit Eigentumsansprüche begründeten».[3] Sie glaubten, das Land gehöre ihnen, wenn sie es besetzten und durch Häuser und Farmen für eine Wertsteigerung sorgten. Die einzel- und bundesstaatlichen Gesetzgeber sahen das anders. Regierungstruppen wurden entsandt, um die Farmen und Gebäude niederzubrennen. Die Siedler verteidigten sich. Wenn die Soldaten abgezogen waren, bauten die Siedler ihre Häuser wieder auf und versuchten wie zuvor, auf dem besetzten Land ihr Leben zu fristen. Diese Vergangenheit ist die Gegenwart der Dritten Welt.

## *Eine überraschende Revolution*

Vor 1950 waren die meisten Länder der Dritten Welt Agrargesellschaften und so organisiert, dass sich ein Europäer des 18. Jahrhunderts in ihnen vollkommen zu Hause gefühlt hätte. Die meisten Menschen arbeiteten in der Landwirtschaft, das Land gehörte einer sehr kleinen Zahl von Großgrundbesitzern – einheimischen Oligarchen und kolonialen Pflanzern. Die Städte waren klein und dienten als Märkte und Häfen, nicht als Industriezentren. Sie wurden von wenigen Handelseliten beherrscht, die ihre Interessen durch ein dichtes Netz von Regeln und Vorschriften schützten.

Nach 1950 setzte in der Dritten Welt eine wirtschaftliche Revolution ein, die den sozialen und wirtschaftlichen Umbrüchen im Europa von 1800 vergleichbar waren. Neue Maschinen verringerten den Bedarf an landwirtschaftlichen Arbeitskräften, während neue Medikamente und neue Gesundheitssysteme die Säuglingssterblichkeit senkten und die Lebenserwartung erhöhten. Bald zogen Hunderttausende auf neu erbauten Schnellstraßen den Städten entgegen, die in den neuen Radioprogrammen so verlockend geschildert wurden.

Die Einwohnerzahlen der Städte begannen rasch anzuwachsen. Allein in China sind seit 1979 100 Millionen Menschen vom Land in die Städte gezogen. Zwischen 1950 und 1988 stieg die Einwohnerzahl der haitianischen Hauptstadt Port-au-Prince von 140 000 auf 1 550 000 an. 1988 näherte sie sich der Zwei-Millionen-Grenze. Fast zwei Drittel dieser Menschen leben in Elendsvierteln. Bereits 1973, lange bevor der größte Ansturm eingesetzt hatte, zeigten sich Fachleute sehr besorgt über diese Flut von neuen Stadtbewohnern. «Man hat den Eindruck, als fiele die Stadt auseinander», schrieb ein Stadtplaner. «Unkontrolliertes Bauen überall und regellos. Das Abwassersystem ist nicht in der Lage, das Regenwasser abzuleiten, und leidet unter ständiger Überlastung. Die Neuansiedlungen konzentrieren sich auf Gebiete, in denen es keine sanitären Einrichtungen gibt. Die Bürgersteige der Avenue Dessalines sind buchstäblich von Straßenhändlern besetzt. Diese Stadt ist unbewohnbar geworden.»[4]

Nur wenige haben diese tiefgreifenden Veränderungsprozesse für das Leben und die Arbeit der Menschen vorhergesehen. Die modischen «Entwicklungstheorien» waren darauf angelegt, die ländlichen Regionen zu modernisieren. Man rechnete nicht damit, dass die ländliche Bevölkerung auf der Suche nach dem 20. Jahrhundert in die Städte strömen würde. Doch sie kamen zu Millionen, obwohl sie auf wachsende Feindseligkeit stießen. Bald sahen sie sich einer unüberwindlichen Mauer von Vorschriften gegenüber, die sie von jeder legalen gesellschaftlichen und wirtschaftlichen Mitwirkung ausschloss. Für diese neuen Städter war es äußerst schwierig, legal eine Wohnung zu mieten, formell unternehmerisch tätig zu werden oder einer legalen Erwerbstätigkeit nachzugehen.

### *Gesetzliche Hindernisse*

Um uns einen Eindruck von den Schwierigkeiten zu verschaffen, mit denen die Migranten zu kämpfen haben, eröffneten wir eine kleine Schneiderei in einem Außenbezirk von Lima. Wir hatten die Absicht, eine vollkommen legale Firma zu gründen. Also füllte das

Team Formulare aus, stellte sich in langen Schlangen an und fuhr mit dem Bus ins Stadtzentrum von Lima, um sich alle Genehmigungen zu verschaffen, die man braucht, um in Peru eine kleine Firma so zu führen, wie das Gesetz es verlangt. Sechs Stunden pro Tag verbrachten die Mitglieder unserer Arbeitsgruppe mit solchen Behördengängen, bis sie die Firma schließlich handelsgerichtlich eintragen lassen konnten – nach 289 Tagen. Obwohl in unserer Schneiderei nur eine Arbeiterin beschäftigt werden sollte, betrugen die Kosten für die Eintragung der Firma 1231 Dollar – das 31fache des monatlichen Mindestlohns. Das offizielle Genehmigungsverfahren zum Bau eines Hauses auf öffentlichem Land dauerte sechs Jahre und elf Monate – und erforderte 207 Behördengänge in 52 Regierungsstellen (vgl. Abbildung 2.1, Seite 35). Für eine Eigentumsurkunde über dieses Stück Land waren 728 Behördengänge erforderlich. Ferner stellten wir fest, dass sich ein privater Bus-, Kleinbus- oder Taxiunternehmer, der eine offizielle Genehmigung seiner Route beantragte, 26 Monate mit dem Amtsschimmel herumschlagen musste.

Ähnliche Erfahrungen hat mein Team, unterstützt von einheimischen Mitarbeitern, auch in anderen Ländern gemacht. Die Hindernisse waren nicht niedriger als in Peru, sondern oft noch höher. Wenn jemand auf den Philippinen in einer städtischen Siedlung, deren Grund und Boden sich in staatlichem oder Privatbesitz befindet, ein Haus gebaut hat, kann er es nur dann legal erwerben, wenn er sich mit seinen Nachbarn zusammenschließt, um in den Genuss eines staatlichen Wohnungsbaufinanzierungsprogramms zu gelangen. Der ganze Prozess kann 168 Schritte erfordern, an denen 53 öffentliche und private Stellen beteiligt sind, und er dauert möglicherweise 13 bis 25 Jahre (vgl. Abbildung 2.2, Seite 37). Und das setzt noch voraus, dass das staatliche Wohnungsbaufinanzierungsprogramm über genügend Mittel verfügt. Befindet sich das Wohnhaus zufällig in einem Gebiet, das noch als «landwirtschaftliche Nutzfläche» ausgewiesen ist, muss der Siedler weitere Hürden überwinden, um das Grundstück in Bauland

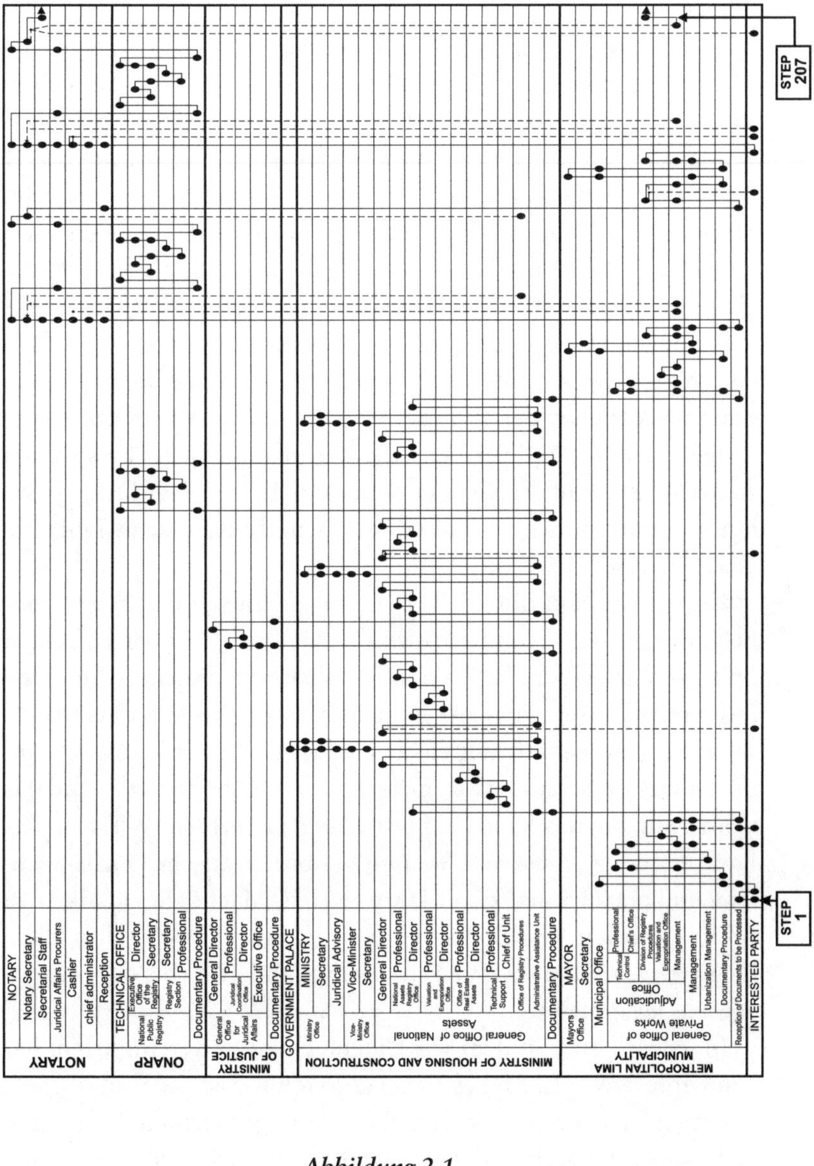


*Abbildung 2.1*
*Das Verfahren zur Formalisierung eines legal erworbenen Hauses in Peru besteht aus 5 Stufen; allein die erste umfasst 207 Schritte.*

umwandeln zu lassen – 45 weitere Verwaltungsakte in dreizehn Behörden und zwei zusätzliche Jahre Wartezeit.

Wer in Ägypten ein Grundstück auf Wüstengebiet, das sich in staatlichem Besitz befindet, erwerben und ordnungsgemäß eintragen lassen will, muss mindestens 77 bürokratische Schritte bei 31 staatlichen Stellen hinter sich bringen. Das kann fünf bis vierzehn Jahre dauern. Um ein Wohnhaus legal auf einer ehemaligen landwirtschaftlichen Nutzfläche zu errichten, muss man sich sechs bis elf Jahre mit der Bürokratie auseinander setzen, möglicherweise noch länger. Das erklärt, warum 4,7 Millionen Ägypter sich dazu entschlossen haben, illegal zu bauen. Wenn ein Siedler nach dem Bau seines Hauses den Wunsch verspürt, fortan als gesetzestreuer Bürger zu leben, und versucht, die Rechte an seinem Haus formal zu erwerben, läuft er Gefahr, dass es abgerissen wird, dass man ihn mit einer hohen Geldstrafe belegt und bis zu zehn Jahre ins Gefängnis steckt.

Um in Haiti auf öffentlichem Land zu bauen, können gewöhnliche Bürger das Grundstück vom Staat fünf Jahre lang pachten und dann erwerben. In Zusammenarbeit mit einheimischen Helfern fanden unsere Forscher in Haiti heraus, dass es 65 bürokratischer Schritte bedarf, um einen solchen Pachtvertrag zu bekommen – was im Schnitt etwas mehr als zwei Jahre dauert –, und das Ganze nur, um das Land fünf Jahre lang zu pachten. Will man das Land erwerben, muss man weitere 111 bürokratische Hürden nehmen und noch einmal zwölf Jahre warten. Macht alles in allem 19 Jahre für einen legalen Landerwerb in Haiti. Doch selbst diese langwierige und mühselige Prozedur garantiert nicht, dass das Eigentum legal bleibt.

In jedem Land, in dem wir Untersuchungen durchführten, haben wir festgestellt, dass es fast ebenso schwer ist, legal zu *bleiben*, wie legal zu *werden*. In allen Fällen vergingen sich die Migranten nicht so häufig gegen das Gesetz, wie dieses sich an ihnen verging – kein Wunder, dass sie aus dem System ausstiegen. 1976 waren in Venezuela zwei Drittel der Arbeitnehmer in formalen Unterneh-

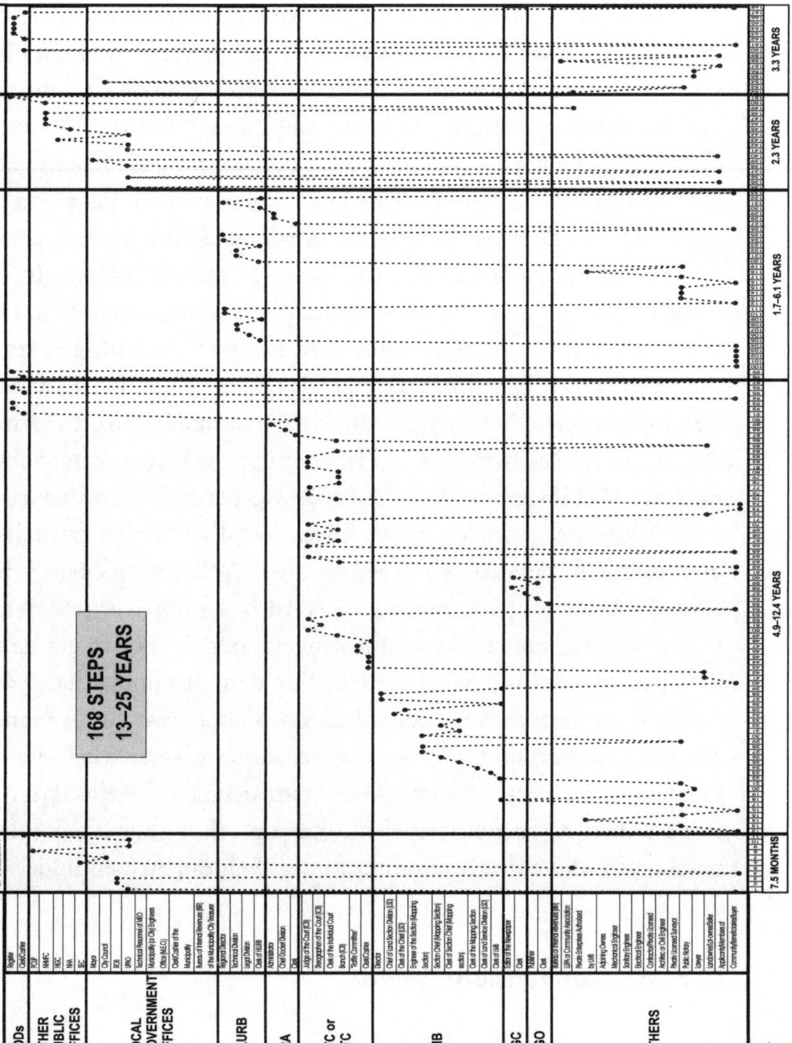


*Abbildung 2.2*
*Verfahren zur Formalisierung informellen städtischen Eigentums auf den Philippinen*

men beschäftigt; heute liegt dieser Anteil unter 50 Prozent. Vor dreißig Jahren waren mehr als zwei Drittel der neu erbauten Häuser in Brasilien Mietobjekte, heute werden nur noch drei Prozent der Neubauten offiziell als Mietwohnungen geführt. Wohin ist dieser Markt verschwunden? In jene extralegalen Gebiete brasilianischer Großstädte, die *Favelas* heißen; sie werden nicht von der stark reglementierten Wirtschaftsordnung dieses Landes erfasst und gehorchen dem Gesetz von Angebot und Nachfrage. In den *Favelas* gibt es keine Mietpreisbindung, die Mieten werden in Dollar bezahlt, und wer nicht zahlt, wird rasch an die Luft gesetzt.

Sobald diese Neuankömmlinge das System verlassen, werden sie «extralegal». Ihre einzige Alternative besteht darin, außerhalb des formalen Rechtssystems zu leben und zu arbeiten. Zum Schutz und zur Mobilisierung ihrer Vermögensgegenstände treffen sie eigene informelle Abmachungen. Diese Verpflichtungen erwachsen aus einer Kombination von Regeln, die sie selektiv aus dem offiziellen Rechtssystem übernehmen, aus Ad-hoc-Improvisationen und Gewohnheitsrechten, die sie mitbringen oder die sich in der neuen Lebenswelt herausgebildet haben. Für den Zusammenhalt sorgt ein Gesellschaftsvertrag, der durch das Gemeinwesen als Ganzes aufrechterhalten und von Autoritäten durchgesetzt wird, die das Gemeinwesen bestimmt hat. Diese extralegalen Gesellschaftsverträge haben einen pulsierenden, aber unterkapitalisierten Sektor geschaffen, der den Mittelpunkt in der Welt der Armen bildet.

## Der unterkapitalisierte Sektor

Obwohl die Migranten Gesetzesflüchtlinge sind, ergeben sie sich keineswegs dem Müßiggang. Überall in der Dritten Welt und den ehemaligen kommunistischen Staaten ist der unterkapitalisierte Sektor geprägt von fleißiger Arbeit und Einfallsreichtum. Kleingewerbe am Straßenrand schießt allerorten aus dem Boden und produziert alles, von Bekleidung und Schuhwerk bis hin zu falschen

Cartier-Uhren und Vuitton-Taschen. Es gibt Werkstätten, die Maschinen, Autos und sogar Busse bauen oder nachbauen. Die neuen städtischen Armen haben ganze Industrien und Nachbarschaftsnetze angelegt, die heimlich die Strom- und Wasserleitungen anzapfen. Sogar Zahnärzte gibt es, die ohne Zulassung Zahnbehandlungen vornehmen.

Die Geschichte erschöpft sich jedoch nicht darin, dass die Armen Dienstleistungen für die Armen erbringen. Auch Lücken in der legalen Wirtschaft füllen diese neuen Unternehmer aus. Nicht genehmigte Busse, Kleinbusse und Taxis stellen den größten Teil der öffentlichen Verkehrsmittel in vielen Entwicklungsländern. In anderen Teilen der Dritten Welt liefern Kleinhändler aus den Elendsvierteln den Löwenanteil der auf dem Markt verfügbaren Lebensmittel, entweder von Karren, die sie durch die Straßen ziehen, oder von Ständen in Gebäuden, die sie selbst errichtet haben.

1993 schätzte die mexikanische Handelskammer die Zahl der Straßenverkaufsstände im Regierungsbezirk Mexico City auf 150 000. Hinzu kamen noch weitere 293 000 in 43 anderen mexikanischen Ballungsgebieten. Diese winzigen Buden haben im Durchschnitt nur eine Breite von anderthalb Metern. Würden sich die Straßenverkäufer von Mexico City nebeneinander aufreihen, kämen sie auf eine Strecke von mehr als 210 Kilometer Länge. Tausende und Abertausende von Menschen arbeiten im extralegalen Sektor – auf der Straße, zu Hause, in den nicht registrierten Läden, Büros und Fabriken der Stadt. Als das nationale Statistikamt Mexikos 1994 den Versuch unternahm, im ganzen Land die Zahl der informellen «Mikrounternehmen» zu ermitteln, kam es auf eine Zahl von insgesamt 2,65 Millionen.

Das sind alles reale Beispiele aus dem Wirtschaftsleben im unterkapitalisierten Sektor der Gesellschaft. In den ehemaligen kommunistischen Ländern findet man noch komplexere Betätigungen im extralegalen Sektor, von der Produktion von Computerhardware und -software bis hin zur Herstellung von Kampfjets, die ins Ausland verkauft werden.

Natürlich hat Russland eine ganz andere Geschichte als Dritte-Welt-Länder wie Haiti und die Philippinen. Trotzdem sind die ehemaligen Sowjetstaaten seit dem Zusammenbruch des Kommunismus in das gleiche Muster informeller Eigentumsverhältnisse hineingerutscht. 1995 berichtete *Business Week*, dass in Russland vier Jahre nach dem Ende des Kommunismus nur «etwa 280 000 von zehn Millionen Bauern ihr Land formell besitzen». Ein anderer Bericht zeichnet ein Bild, das aus der Dritten Welt vertraut ist: «[In der ehemaligen Sowjetunion] sind der Privatbesitz, die Nutzung und die Veräußerung von Grund und Boden durch das Gesetz nicht eindeutig geregelt ... Mechanismen, wie sie in Marktwirtschaften zum Schutz der Landrechte dienen, stecken noch in den Kinderschuhen ... Der Staat selbst beschneidet ständig Nutzungsrechte an Land, das ihm nicht gehört.»[5] Schätzungen, die sich am Stromverbrauch orientieren, lassen darauf schließen, dass in den ehemaligen Sowjetstaaten der Anteil der informellen Produktion an der Gesamtproduktion zwischen 1989 und 1994 von zwölf Prozent auf 37 Prozent gestiegen ist. Manche setzen diesen Prozentsatz sogar noch höher an.

Für jemanden außerhalb der westlichen Welt wird das nichts Neues sein. Er braucht nur das Fenster zu öffnen oder mit dem Taxi vom Flughafen zum Hotel zu fahren, und er sieht Stadtränder, die mit Häusern übersät sind, Heerscharen von Kleinhändlern, die ihre Waren auf der Straße feilbieten, hinter halb geöffneten Garagentoren Werkstätten, in denen fleißig gearbeitet wird, und klapprige Busse, die wild durch die schmutzigen Straßen kreuzen. Häufig wird Extralegalität als «marginale» Frage angesehen, wie Schwarzmärkte, Armut oder Arbeitslosigkeit in fortgeschrittenen Ländern. Im Allgemeinen gilt die extralegale Welt als ein Reich, in dem Gangster ihr Unwesen treiben, finstere Gestalten, die nur für Polizisten, Anthropologen und Missionare von Interesse sind.

Tatsächlich ist aber die Legalität inzwischen marginal; die Extralegalität ist zur Norm geworden. Die Armen kontrollieren bereits große Teile des Grundbesitzes und der Produktion. Die internationalen Institutionen, die ihre Berater einfliegen lassen und in die glitzernden Bürotürme der eleganten Stadtviertel entsenden, wo sie mit den Vertretern des einheimischen «Privatsektors» zusammenkommen, erreichen auf diese Weise nur einen Bruchteil der Unternehmerschaft. Die aufstrebende Wirtschaftsmacht der Dritte-Welt-Länder und der ehemaligen kommunistischen Staaten sind die Müllsammler, die Gerätehersteller und die illegalen Bauunternehmen, die man in den Straßen weitab der eleganten Stadtviertel findet. Damit bleibt den Regierungen dieser Länder nur eine einzige Entscheidung: entweder diese Ressourcen in ein umfassendes und schlüssiges Rechtssystem einzubinden oder hinzunehmen, dass sie weiterhin in Anarchie leben.

## *Wie viel totes Kapital?*

In den letzten zehn Jahren haben meine Forscher mit der Unterstützung einheimischer Fachleute in fünf Großstädten der Dritten Welt Erhebungen durchgeführt – in Kairo, Lima, Manila, Mexico City und Port-au-Prince. Wir wollten feststellen, welchen Wert der Besitz jener Menschen hatte, die durch eine diskriminierende Gesetzgebung von der kapitalisierten Wirtschaft ausgeschlossen werden. (Die Ergebnisse werden in den Tabellen des Anhangs zusammengefasst.) Um verlässliche Ergebnisse zu erhalten, haben wir uns auf die greifbarsten und nachprüfbarsten Vermögensgegenstände konzentriert: Immobilien.

Im Gegensatz zum Verkauf von Lebensmitteln oder Schuhen, zu Autoreparaturen oder der Fälschung von Cartier-Uhren – Tätigkeiten, die sich quantitativ nur schwer erfassen und noch schwerer bewerten lassen – kann man Gebäude nicht verstecken. Ihr Wert lässt sich einfach dadurch abschätzen, dass man die Preise der Baumaterialien ermittelt und feststellt, was vergleichbare Gebäude kosten. Viele tausend Tage verbrachten wir damit, in einem Wohnblock nach dem anderen die Gebäude zu zählen. Wo es uns gestattet wurde, veröffentlichten wir die Ergebnisse, die wir in den einzelnen Ländern erhoben hatten, sodass sie öffentlich diskutiert und kritisiert werden konnten. In Zusammenarbeit mit den Menschen vor Ort unterzogen wir unsere Methoden und Ergebnisse wiederholten Tests.

Wir entdeckten, dass die Bauweise im unterkapitalisierten Sektor so viele Formen annimmt, wie es rechtliche Hindernisse gibt, die umgangen werden müssen. Ein weithin sichtbares Beispiel sind die Elendshütten, die auf öffentlichem Land erbaut werden. Doch unsere Forscher stießen auf weit kreativere Methoden zur Umgehung der Immobiliengesetze. So schlossen sich die Menschen in Peru zu landwirtschaftlichen Genossenschaften zusammen, kauften Land von den alten Eigentümern und wandelten es in Wohn- und Industriegebiete um. Da das Gesetz keine einfache Möglichkeit bietet, Grundeigentum zu verändern, teilen die Pächter in staatlichen Genossenschaften das Land illegal in kleinere, private Parzellen auf. Infolgedessen haben, wenn überhaupt, nur wenige Menschen gültige Rechtsansprüche auf ihre Grundstücke. In Port-au-Prince wechseln sogar sehr kostspielige Immobilien den Eigentümer, ohne dass sich jemand die Mühe macht, das Grundbuchamt zu informieren, das mit seinen Eintragungen sowieso hoffnungslos im Rückstand ist. In Manila entstehen Wohnsiedlungen in Gebieten, die nach der Bauordnung nur für Industrieansiedlungen vorgesehen sind. In Kairo errichten die Bewohner älterer vierstöckiger Gebäude des öffentlichen Wohnungsbaus drei nicht genehmigte Stockwerke auf ihren Häusern und verkaufen die Wohnungen an Verwandte oder andere Interessenten. In Kairo gibt es auch Wohnungen, deren Mieten Anfang der fünfziger Jahre eingefroren wurden, sodass sie heute weniger als einem Dollar entsprechen; diese Wohnungen werden von ihren Mietern in kleinere Wohnungen aufgeteilt und zum Marktpreis weitervermietet.

Einige dieser Wohnhäuser waren vom ersten Tag an extralegal, weil ihr Bau gegen eine ganze Reihe von Gesetzen verstieß. Andere Gebäude – die Häuser in Port-au-Prince, die mietpreisgebundenen Wohnungen in Kairo – entstanden im Rahmen des Rechtssystems, wurden ihm dann aber entzogen, weil sich Gesetzestreue als zu kostspielig und kompliziert erwies. Auf dem einen oder anderen Wege entzog sich fast jedes Wohngebäude in den Städten, in denen wir unsere Erhebung durchführten, dem allgemeinen Gesetzesrahmen, darunter auch den besonderen Gesetzen, die den Besitzern theoretisch den Zugang zu den für die Kapitalbildung erforderlichen Repräsentationen und Institutionen eröffnet hätten. Möglicherweise befindet sich noch irgendjemand im Besitz von Urkunden oder sonstigen Dokumenten, doch die Kenntnis von den tatsächlichen Eigentumsverhältnissen dieser Vermögensgegenstände ist dem Grundbuchamt längst entglitten, sodass alle Eintragungen und Karten längst überholt sind. Daher bleibt das Vermögen der meisten Menschen für das Handels- und Finanzwesen unsichtbar. Niemand weiß wirklich, wer was wo besitzt, wer fälligen Verpflichtungen nachkommen muss, wer für Verlust und Betrug verantwortlich ist und welche Mechanismen zur Verfügung stehen, um die Bezahlung für Dienstleistungen und Waren durchzusetzen. Infolgedessen werden in diesen Ländern die meisten potenziellen Vermögensgegenstände weder erfasst noch realisiert, es gibt wenig verfügbares Kapital und die Tauschwirtschaft ist eingeschränkt und schleppend.

Dieses Bild des unterkapitalisierten Sektors unterscheidet sich auffällig von der herrschenden Meinung über die Dritte Welt. Doch das ist die Welt, in der die meisten Menschen leben, eine Welt, in der das Eigentum von Vermögensgegenständen schwer nachzuvollziehen ist, sich kaum nachweisen lässt und von einem rechtsunwirksamen Regelwerk bestimmt wird, eine Welt, in der die potenziell nützlichen wirtschaftlichen Eigenschaften von Vermögensgegenständen nicht beschrieben und organisiert werden, in der sie nicht dazu genutzt werden können, mithilfe vielfältiger Transaktionen Mehrwert zu erzielen, weil ihre verschwommene und ungewisse Form zu viel Raum lässt für Missverständnisse, Erinnerungstäuschungen und Annullierung von Vereinbarungen. Kurzum, eine Welt, in der die meisten Vermögensgegenstände totes Kapital sind.

### *Wie viel ist dieses tote Kapital wert?*

Totes Kapital, virtuelle Gebirge toten Kapitals, säumen die Straßen eines jeden Landes in der Dritten Welt und im einstigen Ostblock. Nach unseren Berechnungen leben auf den Philippinen 57 Prozent der Stadtbewohner und 67 Prozent der Landbewohner in Wohnungen, die totes Kapital darstellen. In Peru haben 53 Prozent der Stadtbewohner und 81 Prozent der Landbewohner extralegale Wohnungen.

Noch dramatischer sind die Zahlen für Haiti und Ägypten. In Haiti leben nach unserer Erhebung 68 Prozent der Stadt- und 97 Prozent der Landbevölkerung in Häusern, für die niemand einen Rechtstitel hat. In Ägypten bietet totes Kapital in Form von Gebäuden Wohnraum für 92 Prozent der Stadt- und 83 Prozent der Landbevölkerung.

Nach westlichen Maßstäben repräsentieren diese Wohnungen keinen großen Wert. Eine Elendshütte in Port-au-Prince bringt kaum mehr als 500 Dollar, eine Hütte an einem verschmutzten Wasserlauf in Manila nur 2700 Dollar, ein einigermaßen stabiles Haus in den Außenbezirken von Kairo lediglich 5000 Dollar, und ein ansehnlicher Bungalow auf den Hügeln über Lima mit Garage und Panoramafenster ist gerade mal auf 20 000 Dollar zu veranschlagen. Doch es gibt eine Vielzahl solcher Häuser, und in ihrer Gesamtheit stellen sie einen weit höheren Wert als die Vermögen der Reichen dar.

In Haiti macht der Immobilienbesitz ohne Rechtsanspruch in ländlichen und städtischen Gebieten zusammen einen Wert von 5,2 Milliarden Dollar aus. Zum Vergleich: Diese Summe ist viermal so hoch wie alle Vermögensgegenstände der legal betriebenen

Unternehmen in Haiti, neunmal so hoch wie aller staatlicher Besitz und 158-mal so hoch wie alle ausländischen Direktinvestitionen, die bis 1995 in Haitis Geschichte dokumentiert sind. Ist Haiti eine Ausnahme, ein Teil des französischsprachigen Afrika, der durch einen Irrtum in die amerikanische Hemisphäre geraten und durch das Duvalier-Regime um ein zeitgemäßes Rechtssystem gebracht wurde? Vielleicht.

Schauen wir uns also Peru an, ein spanisch-indianisch-amerikanisches Land mit ganz anderer Tradition und ethnischer Ausprägung. Dort beläuft sich der Wert der ländlichen und städtischen Immobilien in extralegalem Besitz auf etwa 74 Milliarden Dollar. Das ist fünfmal so viel wie die Gesamtbewertung der Börse von Lima vor dem Kurssturz von 1998, elfmal so hoch wie der Wert der potenziell privatisierbaren Staatsunternehmen und Einrichtungen und vierzehnmal so hoch wie der Wert aller ausländischen Investitionen in der dokumentierten Geschichte des Landes. Sie halten dagegen, Perus offizielle Wirtschaft sei eingeschränkt durch die Traditionen des alten Inkareichs, die verderblichen Einflüsse der Kolonialmacht Spanien und in jüngerer Zeit durch den Krieg mit der maoistischen Gruppierung «Leuchtender Pfad»?

Nun gut, betrachten wir also die Philippinen, ein ehemaliges asiatisches Protektorat der Vereinigten Staaten. Der Wert des Immobilienbesitzes ohne Rechtsanspruch beträgt dort 133 Milliarden Dollar, viermal so viel wie die Kapitalisierung der 216 einheimischen Unternehmen, die an der philippinischen Börse notiert sind, siebenmal so viel wie alle Einlagen in den Geschäftsbanken des Landes, neunmal so viel wie das Gesamtkapital der staatlichen Unternehmen und vierzehnmal so viel wie der Wert aller ausländischen Direktinvestitionen.

Vielleicht sind auch die Philippinen ein Sonderfall – vielleicht sind sie geprägt von der besonderen Form des Christentums, das sich in den ehemaligen spanischen Kolonien entwickelt hat. Wenn das der Fall sein sollte, soll uns Ägypten als weiteres Beispiel dienen. Der Wert des toten Kapitals, das dort in Immobilien schlummert, beträgt nach der Schätzung, die wir mit unseren ägyptischen Kollegen vorgenommen haben, rund 240 Milliarden Dollar. Das entspricht dem 30fachen Wert aller Aktien, die an der Kairoer Börse gehandelt werden, und, wie erwähnt, dem 45fachen Wert aller ausländischen Investitionen in Ägypten.

In jedem Land, das wir untersucht haben, hat die unternehmerische Phantasie der Armen Vermögen in großem Umfang hervorgebracht – ein Vermögen, das die deutlich größte Quelle potenziellen Kapitals für Entwicklung darstellt. Diese Vermögensgegenstände übertreffen nicht nur bei weitem allen staatlichen Besitz, alle Aktien, die an den einheimischen Börsen gehandelt werden und den Wert aller ausländischen Direktinvestitionen, sondern sind auch viele Male größer als die gesamte Entwicklungshilfe fortgeschrittener Länder und die Weltbankkredite.

Noch erstaunlicher sind die Ergebnisse, wenn wir die Daten, die wir in den vier Ländern erhoben haben, auf alle Länder der Dritten Welt und des ehemaligen Ostblocks hochrechnen. Wir nehmen an, dass in diesen Staaten rund 85 Prozent der städtischen und 40 bis 53 Prozent der ländlichen Grundstücke aufgrund ihrer Eigentumsverhältnisse nicht für die Kapitalbildung verwendet werden können. Natürlich sind wir auf Schätzungen angewiesen, wenn wir allen diesen Vermögensgütern einen Wert zuweisen, und die Zahl kann nur eine grobe Annäherung darstellen. Doch wir glauben, dass unsere Schätzungen so genau sind, wie sie es unter den gegebenen Umständen sein können, und eher zu niedrig liegen.

Nach unseren Berechnungen beträgt der Gesamtwert der Immobilien, die sich in der Dritten Welt und im ehemaligen Ostblock im Besitz der Armen befinden, aber nicht ihr legales Eigentum sind, mindestens 9,3 Billionen Dollar (vgl. Tabelle 2.1).

Betrachten wir diese Zahl: 9,3 Billionen Dollar sind ungefähr doppelt so viel wie die gesamte im Umlauf befindliche Geldmenge der Vereinigten Staaten, fast so viel wie der Gesamtwert aller Unternehmen, die an den wichtigsten Börsen der zwanzig fortgeschrittensten Länder notiert werden: in New York, Tokio, Lon-

| STÄDTISCH | Gesamtbevölkerung (in Millionen) | Stadtbevölkerung (%) | Stadtbevölkerung (in Millionen) | städtische Wohnhäuser (in Millionen) | informelle städtische Wohnhäuser[2] (in Millionen) | Wert der informellen städt. Wohnhäuser (in Billionen US-$) |
|---|---|---|---|---|---|---|
| ASIEN | 1,747 | 29% | 503 | 101 | 85 | 1.75 |
| AFRIKA | 525 | 32% | 167 | 33 | 28 | 0.58 |
| NAHER OSTEN UND NORDAFRIKA | 371 | 57% | 211 | 42 | 36 | 0.74 |
| SÜDAMERIKA | 328 | 78% | 256 | 51 | 44 | 0.89 |
| MEXIKO, MITTELAMERIKA UND KARIBIK | 161 | 64% | 103 | 21 | 18 | 0.36 |
| China, GUS und Osteuropa | 1,611 | 38% | 619 | 124 | 105 | 2.16 |
| **ZWISCHENSUMME** | **4,743** | | **1,859** | **372** | **316** | **6.48** |
| andere Entwicklungsländer | 191 | 39% | 75 | 15 | 13 | 0.26 |
| **INSGESAMT** | **4,934** | | **1,934** | **387** | **329** | **6.74** |

| LÄNDLICH | ländliche Gebiete (in tausend ha) | informelle Eigentumsverhältnisse auf ländlichen Flächen (%) | informelle ländliche Flächen (in Tausend ha) | informelle ländliche Flächen: Anbaugebiete (in Tausend ha) | informelle ländliche Flächen: Weideland (in Tausend ha) | Wert der informellen ländlichen Flächen[3] (in Billionen US-$) |
|---|---|---|---|---|---|---|
| ASIEN | 489,586 | 44% | 215,164 | 147,798 | 67,365 | 0.59 |
| AFRIKA | 738,639 | 50% | 368,792 | 88,166 | 280,626 | 0.39 |
| NAHER OSTEN UND NORDAFRIKA | 444,665 | 40%. | 177,866 | 59,660 | 118,206 | 0.25 |
| SÜDAMERIKA | 607,407 | 49% | 297,895 | 51,006 | 246,889 | 0.24 |
| MEXIKO, MITTELAMERIKA UND KARIBIK | 134,541 | 53% | 71,025 | 20,813 | 50,212 | 0.09 |
| China, GUS und Osteuropa | 1,151,280 | 47% | 540,142 | 188,721 | 351,421 | 0.80 |
| **ZWISCHENSUMME** | **3,566,118** | | **1,670,884** | **556,164** | **1,114,719** | **2.36** |
| andere Entwicklungsländer | 359,926 | 47% | 169,165 | 56,308 | 112,857 | 0.24 |
| **INSGESAMT** | **3,926,044** | | **1,840,049** | **612,472** | **1,227,576** | **2.60** |

**INFORMELLE GESAMT | US-$ 9.34 Billionen**

1 179 Entwicklungsländer und ehemalige kommunistische Staaten

2 Man schätzt, dass 85 Prozent der städtischen Baugrundstücke informell sind. Entweder sind sie a) gegen geltendes Recht bebaut worden; b) nicht gemäß der Raumordnung genutzt worden; c) ursprünglich formell gewesen, dann aber informell geworden; oder d) von staatlichen Stellen ohne Rücksicht auf die rechtlichen Bestimmungen errichtet worden.

3 Wir haben einen Wert von 3973 US-Dollar pro Hektar Anbaufläche und von 138 US-Dollar pro Hektar Weideland angesetzt.

*Tabelle 2.1*
*Städtisches und ländliches totes Kapital in Grundbesitz, weltweit[1] (1997)*

don, Frankfurt, Toronto, Paris, Mailand, an der NASDAQ und an einem Dutzend weiterer Börsen. Diese Summe ist zwanzigmal so hoch wie das Gesamtvolumen ausländischer Direktinvestitionen in allen Ländern der Dritten Welt und des ehemaligen Ostblocks während der zehn Jahre nach 1989, 46-mal so hoch wie alle Weltbankkredite in den letzten dreißig Jahren und 93-mal so hoch wie die gesamte Entwicklungshilfe aller fortgeschrittenen Länder für die Dritte Welt im gleichen Zeitraum.

## *Diamantenfelder*

Bei den Worten «internationale Armut» denken wir allzu schnell an die halb nackten Bettler auf den Straßen von Kalkutta und die abgemagerten Kinder, die in den ausgetrockneten Landstrichen Afrikas verhungern. Natürlich sind diese Bilder real, und ohne Zweifel brauchen und verdienen Millionen unserer Mitmenschen unsere Hilfe. Trotzdem ist das grausamste Bild der Dritten Welt nicht unbedingt das zutreffendste. Schlimmer noch: Es lenkt uns ab von der zähen Leistung jener Kleinunternehmer, die über jedes nur denkbare Hindernis triumphiert und so den größeren Teil des Vermögens ihrer Gesellschaft geschaffen haben. Ein treffenderes Bild würde einen Mann und eine Frau zeigen, die jeden Cent zusammengespart haben, um ein Haus für sich und ihre Kinder zu bauen, und die Unternehmen unter Bedingungen gegründet haben, unter denen niemand es für möglich gehalten hätte. Es geht mir gegen den Strich, wenn so getan wird, als trügen solche mutigen Unternehmer zum Problem der globalen Armut bei.

Sie sind nicht das Problem, sie sind die Lösung.

In den Jahren nach dem amerikanischen Bürgerkrieg reiste ein Mann names Russell Conwell kreuz und quer durch Amerika und hielt Vorträge, deren Botschaft die Menschen aufrüttelte. Er erzählte ihnen die Geschichte eines indischen Kaufmanns, dem ein Prophet geweissagt hatte, er werde gewisslich unvorstellbar reich werden, wenn er nur gründlich genug nach seinem Schatz suche. Weit zog der Kaufmann in der Welt umher, um schließlich alt, traurig und mutlos nach Hause zurückzukehren. Als er nach den vielen Jahren der Abwesenheit sein verlassenes Haus betrat, verlangte es ihn nach einem Schluck Wasser. Doch der Brunnen auf seinem Land war verschlammt. Seufzend griff er zu seinem Spaten und begann zu graben – fast augenblicklich stieß er auf Golconda, die reichste Diamantenmine der Welt.

Conwells Botschaft ist heilsam. Die politischen Führer der Dritten Welt und des ehemaligen Ostblocks müssen keine weiten Reisen unternehmen und in den Außenministerien und internationalen Finanzinstitutionen ferner Länder nach Reichtümern suchen. In den ärmsten Vierteln ihrer eigenen Städte liegen Dollarschätze in Billionenhöhe, die sie heben könnten, wenn sie den Schlüssel zu dem Geheimnis fänden, das die Verwandlung von Vermögensgegenständen in lebendiges Kapital umgibt.

## *Kapitel 3*
## *Das Geheimnis des Kapitals*

> Der Sinn der Welt muss außerhalb ihrer liegen. In der Welt ist alles wie es ist und geschieht alles wie es geschieht; es gibt ‹in› ihr keinen Wert – und wenn es ihn gäbe, so hätte er keinen Wert.
> Wenn es einen Wert gibt, der Wert hat, so muss er außerhalb alles Geschehens und So-Seins liegen. Denn alles Geschehen und So-Sein ist zufällig.
> Was es nicht-zufällig macht, kann nicht ‹in› der Welt liegen; denn sonst wäre dies wieder zufällig.
> Es muss außerhalb der Welt liegen.
>
> LUDWIG WITTGENSTEIN,
> *Tractatus Logico-Philosophicus*, 6.41

Schauen Sie sich um auf den Straßen des Mittleren Ostens, der früheren Sowjetunion oder Lateinamerikas, überall das gleiche Bild: Häuser, die Unterkunft bieten, Grundstücke, auf denen gepflügt, gesät und geerntet wird, Waren, die gekauft und verkauft werden. Vermögensgegenstände in Entwicklungsländern und ehemaligen kommunistischen Staaten dienen in erster Linie diesen unmittelbaren materiellen Zwecken. Doch im Westen führen die gleichen Vermögensgegenstände außerhalb der materiellen Welt ein Doppelleben als Kapital. Mit ihrer Hilfe lassen sich weitere Produktionsprozesse in Gang setzen, dabei sorgen sie dafür, dass die Interessen Dritter gewahrt bleiben, indem sie als «Sicherheit» für Hypotheken oder Kredite anderer Form dienen.

Warum können Gebäude und Grundstücke in anderen Teilen der Welt nicht ebenfalls eine solche Parallelexistenz führen? Warum können die enormen Ressourcen, die wir in Kapitel 2 erörtert haben – 9,3 Billionen Dollar totes Kapital – nicht Werte schaffen, die über ihren «Naturzustand» hinausgehen? Meine Antwort lautet: Totes Kapital gibt es, weil wir vergessen (oder uns vielleicht nie klar gemacht) haben, dass es eines sehr komplexen Prozesses bedarf, um einen materiellen Vermögensgegenstand in Kapital umzuwandeln – etwa ein Haus zu beleihen, um mit dem Geld ein Unternehmen zu gründen. Es verhält sich ähnlich wie mit dem Prozess, den Einstein uns gelehrt hat, dem Prozess, der einen Ziegelstein dazu bringt, eine gewaltige Menge Energie in Form einer Kernexplosion freizusetzen. Entsprechend entsteht Kapital durch die Entdeckung und Freisetzung potenzieller Energie aus Billionen Ziegelsteinen, die die Armen in ihren Gebäuden zusammengetragen haben.

Allerdings gibt es einen entscheidenden Unterschied zwischen der Freisetzung von Energie aus einem Ziegelstein und der Freisetzung von Kapital aus Ziegelgebäuden: Während die Menschheit (oder zumindest eine große Gruppe von Wissenschaftlern) das Verfahren beherrscht, mit dem man Energie aus Materie gewinnt, scheinen wir vergessen zu haben, wie man Kapital aus Vermögenswerten gewinnt. Infolgedessen sind 80 Prozent der Welt unterkapitalisiert. Die Menschen können ihre Gebäude (oder andere Vermögensgegenstände) nicht zu wirtschaftlichem Leben erwecken, das heißt, sie zur Kapitalbildung verwenden. Schlimmer noch, die entwickelten Nationen scheinen nicht in der Lage zu sein, sie das zu lehren. Warum Vermögensgegenstände im Westen Kapital im Überfluss schaffen können, im Rest der Welt dagegen nur in sehr geringem Maße, ist ein Geheimnis.

## *Lehren aus der Vergangenheit (von Smith bis Marx)*

Um das Geheimnis des Kapitals zu lüften, müssen wir zur ursprünglichen Bedeutung des Wortes zurückgehen. Im mittelalterlichen Latein hat «capital» offenbar den Kopf eines Rindes oder anderen Nutzviehs bezeichnet. Vieh hat von alters her nicht nur das Grundnahrungsmittel Fleisch geliefert, sondern auch als wichtiger Maßstab des Vermögens gedient. Es verursacht geringe Unterhaltskosten, ist mobil und lässt sich leicht aus Gefahrenzonen hinausschaffen. Man kann es mühelos zählen und messen, vor allem aber zusätzliches Vermögen – oder Mehrwert – mit ihm erzielen, indem man sich auf weitere Wirtschaftszweige verlegt – unter anderem die Produktion von Milch, Fellen, Wolle, Fleisch und Brennstoff. Außerdem besitzt Vieh die nützliche Eigenschaft, sich selbst zu reproduzieren. Damit beginnt der Begriff «Kapital» zwei Aufgaben wahrzunehmen: Er bezeichnet die konkrete Menge der Vermögenswerte (Vieh) und ihr Potenzial, Mehrwert zu produzieren. Vom Scheunenhof war es nur ein kleiner Schritt zu den Erfindern der Volkswirtschaft, die «Kapital» im Allgemeinen als den Teil der Vermögensgegenstände eines Landes definieren, der eine Überschussproduktion bewirkt und die Produktivität steigert.

Die großen klassischen Ökonomen wie Adam Smith und Karl Marx hielten das Kapital für den Motor, der die Marktwirtschaft antreibt. Das Kapital galt als der wichtigste Teil des Wirtschaftsganzen – eine Bedeutung des Wortes, die sich noch in Fügungen wie Kapitalverbrechen, kapitaler Fehler oder kapitaler Hirsch erhalten hat. Diese Denker wollten verstehen, was Kapital ist und wie es gebildet beziehungsweise akkumuliert wird. Ob man nun mit den klassischen Ökonomen übereinstimmt oder ihre Auffassungen für völlig irrelevant hält (vielleicht hat Smith nie begriffen, dass die industrielle Revolution im Gange war, vielleicht ist Marxens Arbeitswertlehre ohne praktische Bedeutung) – es gibt keinen Zweifel daran, dass diese Denker die eindrucksvollen Gedankengebäude errichtet haben, auf denen wir jetzt stehen, um herauszufinden, was Kapital ist, was es hervorbringt und warum nichtwestliche Staaten so wenig davon erzeugen.

Für Smith ist die wirtschaftliche Spezialisierung – die Arbeitsteilung und der anschließende Tausch der Produkte auf dem Markt – die Ursache für die wachsende Produktivität und daher auch für den «Wohlstand der Nationen». Ermöglicht werden Spezialisierung und Tausch durch Kapital, das Smith definiert als Vermögensbestand, der für produktive Zwecke akkumuliert wird. Unternehmer nutzen ihre akkumulierten Ressourcen zum Betrieb spezialisierter Gewerbe, bis sie ihre Produkte für andere Dinge eintauschen können, die sie brauchen. Je mehr Kapital angesammelt wird, desto größere Spezialisierung wird möglich und desto stärker steigt die Produktivität der Gesellschaft. Marx pflichtet ihm bei. Für ihn präsentiert sich der vom Kapitalismus erzeugte Wohlstand als ein riesiger Berg von Waren.

Smith glaubt, das Phänomen des Kapitals resultiere aus der natürlichen Entwicklung des Menschen von der Jagd und Landwirtschaft betreibenden Gesellschaft zur kommerzialisierten Gesellschaft, in der er durch wechselseitige Abhängigkeit, Spezialisierung und Handel seine Produktivkräfte immens steigert. Das Kapital ist das Zaubermittel, das die Produktivität verbessert und den Mehrwert schafft. Er schreibt: «Deshalb nimmt in jedem Land die Erwerbstätigkeit nicht nur mit wachsendem Kapitaleinsatz zu, sondern der gleiche Arbeitseinsatz bringt einen höheren Ertrag als Folge erhöhter Kapitalbildung.»[6]

Dabei weist Smith auf einen Punkt hin, der sich im Mittelpunkt jenes Geheimnisses befindet, das wir zu lösen versuchen: Damit angesammelte Vermögensgegenstände zu aktivem Kapital werden und eine zusätzliche Produktion bewirken, müssen sie *in ein Objekt gefasst und realisiert werden*, «sodass sie auch noch eine Zeit lang fortbesteh[en]. Dadurch wird es möglich, eine bestimmte Menge Arbeit gleichsam anzusammeln und zu speichern, um sie, falls erforderlich, bei anderer Gelegenheit wieder zu verwenden.»[7] Smith weist warnend darauf hin, dass Arbeit, die in die Produktion von Vermögensgegenständen investiert werde, keine Spur und keinen Wert hinterlasse, wenn sie nicht in geeigneter Weise *erfasst* werde.

Was Smith wirklich meinte, ist Gegenstand berechtigter Auseinandersetzungen. Doch was ich von ihm übernehme, ist die Feststellung, dass Kapital nicht die Summe der angesammelten Vermögensgegenstände ist, sondern die Möglichkeiten, das *Potenzial*, das sie zur Entfaltung neuer Produktion enthalten. Natürlich ist dieses Potenzial abstrakt. Es muss in eine greifbare Form gefasst werden, damit wir es freisetzen können – genau wie die potenzielle Kernenergie in Einsteins Ziegelstein. Ohne einen Umwandlungsprozess – einen Prozess, der die im Ziegelstein vorhandene potenzielle Energie herauszieht und erfasst – gibt es keine Explosion. Ein Ziegelstein ist nur ein Ziegelstein. Auch Kapitalbildung ist auf einen Umwandlungsprozess angewiesen.

Diese Vorstellung – dass Kapital zunächst ein abstrakter Begriff ist und in eine feste, greifbare Form gefasst werden muss, um nützlich zu sein – war auch anderen klassischen Nationalökonomen vertraut. Simonde de Sismondi, ein Schweizer Volkswirtschaftler aus dem 19. Jahrhundert, schreibt, Kapital sei «ein dauerhafter Wert, der sich vervielfacht und nicht verfällt ... Nun löst sich dieser Wert von dem Produkt, das ihn erschafft, er wird zu einer metaphysischen und substanzlosen Größe, die sich immer im Besitz desjenigen befindet, der sie produziert hat und für den dieser Wert in verschiedener Form [erfasst werden] könnte».[8] Der bedeutende französische Nationalökonom Jean Baptiste Say erklärt: «Kapital ist seinem Wesen nach immer immateriell, weil es nicht die Materie ist, die das Kapital ausmacht, sondern der Wert dieser Materie, ein Wert, dem nichts Körperliches anhaftet.»[9] Marx war derselben Meinung. Ein Tisch könne zwar aus etwas Stofflichem wie Holz bestehen, «aber sobald er als Ware auftritt, verwandelt er sich in ein übersinnliches Ding. Er steht nicht nur mit seinen Füßen auf dem Boden, sondern er stellt sich allen anderen Waren gegenüber auf den Kopf und entwickelt aus seinem Holzkopf Grillen, viel wunderlicher, als wenn er aus freien Stücken zu tanzen begänne.»[10]

Diese wesentliche Bedeutung des Wortes ist im Laufe der Zeit verloren gegangen. Heute verwechselt man Kapital mit Geld, das nur eine der vielen Formen ist, welche Kapital annehmen kann. Es ist immer leichter, sich an einen schwierigen Begriff in einer seiner greifbaren Manifestationen zu erinnern als an sein Wesen. Der Verstand kann sich leichter an «Geld» festhalten als an «Kapital». Aber die Annahme, letztlich werde Kapital in seinem Wert durch Geld erfasst, ist falsch. Wie Adam Smith darlegt, ist Geld zwar das «große Schwungrad des Wirtschaftskreislaufs», aber es ist *nicht* Kapital, denn Wert «kann ... nicht aus Geldstücken bestehen».[11] Mit anderen Worten, Geld erleichtert zwar Transaktionen, es ermöglicht uns, Dinge zu kaufen und zu verkaufen, aber es ist an sich kein Vorläufer der Ausweitung der Produktion. Hören wir noch einmal Smith: «Umlaufende Gold- und Silbermünzen lassen sich gut mit einer Landstraße vergleichen, welche Gras und Getreide des Landes zum Markt transportieren hilft, ohne selbst auch nur einen einzigen Stapel von beidem zu produzieren.»[12]

Viel vom Geheimnis des Kapitals verflüchtigt sich, sobald man «Kapital» nicht mehr als Synonym für «gespartes und investiertes Geld» versteht. Zu dem Missverständnis, es sei das Geld, durch das Kapital erfasst werde, kommt es, wie ich vermute, weil im modernen Geschäftsleben der Kapitalwert in Geld ausgedrückt wird. Der Gesamtwert einer Ansammlung von Vermögensgütern sehr verschiedener Art – Maschinen, Gebäuden und Grundstücken – lässt sich nur schwer beurteilen, ohne auf Geld zu rekurrieren. Schließlich ist das Geld zu diesem Zweck erfunden worden. Es liefert einen Standardindex, mit dem man den Wert von Dingen so messen kann, dass sich auch ungleiche Vermögensgegenstände tauschen lassen. Doch so nützlich Geld auch ist, es vermag keineswegs das abstrakte Potenzial eines bestimmten Vermögensgegenstands so zu erfassen, dass man ihn in Kapital umwandeln kann. Länder der Dritten Welt und des ehemaligen Ostblocks sind berüchtigt dafür, dass sie ihre Volkswirtschaften mit Geld aufblähen, aber nicht in der Lage sind, viel Kapital zu erzeugen.

## Die potenzielle Energie in Vermögensgegenständen

Wodurch wird das Potenzial eines Vermögensgegenstands dergestalt erfasst, dass er den Anstoß für zusätzliche Produktion geben kann? Was löst den Wert von einem einfachen Haus ab und erfasst ihn so, dass wir ihn als Kapital realisieren können?

Den Ansatz zu einer Antwort liefert unser Energievergleich. Nehmen wir einen Gebirgssee. Wir können uns diesen See in seinem unmittelbaren materiellen Kontext vorstellen und an einige primäre Verwendungsarten denken, etwa Kanufahren und Angeln. Doch wenn wir diesen selben See mit den Augen eines Ingenieurs betrachten und uns auf seine Fähigkeit konzentrieren, Energie zu erzeugen, eine Fähigkeit, die ein Zusatzwert ist, der über den Naturzustand des Sees als Wassermasse hinausgeht, erkennen wir plötzlich das Potenzial, das der See durch seine Höhenlage gewinnt. Für den Ingenieur stellt sich nun die Aufgabe, einen *Prozess* zu finden, mit dessen Hilfe er dieses Potenzial umwandeln und in eine Form bringen kann, mit der sich zusätzliche Arbeit leisten lässt. Im Falle des hoch gelegenen Sees wird dieser Prozess durch ein Wasserkraftwerk verkörpert, das das Seewasser unter dem Einfluss der Schwerkraft talwärts schießen lässt und damit das ruhige Energiepotenzial des Sees in die Bewegungsenergie des gurgelnden Wasserstrudels verwandelt. Diese neue Bewegungsenergie kann dann Turbinen antreiben und so eine mechanische Energie erzeugen, die ihrerseits Elektromagneten in Bewegung setzt und elektrische Energie erzeugt. Als Elektrizität ist die potenzielle Energie des friedlichen Sees nun in eine Form gefasst, in der sie als elektrischer Strom über Leitungssysteme an weit entfernte Orte transportiert und dort für neue Produktion nutzbar gemacht werden kann.

So kann ein scheinbar friedlicher See dazu dienen, Ihr Zimmer zu beleuchten und Maschinen anzutreiben. Notwendig ist ein externer künstlicher Prozess, der uns erstens die Erkenntnis ermöglicht, dass das Gewicht des Wassers das Potenzial besitzt, zusätzliche Arbeit zu leisten, und zweitens die Voraussetzung schafft, diese potenzielle Energie in Elektrizität umzuwandeln, die sich zur Erzeugung von Mehrwert verwenden lässt. Der zusätzliche Wert, den wir durch den See erhalten, ist kein Wert des Sees selbst (wie ein kostbares Erz, das im Inneren der Erde ruht), sondern ein Wert des künstlichen Prozesses, der dem See von außen zugefügt wird. Dieser Prozess ermöglicht uns, den See aus einem Ort zum Kanufahren und Angeln in einen Energie erzeugenden Ort zu verwandeln.

Wie Energie ist auch Kapital ein latenter Wert. Um es zum Leben zu erwecken, dürfen wir unsere Vermögensgegenstände nicht *anschauen*, wie sie sind, sondern müssen sie uns *vorstellen*, wie sie sein könnten. Dazu müssen wir das wirtschaftliche Potenzial eines Vermögensgegenstandes in eine Form fassen, in der wir ihn nutzen können, um zusätzliche Produktion zu initiieren.

Doch während der Prozess, der die potenzielle Energie des Wassers in Elektrizität umwandelt, genauestens bekannt ist, bleibt der Prozess, der Vermögensgegenständen die Form verleiht, die erforderlich ist, um mehr Produktion in Gang zu setzen, im Dunkeln. Mit anderen Worten, wir wissen genau Bescheid über alle Komponenten des Wasserkraftwerks – Staudamm, Turbinen, Generatoren, Transformatoren und Leitungen –, die die potenzielle Energie des Sees so umwandeln, dass sie in nutzbare Form gefasst wird, aber wir haben keine Ahnung, welcher Schlüsselprozess das wirtschaftliche Potenzial eines Hauses in Kapital verwandelt.

Das hat seinen Grund darin, dass dieser Schlüsselprozess nicht ins Leben gerufen wurde, um Kapital zu schaffen, sondern dem viel nüchterneren Zweck diente, das Eigentum zu schützen. Als sich die Eigentumssysteme der westlichen Staaten entwickelten, da schufen sie unmerklich eine Vielzahl von Mechanismen, die sich allmählich zu einem Prozess zusammenschlossen, der Kapital in nie da gewesener Weise produzierte. Obwohl wir von diesen Mechanismen ständig Gebrauch machen, vergegenwärtigen wir uns ihre Kapital erzeugenden Funktionen nicht, weil sie nicht mit diesem Etikett versehen sind. Wir begreifen sie als Teil des Systems, das Eigentum schützt, nicht als ineinander verzahnte Mechanismen, die das wirtschaftliche Potenzial eines Vermögensgegenstands so erfassen, das er in Kapital umgewandelt werden kann. Mit anderen Worten, im Westen wird das Kapital durch einen impliziten Prozess geschaffen, der in den komplizierten Regelungen seiner formalen Eigentumssysteme verborgen liegt.

Das mag sich zu einfach oder zu kompliziert anhören. Aber überlegen Sie, ob sich Vermögensgegenstände produktiv verwenden lassen, wenn sie zu niemandem gehören. Wo beweisen wir die Existenz dieser Vermögensgegenstände und der Transaktionen, die ihre Produktivität erhöht, wenn nicht im Kontext eines formalen Eigentumssystems? Wo halten wir die relevanten wirtschaftlichen Merkmale der Vermögensgegenstände fest, wenn nicht in den Urkunden und Dokumenten, die das formale Eigentumssystem zur Verfügung stellt? Das formale Eigentumsrecht liefert den Prozess, die Formen und die Regeln, die die Vermögenswerte so erfassen, dass wir sie als aktives Kapital nutzen können.

Die Umwandlung von Vermögensgegenständen in Kapital durch das Eigentumssystem beginnt im Westen damit, dass die wirtschaftlich und gesellschaftlich nützlichsten Informationen *über* Vermögensgegenstände registriert werden – als Eintrag in ein Hauptbuch oder als ein paar Bytes auf einer Festplatte – und dann in einer Eigentumsurkunde festgehalten werden. Der ganze Prozess folgt einer Reihe detaillierter und exakter Regeln. Formale Eigentumsurkunden und -dokumente repräsentieren also unsere gemeinsame Vorstellung von dem, was wir für die wirtschaftlich relevanten Eigenschaften eines Vermögensgegenstandes halten. Sie dokumentieren und organisieren alle wichtigen Informationen, die erforderlich sind, um den potenziellen Wert eines Vermögensgegenstandes begrifflich zu fassen und ihn auf diese Weise für unsere Zwecke zu nutzen. Das formale Eigentumssystem ist der Raum, in dem wir Vermögensgegenstände erkennen und bewerten und sie mit anderen Vermögensgegenständen verbinden. Dieses System ist das Wasserkraftwerk des Kapitals, der Raum, in dem das Kapital geboren wird.

Jeder Vermögensgegenstand, dessen wirtschaftliche und gesellschaftliche Aspekte nicht in einem formalen Eigentumssystem erfasst werden, lässt sich nur sehr schwer im Markt bewegen. Wie wollten sich die riesigen Vermögensgegenstände, die in einer modernen Marktwirtschaft den Besitzer wechseln, anders unter Kontrolle halten als durch einen formalen Eigentumsprozess? Ohne ein derartiges System macht jeder Handel mit einem Vermögensgegenstand, sagen wir einer Immobilie, enorme Anstrengungen erforderlich, um auch nur die Grundlage der Transaktion zu bestimmen: Ist der Verkäufer der Immobilie wirklich Eigentümer und hat er das Recht, sie zu veräußern? Wird der Käufer von anderen, die ihre vermeintlichen Eigentumsrechte notfalls gerichtlich gegen ihn durchsetzen möchten, in seiner Eigenschaft als neuer Eigentümer anerkannt? Welche Mittel stehen ihm zur Verfügung, um andere Ansprüche abzuwehren? In Entwicklungsländern und ehemaligen kommunistischen Staaten sind solche Fragen schwer zu beantworten. Für die meisten Besitztümer gibt es keine Instanz, die verbindliche Antworten liefern könnte. Aus diesem Grund sind beim Verkauf oder der Vermietung eines Hauses unter Umständen langwierige und mühselige Genehmigungsverfahren unter Einbeziehung der Nachbarn erforderlich. Häufig ist das die einzige Möglichkeit, um festzustellen, dass der Besitzer des Hauses wirklich Eigentümer ist und dass keine anderen Ansprüche vorliegen. Das ist auch der Grund, warum der Tausch der meisten Vermögensgegenstände außerhalb des Westens auf lokale Zirkel von Handelspartnern beschränkt bleibt.

Wie wir im vorhergehenden Kapitel gesehen haben, liegt das Hauptproblem dieser Länder nicht in einem Mangel an Unternehmergeist: Die Armen haben in den letzten vierzig Jahren Immobilien im Wert von vielen Billionen Dollar angesammelt. Was den Armen fehlt, ist der leichte Zugang zu den Eigentumsmechanismen, durch die sich das wirtschaftliche Potenzial ihres Vermögens so erfassen ließe, dass sie damit einen größeren Wert in einem erweiterten Markt schaffen, sichern oder garantieren können. Im Westen wird jeder Vermögensgegenstand – jedes Grundstück, jedes Haus, jede bewegliche Habe – formell in ständig aktualisierten Verzeichnissen erfasst, die nach den Regeln des Eigentumssystems angelegt sind. Jeder Produktionszuwachs, jedes neue Gebäude, jedes Produkt, jeder Wertgegenstand ist das formale Eigentum von irgendjemand. Selbst wenn die Vermögensgegenstände einer Kapitalgesellschaft gehören, sind sie indirekt das Eigentum von wirklichen Menschen, dokumentiert durch Urkunden, die bescheinigen, dass sie die Kapitalgesellschaft als «Aktionäre» besitzen.

Wie die elektrische Energie wird Kapital nicht erzeugt, wenn die entscheidende Einrichtung, die es produziert und erfasst, nicht vorhanden ist. Der See braucht ein Wasserkraftwerk, um verwertbare Energie zu erzeugen, und Vermögensgegenstände brauchen ein formales Eigentumssystem, um Mehrwert in größerem Umfang hervorzubringen. Ohne ein formales Eigentumsrecht, das ihr wirtschaftliches Potenzial herausfiltert und in eine Form bringt, in der sie sich leicht übertragen und kontrollieren lassen, sind die Vermögensgegenstände in den Ländern der Dritten Welt und des ehemaligen Ostblocks wie das Wasser eines Sees hoch oben in den Anden – ein ungenutzter Vorrat an potenzieller Energie.

Warum ist die Entstehung von Kapital zu einem solchen Geheimnis geworden? Warum haben die reichen Nationen der Welt, die so schnell mit guten Ratschlägen bei der Hand sind, diesen Ländern nicht erklärt, wie unentbehrlich ein formales Eigentumsrecht für die Kapitalbildung ist? Ganz einfach, weil der Prozess innerhalb des formalen Eigentumssystems, der Vermögensgegenstände in Kapital umwandelt, sehr schwer vorstellbar ist. Er verbirgt sich in tausend Gesetzesvorschriften, Satzungen, Regelungen und Institutionen, die das System konstituieren. Wer in diesem Gesetzeslabyrinth gefangen ist, vermag sich kaum zu vergegenwärtigen, wie der Prozess funktioniert. Dazu ist man nur in der Lage, wenn man sich außerhalb des Systems befindet – im extralegalen Sektor –, dort, wo meine Kollegen und ich den größten Teil unserer Arbeit verrichten.

Seit geraumer Zeit betrachte ich nun das Recht von einem extralegalen Standpunkt, um besser zu verstehen, wie es funktioniert und welche Wirkung es hervorruft. Das ist nicht so verrückt, wie es erscheint. Der französische Philosoph Michel Foucault meint, es sei möglicherweise leichter, die Bedeutung einer Sache zu entdecken, wenn man sie von der anderen Seite der Brücke aus betrachte. «Um herauszufinden, was unsere Gesellschaft unter geistiger Gesundheit versteht», schreibt er, «sollten wir vielleicht untersuchen, was im Bereich der Geisteskrankheit geschieht. Und was wir mit Legalität meinen, indem wir uns mit dem Bereich der Illegalität befassen.»[13] Außerdem ist Eigentum wie Energie ein abstrakter Begriff. Beide sind direkter Erfahrung nicht zugänglich. Reine Energie hat noch niemand je gesehen oder berührt. Und niemand kann Eigentum erblicken. Energie und Eigentum können wir nur durch ihre Wirkungen erleben.

Aus meinem Blickwinkel im extralegalen Sektor habe ich erkannt, dass das formale Eigentumssystem im Westen sechs Effekte hervorruft, die seinen Bürgern erlauben, Kapital zu erzeugen. Die Unfähigkeit in anderen Teilen der Welt, Kapital zu bilden, resultiert aus dem Umstand, dass die meisten Menschen in der Dritten Welt und dem ehemaligen Ostblock von diesen Effekten abgeschnitten sind.

### *Eigentumseffekt Nr. 1: Das ökonomische Potenzial von Vermögensgegenständen festsetzen*

Der potenzielle Wert, der in einem Haus eingeschlossen ist, lässt sich auf die gleiche Weise erfassen und in aktives Kapital umwandeln, wie die potenzielle Energie in einem Gebirgssee erfasst und dann in effektive Energie umgewandelt wird. In beiden Fällen ist der Übergang von einem Zustand in einen anderen auf einen Prozess angewiesen, der das materielle Objekt in ein künstliches, repräsentatives Universum überführt, in dem wir die Ressource aus ihren störenden materiellen Einschränkungen befreien und uns auf ihr Potenzial konzentrieren können.

Kapital wird dadurch geboren, dass wir die wirtschaftlich und gesellschaftlich nützlichsten Informationen *über* den Vermögensgegenstand in schriftlicher Form repräsentieren, durch eine Eigentumsurkunde, eine Aktie, einen Vertrag oder ähnliche Dokumente – im Gegensatz zu den visuell auffälligeren Aspekten *des* Vermögensgegenstandes. Durch diese Dokumente wird der potenzielle Wert erstmals beschrieben und erfasst. In dem Augenblick, wo Sie Ihre Aufmerksamkeit beispielsweise auf die Eigentumsurkunde eines Hauses richten statt auf das Haus selbst, haben Sie automatisch den Schritt hinaus aus der materiellen Welt und hinein in das begriffliche Universum getan, in dem das Kapital lebt. Sie lesen eine Repräsentation, die Ihre Aufmerksamkeit auf das wirtschaftliche Potenzial des Hauses lenkt, indem sie alle irrelevanten Lichter und Schatten seiner materiellen Aspekte und seiner Umgebung herausfiltert. Das formale Eigentumssystem zwingt Sie, mit dem Haus als einem wirtschaftlichen und gesellschaftlichen Begriff umzugehen. Es fordert Sie auf, das Haus nicht als bloße Unterkunft – und damit toten Vermögensgegenstand – zu sehen, sondern als lebendes Kapital.

Der Beweis, dass Eigentum ein reiner Begriff ist, zeigt sich, wenn ein Haus den Eigentümer wechselt. Nichts Materielles verändert sich. Dadurch, dass Sie das Haus betrachten, können Sie nicht feststellen, wem es gehört. Ein Haus, das heute Ihnen gehört, sieht genauso aus wie gestern, als es noch mir gehörte. Es sieht gleich aus, egal, ob es mir gehört, ob ich es Ihnen vermiete oder Ihnen verkaufe. Eigentum ist nicht das Haus selbst, sondern ein wirtschaftlicher Begriff *über* das Haus, verkörpert in einer legalen Repräsentation. Daraus folgt, dass eine formale Eigentumsrepräsentation von dem Vermögensgegenstand selbst getrennt ist.

Was haben formale Eigentumsrepräsentationen an sich, dass sie zusätzliche Arbeit leisten können? Sind sie einfach Stellvertreter der Vermögensgegenstände? Nein. Es sei noch einmal gesagt: Eine formale Eigentumsrepräsentation wie etwa eine Eigentumsurkunde ist keine Reproduktion *des* Hauses, wie zum Beispiel eine Fotografie, sondern eine Repräsentation unserer Begriffe *über* das Haus. Insbesondere repräsentiert sie die nicht sichtbaren Eigenschaften, die ein Potenzial zur Wertschöpfung darstellen. Das sind keine materiellen Eigenschaften des Hauses selbst, sondern wirtschaftlich und gesellschaftlich bedeutsame Eigenschaften, die wir Menschen dem Haus zugeschrieben haben (etwa die Fähigkeit, für vielfältige Zwecke nutzbar zu sein, die durch Pfandrechte, Hypotheken, Grunddienstbarkeiten und andere Verträge gesichert werden können).

In entwickelten Ländern dient diese formale Eigentumsrepräsentation dazu, die Interessen der Eigentümer gegen die Interessen anderer Parteien zu sichern und Veranwortlichkeit zu schaffen, indem man alle dazu erforderlichen Informationen, Hinweise, Regeln und Vollstreckungsmechanismen aufführt. Beispielsweise lässt sich im Westen formales Eigentum mühelos für verschiedene Zwecke verwenden – als Sicherheit für einen Kredit oder eine Investition, als Adresse für den Einzug von Schulden, Raten und Steuern, als Bezugspunkt zur Identifizierung von Personen für wirtschaftliche, juristische oder behördliche Zwecke, als zuverlässiger Erfüllungsort für die Dienstleistungen öffentlicher Versorgungsbetriebe – Energie, Wasser, Kanalisation, Telefon oder Fernsehen. Zwar dienen Häuser auch in fortgeschrittenen Staaten als Unterkünfte oder Arbeitsplätze, daneben führen sie aber ein Doppelleben, in dem sie eine Vielzahl von zusätzlichen Funktionen zur Sicherung der Interessen Dritter übernehmen.

Das legale Eigentumssystem versah den Westen also mit dem notwendigen Instrumentarium, um einen über die Vermögensgegenstände hinausreichenden Mehrwert zu produzieren. Eigentumsrepräsentationen ermöglichten den Menschen, sich die Vermögensgegenstände nicht nur gemäß persönlicher Kenntnisnahme vorzustellen, sondern auch nach Maßgabe der latenten wirtschaftlichen und gesellschaftlichen Eigenschaften dieser Objekte. Ob mit oder ohne Absicht, das Eigentumssystem wurde die Leiter, auf der diese Staaten aus dem Universum der Vermögensgegenstände im

Naturzustand hinaufkletterten in die Begriffswelt des Kapitals, wo Vermögensgegenstände in ihrem vollständigen produktiven Potenzial wahrgenommen werden können.

Mit dem rechtlich gesicherten Eigentum hatten die fortgeschrittenen Nationen des Westens ein Mittel, das ihnen erlaubte, mühelos und fortlaufend die potenziell produktivsten Eigenschaften ihrer Ressourcen zu entdecken. Wie Aristoteles bereits 2300 Jahre zuvor herausfand, erweitert sich das Spektrum dessen, was man mit Dingen tun kann, unendlich, wenn man an ihre Möglichkeiten, ihr Potenzial, denkt. Als die Bewohner der westlichen Welt lernten, das wirtschaftliche Potenzial ihrer Vermögensgegenstände durch Eigentumstitel zu erfassen, stand ihnen ein rascher Weg offen, die produktivsten Aspekte ihrer Besitztümer zu nutzen. Das formale Eigentumssystem wurde zur Leiter in die Begriffswelt, in der sich die wirtschaftliche Bedeutung der Dinge offenbart und in der das Kapital geboren wird.

### *Eigentumseffekt Nr. 2: Integration verstreuter Information in ein einziges System*

Wie im vorhergehenden Kapitel gesehen, können die meisten Menschen in der Dritten Welt und im ehemaligen Ostblock nicht in das legale Eigentumssystem in seiner derzeitigen Form gelangen, egal, wie intensiv sie es auch versuchen. Da sie ihre Vermögensgegenstände nicht in dieses System einbinden können, bleiben sie ihr extralegaler Besitz. Der Kapitalismus hat also im Westen triumphiert und ist im Rest der Welt gescheitert, weil die meisten Vermögensgegenstände westlicher Nationen in ein einziges formales Repräsentationssystem integriert worden sind.

Diese Integration fand nicht zufällig statt. Im 19. Jahrhundert haben Politiker, Gesetzgeber und Richter jahrzehntelang die weit verstreuten Fakten und Vorschriften zusammengetragen, die die Eigentumsverhältnisse der Städte, Dörfer, Gebäude und Höfe regelten, und sie in ein einziges System integriert. Dieses «Zusammentragen» der Eigentumsrepräsentationen, ein revolutionärer Augenblick in der Geschichte der fortgeschrittenen Staaten, speicherte alle Informationen und Vorschriften, die den akkumulierten Wohlstand ihrer Bürger betrafen, in einer einzigen Wissensbasis. Bis zu diesem Ereignis waren die Informationen über Vermögensgegenstände weit schlechter zugänglich. Jeder Bauernhof und jeder Ort dokumentierte seine Sachwerte durch einfache Register, Symbole oder mündliche Zeugnisse. Doch die Informationen waren zerstückelt, verstreut und standen nicht jedem Teilnehmer am Wirtschaftsleben jederzeit zur Verfügung. Wie wir heute nur allzu gut wissen, sind Fakten im Übermaß nicht unbedingt mit Wissen im Übermaß gleichzusetzen. Um die Informationen sinnvoll nutzen zu können, mussten die fortgeschrittenen Länder ihre unzusammenhängenden und isolierten Eigentumsdaten in ein umfassendes System integrieren.

Das ist in den Entwicklungsländern und den ehemaligen kommunistischen Staaten nicht geschehen. In allen Ländern, die ich untersucht habe, bin ich niemals auf nur ein einziges Rechtssystem gestoßen, sondern auf Dutzende oder Hunderte, die von allen möglichen Organisationen angewendet werden, manche legal, andere extralegal, von Kleinunternehmergruppen bis hin zu Wohnungsbaugesellschaften. Was die Menschen in diesen Ländern mit ihrem Eigentum anfangen können, hängt daher von der Vorstellungskraft der Eigentümer und ihrer Bekannten ab. In westlichen Ländern dagegen, wo Eigentumsinformationen standardisiert und universell verfügbar sind, profitiert das, was die Eigentümer mit ihren Vermögensgegenständen tun können, von der kollektiven Vorstellungskraft eines weit größeren Netzwerks.

Es mag den westlichen Leser überraschen, dass die meisten Staaten der Welt ihre extralegalen Eigentumsregelungen noch nicht in ein formales Rechtssystem integriert haben. Für die Menschen in der westlichen Welt gibt es vermutlich nur ein Recht – das offizielle. Doch das westliche Vertrauen in integrierte Eigentumssysteme ist ein Phänomen, das im Höchstfalle 200 Jahre alt ist. In den meisten westlichen Staaten entstanden integrierte Eigentumssysteme erst vor rund 100 Jahren; Japans Integration fand vor knapp fünfzig Jahren statt. Wie wir im Fortgang etwas genauer sehen werden, waren früher in allen Ländern vielfältige informelle Eigentumsregelungen die Norm. Im kontinentalen Europa war Rechtspluralismus gang und gäbe, bis im 14. Jahrhundert das römische Recht wieder entdeckt wurde und die Staaten alle Rechtsströmungen in einem einzigen koordinierten System zusammenfassten.

Nach dem Goldrausch von 1849 gab es in Kalifornien etwa 800 unabhängige Zuständigkeitsbereiche für Eigentumsfragen, alle mit eigenen Registern und individuellen Regelungen, die auf örtlichem Konsens beruhten. In den gesamten Vereinigten Staaten von Kalifornien bis Florida einigten sich Claim-Vereinigungen auf eigene Regeln und wählten eigene Funktionäre. Die Regierung der Vereinigten Staaten brauchte mehr als 100 Jahre – bis weit ins 19. Jahrhundert hinein –, um spezielle Gesetze zu verabschieden, die die Eigentumsverhältnisse integrierten und formalisierten. Durch Verabschiedung von fünfunddreißig Gesetzen, die die Vorkaufs- und Schürfrechte regelten, gelang es dem Kongress nach und nach, die informellen Eigentumsbestimmungen, die Millionen von Einwanderern und Squattern geschaffen hatten, in ein einziges System zu integrieren. Das Ergebnis war ein integrierter Grundstücksmarkt, der entscheidend zum explosiven Wirtschaftswachstum der Vereinigten Staaten beitrug.

Die Geschichte der Integration weit verstreuter Eigentumssysteme lässt sich so schwer verfolgen, weil sie sich über einen sehr langen Zeitraum vollzog. In Deutschland entstanden beispielsweise bereits im 11. Jahrhundert formelle Eigentumsregister, die aber erst 1896 vollständig integriert wurden, als das Grundbuchsystem zur Registrierung von Grundstückstransaktionen für das ganze Land verbindlich wurde. In Japan begannen die Bestrebungen zur landesweiten Formalisierung des bäuerlichen Eigentumsrechtes Ende des 19. Jahrhunderts, wurden aber erst Ende der vierziger Jahre des

20. Jahrhunderts abgeschlossen. Welche außerordentlichen Anstrengungen in der Schweiz erforderlich waren, um die verschiedenen Systeme zu vereinheitlichen, die noch um die Wende zum 20. Jahrhundert Eigentumsverhältnisse und Transaktionen regelten, ist noch immer kaum bekannt, sogar vielen Schweizern nicht.

Infolge der Integration können sich Bürger entwickelter Länder Beschreibungen der wirtschaftlichen und gesellschaftlichen Eigenschaften jedes verfügbaren Vermögensgegenstandes besorgen, ohne das Objekt selbst in Augenschein nehmen zu müssen. Sie brauchen nicht mehr im Land umherzureisen, um alle Eigentümer und ihre Nachbarn aufzusuchen. Das formale Eigentumssystem informiert sie darüber, welche Vermögensgegenstände verfügbar sind und welche Möglichkeiten es gibt, Mehrwert zu schöpfen. Infolgedessen lässt sich das Potenzial eines Vermögensgegenstandes leichter bewerten und tauschen, was der Erzeugung von Kapital zugute kommt.

### *Eigentumseffekt Nr. 3: Verantwortlichkeit schaffen*

Mit der Integration aller Eigentumssysteme in einem formalen Eigentumsrecht wurde die Legitimität der Eigentumsrechte nicht mehr von dem politisch bestimmten Kontext der örtlichen Gemeinwesen garantiert, sondern vom unpersönlichen Kontext des Rechts. Die Befreiung der Eigentümer aus den einschränkenden lokalen Regelungen und ihre Eingliederung in ein einheitlicheres Rechtssystem erleichterte es, sie verantwortlich zu machen.

Dadurch, dass das formale Eigentumssystem Menschen mit Eigentumsinteressen in verantwortliche Individuen verwandelte, schuf es aus den Massen Einzelwesen. Man brauchte nicht mehr auf Nachbarschaftsbeziehungen zu rekurrieren oder lokale Regelungen zu treffen, um sein Eigentumsrecht zu schützen. Befreit von primitiven wirtschaftlichen Tätigkeiten und lästigen lokalen Einschränkungen, konnten sich die Menschen der Frage zuwenden, wie sich mit ihren Vermögensgegenständen Mehrwert erwirtschaften ließ. Doch das hatte seinen Preis: Sobald sie in das formale Eigentumssystem eingebunden wurden, verloren sie ihre Anonymität. Durch die unauflösliche Verknüpfung mit ihren Immobilien und Firmen, die sich leicht identifizieren und lokalisieren ließen, büßten die Menschen die Fähigkeit ein, in der Masse unterzutauchen. Diese Option ist im Westen praktisch verschwunden, während sich die individuelle Verantwortlichkeit verstärkt hat. Menschen, die nicht für Waren oder Dienstleistungen zahlen, die sie in Anspruch nehmen, müssen mit Strafzinsen, Bußgeldern, Beschlagnahmungen oder Herabstufung ihrer Kreditwürdigkeit rechnen. Behörden erfahren von Gesetzesübertretungen und Vertragsbrüchen. Sie können Dienstleistungen aussetzen, Eigentum pfänden und einige oder alle Privilegien des legalen Eigentumsrechtes streichen.

Die Achtung der westlichen Staaten für Eigentum und wirtschaftliche Transaktionen ist wohl kaum in die Gene ihrer Bürger eingeschrieben, sondern dem Umstand zu verdanken, dass sie ein gerichtlich durchsetzbares formales Eigentumsrecht haben. Der Schutz, den das formale Eigentumssystem nicht nur für Eigentum, sondern auch für Transaktionen bietet, veranlasst die Bürger fortgeschrittener Länder, Eigentumstitel zu respektieren, Verträge einzuhalten und dem Gesetz zu gehorchen. Hält sich ein Bürger nicht daran, wird sein Fehlverhalten im System aufgezeichnet und gefährdet seinen Ruf als vertrauenswürdiger Partner gegenüber Nachbarn, Versorgungsbetrieben, Banken, Telefongesellschaften, Versicherungsfirmen und dem Rest des Netzes, mit dem ihn sein Eigentum verknüpft.

So sind die formalen Eigentumssysteme des Westens für die Betroffenen Segen und Fluch zugleich. Während sie vielen hundert Millionen Bürgern die Möglichkeit bieten, am kapitalistischen Spiel teilzunehmen, verdankt diese Möglichkeit ihre Existenz nicht zuletzt der Tatsache, dass sie auch wieder entzogen werden kann. In ganz entscheidendem Maße erwächst der potenzielle Wert des legalen Eigentumssystems aus der Möglichkeit der Rechtsverwirkung. Seine Wirkung verdankt es also nicht zuletzt der Verantwortlichkeit, die es schafft, den Einschränkungen, die es auferlegt, den Regeln, die es vorschreibt, und den Sanktionen, die es verhängen kann. Als das formale Eigentumssystem den Menschen die Augen öffnete für das wirtschaftliche und gesellschaftliche Potenzial von Vermögensgegenständen, veränderte es damit nicht nur die Wahrnehmung für die potenziellen Vorteile, die die Nutzung von Vermögensgegenständen brachte, sondern auch für die Gefahren, die darin lagen. Legales Eigentum erlegte den Menschen Verpflichtungen auf.

Das Fehlen eines legalen Eigentumssystems erklärt also, warum Bürger in Entwicklungsländern und ehemaligen kommunistischen Staaten keine vorteilhaften Verträge mit Fremden abschließen, keine Kredite, Versicherungen oder Leistungen von Versorgungsunternehmen erhalten können. Da sie kein Eigentum haben, das sie verlieren können, werden sie als Vertragspartner nur von ihren Angehörigen und unmittelbaren Nachbarn akzeptiert. Menschen, die nichts zu verlieren haben, sind im dumpfen Keller der vorkapitalistischen Welt gefangen.

Dagegen können die Bürger entwickelter Länder Verträge über so gut wie alles abschließen, sie müssen dafür aber Verpflichtungen eingehen. Und diese Verpflichtungen sind verlässlicher, wenn sie durch das Anrecht Dritter auf das Eigentum unterstrichen werden, sei es durch Pfandrechte, Hypotheken oder andere Sicherheiten, die die andere Vertragspartei schützen.

### *Eigentumseffekt Nr. 4: Vermögensgegenstände fungibel machen*

Eine der wichtigsten Aufgaben, die ein formales Eigentumssystem erfüllt, ist die Überführung von Vermögensgegenständen aus einem weniger in einen besser zugänglichen Zustand, sodass sie zusätzliche Arbeit leisten können. Anders als materielle Vermögensgegenstände lassen sich Repräsentationen leicht verbinden, teilen, bewegen und für geschäftliche Vereinbarungen nutzen. Dadurch, dass man die wirtschaftlichen Merkmale eines Vermögensgegenstandes von seinem materiellen Zustand ablöst, macht eine Repräsentation das Objekt «fungibel» – das heißt, sie bringt es in eine Form, in der es praktisch zu jeder Transaktion taugt.

Durch die Beschreibung aller Vermögensgegenstände mittels Standardkategorien schafft ein integriertes formales Eigentumssystem die Möglichkeit, zwei architektonisch verschiedene Gebäude zu vergleichen, die für den gleichen Zweck erbaut wurden. So kann man rasch und ohne Aufwand zwischen Ähnlichkeiten und Unterschieden von Vermögensgegenständen unterscheiden, ohne sich mit jedem dieser Objekte befassen zu müssen, als wäre es einzigartig.

Im Westen dienen die Standardbeschreibungen von Immobilien auch dazu, die Kombination von Objekten zu erleichtern. Die formalen Eigentumsvorschriften setzen voraus, dass Vermögensgegenstände in einer Weise beschrieben und charakterisiert werden, die nicht nur ihre Besonderheit erfasst, sondern auch ihre Gemeinsamkeit mit anderen Objekten, damit die Möglichkeit von Kombinationen erkennbar wird. Durch die Verwendung standardisierter Beschreibungskriterien (baurechtlicher Beschränkungen, der Nachbarschaft, der Wohn- und Nutzfläche in Quadratmetern, der Möglichkeit, sie zu verbinden, usw.) kann man herausfinden, wie sich eine bestimmte Immobilie am einträglichsten nutzen lässt, ob als Bürogebäude, Hotel, Buchhandlung, Squash-Halle oder Sauna.

Repräsentationen bieten ferner die Möglichkeit, Vermögensgegenstände zu teilen, ohne sie anzurühren. Zwar kann ein Vermögensgegenstand wie etwa eine Fabrik in der wirklichen Welt eine unteilbare Einheit sein, doch in der Begriffswelt der formalen Eigentumsrepräsentationen lässt sie sich in eine beliebige Zahl von Teilen zerlegen. Die Bürger fortgeschrittener Länder sind folglich in der Lage, die meisten ihrer Besitztümer in Anteile zu zerstückeln, die verschiedenen Personen gehören können, mit verschiedenen Rechten und verschiedenen Funktionen. Dank dem formalen Eigentumssystem gehört eine einzelne Fabrik unter Umständen zahllosen Investoren, die ihr Eigentum veräußern können, ohne die materielle Unversehrtheit des Vermögensgegenstands in irgendeiner Weise anzutasten.

Entsprechend kann in einem entwickelten Land der Sohn eines Landwirtes, der in die Fußstapfen seines Vaters treten möchte, den Hof behalten, indem er seine wirtschaftlich ehrgeizigen Geschwister auszahlt. Die Bauern in vielen Entwicklungsländern haben diese Möglichkeit nicht und müssen ihre Höfe von Generation zu Generation weiter aufteilen, bis die Parzellen so klein sind, dass sie ihre Besitzer nicht mehr ernähren und vor eine trostlose Alternative stellen: sterben oder stehlen.

Formale Eigentumsrepräsentationen können auch als bewegliche Stellvertreter für materielle Vermögensgegenstände dienen und Eigentümern oder Unternehmern die Möglichkeit bieten, hypothetische Situationen durchzuspielen, um andere vorteilhafte Verwendungsweisen dieser Objekte zu erproben – etwa so, wie Generalstabsoffiziere ihre Strategien entwerfen, indem sie Symbole ihrer Truppen und Waffen auf einer Karte hin und her bewegen. Die genauere Überlegung zeigt, dass Unternehmer nur dank der beschriebenen Eigentumsrepräsentationen in der Lage sind, Unternehmensstrategien durchzuspielen und auf diese Weise für das Wachstum ihrer Unternehmen und die Bildung von Kapital zu sorgen.

Ferner werden alle standardisierten formalen Eigentumsdokumente so aufgesetzt, dass sich die Eigenschaften eines Vermögensgegenstandes leicht beurteilen lassen. Gäbe es diese Standardbeschreibungen nicht, wäre es für jeden, der einen Vermögensgegenstand kaufen, mieten oder als Kreditsicherheit verwenden möchte, außerordentlich aufwendig, ihn mit anderen Vermögensgegenständen zu vergleichen – für die ja ebenfalls keine Standardbeschreibungen vorlägen. Durch die Schaffung solcher Standards haben die formalen Eigentumssysteme des Westens die Transaktionskosten für die Nutzung von Vermögensgegenständen erheblich verringert.

Sobald Vermögensgegenstände in ein formales Eigentumssystem eingebunden sind, verschaffen sie ihren Eigentümern einen Riesenvorteil, weil sie sich vielseitiger als der Inhalt eines Baukastens zerlegen und zusammensetzen lassen. Die Bürger westlicher Länder können ihre Vermögensgüter an jede beliebige wirtschaftliche Situation anpassen, um immer wertvollere Mischformen zu schaffen, während die Menschen der Dritten Welt in der materiellen Welt starrer, nicht fungibler Objekte gefangen bleiben.

### *Eigentumseffekt Nr. 5: Menschen vernetzen*

Formale Eigentumssysteme machen Vermögensgegenstände fungibel – teilen, kombinieren oder mobilisieren sie, wie es die Transaktionen verlangen –, indem sie Eigentümer mit Vermögensgegenständen, Vermögensgegenstände mit Adressen, Eigentum mit gerichtlicher Durchsetzbarkeit von Ansprüchen verknüpfen und den Zugang zu Informationen über die Geschichte der Objekte und Eigentümer erleichtern. Auf diese Weise haben sie die Bürger westlicher Staaten in ein Netzwerk von individuell identifizierbaren und verantwortlichen Wirtschaftssubjekten verwandelt. Das formale Eigentumssystem ist eine umfassende Infrastruktur von verbindenden Elementen, die wie ein Stellwerk dafür sorgt, dass die Vermögensgegenstände (Züge) sicher zwischen den Menschen (Bahnhöfen) verkehren. Das besondere Verdienst des formalen Eigentumssystems liegt nicht im Schutz des Eigentums. Squatter, Wohnungsbaugesellschaften, Mafiaorganisationen und sogar primitive Stämme haben sehr wirksame Methoden zum Schutz ihres Eigentums. Der eigentliche Beitrag dieses Systems ist die Verbesserung des Kommunikationsflusses zwischen Vermögensgegenständen und ihrem Potenzial. Außerdem hat es den Status der Eigentümer verbessert: Es hat sie zu Wirtschaftssubjekten gemacht, die in der Lage sind, Vermögensgegenstände innerhalb eines weit gespannten Netzes zu bewegen.

Das erklärt, warum legale Eigentumssysteme Unternehmer ermutigen, in Versorgungsunternehmen wie Strom- und Wasserwerke zu investieren, die Wohn- und Geschäftsgebäude mit ihren Dienstleistungen beliefern. Dadurch, dass das Eigentumssystem die Gebäude, an die Dienstleistungen geliefert werden, mit den Eigentümern, die die Dienstleistungen in Anspruch nehmen und bezahlen, gesetzlich verknüpft, vermindert es die Gefahr, dass die Dienstleistungen gestohlen werden. Es verringert auch die finanziellen Verluste, die entstehen, wenn Rechnungen Menschen zugestellt werden sollen, die nur schwer zu lokalisieren sind, und die technischen Verluste, die sich ergeben, wenn man versucht, den Strombedarf von Gebieten zu schätzen, in denen Gewerbe und Bewohner nicht angemeldet und nicht registriert sind. Ohne zu wissen, wer das Recht hat, was zu tun, und ohne ein integriertes Rechtssystem, in dem die Aufgabe, die Einhaltung von Verpflichtungen durchzusetzen, von extralegalen Gruppen auf den Staat übergegangen ist, hätten Versorgungsbetriebe große Schwierigkeiten, ihre Dienstleistungen mit Gewinn zu erbringen. Was hätten sie sonst für eine Grundlage, um Kunden zu identifizieren, Verträge mit ihnen abzuschließen, Anschlüsse zu legen und sich Zugang zu Grundstücken und Gebäuden zu verschaffen? Wie würden sie sonst abrechnen, ablesen, Forderungen einziehen, Verlust und Betrug kontrollieren und Strafmaßnahmen wie etwa die Abschaltung des Stroms durchführen können?

Immer sind Gebäude der Erfüllungsort für Dienstleistungen öffentlicher Versorgungsbetriebe. In *verantwortliche* Erfüllungsorte werden sie durch legale Eigentumsverhältnisse verwandelt. Wer das bezweifelt, braucht nur einen Blick auf die Versorgungsbetriebe außerhalb der westlichen Welt zu werfen, dort haben technische und finanzielle Verluste nebst Diebstahl einen Anteil von 30 bis 50 Prozent an allen Leistungen.

Ferner versorgt das legale Eigentumssystem des Westens Wirtschaftsunternehmen mit Informationen über Vermögensobjekte und ihre Eigentümer, mit überprüfbaren Adressen und objektiven Urkunden über Immobilienwerte, woraus sich zuverlässige Hinweise auf die Kreditwürdigkeit ergeben. Dank dieser Informationen und dem Vorhandensein eines integrierten Rechtssystems lassen sich die Risiken überschaubarer halten, indem man sie auf Versicherungen und ähnliche Institutionen verteilt und Eigentum als Sicherheit für Schulden zusammenfasst.

Nur wenige Beobachter scheinen bemerkt zu haben, dass das legale Eigentumssystem eines fortgeschrittenen Staates den Mittelpunkt eines komplexen Netzes von Verbindungen bildet, das ganz normalen Bürgern ermöglicht, Beziehungen zum staatlichen und zum privaten Sektor zu knüpfen, um auf diese Weise zusätzliche Waren und Dienstleistungen zu erhalten. Ohne die Instrumente des formalen Eigentumssystems würden sich Vermögensobjekte wohl kaum für all die Dinge nutzen lassen, die sie im Westen leisten. Wie sonst könnten Finanzinstitute vertrauenswürdige Kreditnehmer in großem Umfang identifizieren? Wie könnten materielle Objekte, etwa Nutzhölzer in Oregon, als Sicherheit für eine Industrieinvestition in Chicago dienen? Wie könnten Versicherungsgesellschaften Kunden finden und unter Vertrag nehmen, die ihre Beiträge regelmäßig bezahlen? Wie könnten Informationsvermittlungs- oder Prüf- und Beglaubigungsdienste effizient und kostengünstig arbeiten? Wie sollte die Steuererhebung funktionieren?

Das Eigentumssystem löst das abstrakte Potenzial von den Gebäuden ab und erfasst es durch Repräsentationen, die es uns ermöglichen, sie Verwendungszwecken zuzuführen, die über das bloße Wohnen hinausgehen. Viele Besitzsysteme in Entwicklungsländern schaffen kein Kapital, weil sie nicht erkennen, dass Eigentum weit mehr bedeuten kann als etwas nur zu besitzen. Diese Systeme sind reine Besitzverzeichnisse, in denen Verträge und Karten für Vermögensgegenstände stehen, die aber nicht die zusätzlichen

Mechanismen bieten, die erforderlich sind, damit ein Netzwerk entsteht und Vermögensgegenstände ein Doppelleben als Kapital führen. Formale Eigentumssysteme sind nicht zu verwechseln mit umfangreichen Eigentumsverzeichnissen wie dem englischen Domesday Book (Reichsgrundbuch), das vor 900 Jahren geführt wurde, oder einer Gepäckkontrolle auf einem internationalen Flughafen. Richtig verstanden und angelegt, schafft ein Eigentumssystem ein Netzwerk, mit dessen Hilfe Menschen ihre Vermögensgegenstände zu wertvolleren Kombinationen zusammenschließen können.

### *Eigentumseffekt Nr. 6: Transaktionen schützen*

Ein wichtiger Grund, warum das formale Eigentumssystem des Westens wie ein Netzwerk arbeitet, liegt darin, dass die Eigentumsdokumente (Urkunden, Verträge und Wertpapiere, die die wirtschaftlich wichtigen Aspekte von Vermögensgütern beschreiben) auf ihrem Weg durch Zeit und Raum ständig überwacht und geschützt werden. Ihre erste Station sind die staatlichen Behörden, die in entwickelten Ländern die Hüter der Repräsentationen sind. Urkundsbeamte verwalten die Akten, die alle wirtschaftlich nützlichen Beschreibungen der Vermögensgüter enthalten, egal, ob es sich um Grundstücke, Gebäude, bewegliche Habe, Schiffe, Fabriken, Bergwerke oder Flugzeuge handelt. Diese Akten weisen jeden, der einen Vermögensgegenstand nutzen möchte, auf Umstände hin, die dem Verkauf förderlich oder hinderlich sein könnten – Belastungen, Grunddienstbarkeiten, Pachtverträge, Schulden, Konkurse und Hypotheken. Weiterhin tragen die Behörden dafür Sorge, dass die Vermögensgegenstände angemessen, richtig und in einer Form repräsentiert werden, in der sie leicht aktualisiert und zugänglich gemacht werden können.

Neben den öffentlichen Systemen sind viele private Dienstleistungsunternehmen entstanden, die den Beteiligten helfen, Repräsentationen dergestalt zu erfassen, zu bewegen und zu verfolgen, dass sie leicht und sicher Mehrwert erwirtschaften können. Dazu gehören private Unternehmen, die Geschäftsvorgänge verbuchen, Treuhandfirmen, Grundbuchexperten, Schätzer, Versicherungen gegen Rechtsmängel beim Immobilienerwerb, Vertrauensschadensversicherungen, Vermögensverwaltungsfirmen und private Verwahrer von Wertpapieren und Urkunden. In den Vereinigten Staaten tragen spezialisierte Versicherungsgesellschaften zur weiteren Mobilisierung von Repräsentationen bei, indem sie Policen ausstellen, die ihre Versicherungsnehmer gegen Risiken besonderer Art schützen, von den bereits erwähnten Rechtsmängeln beim Immobilienerwerb über die Nichtvollstreckbarkeit von Hypothekenforderungen bis hin zur Nichtverkehrsfähigkeit von Eigentumstiteln. Alle diese Firmen sind verpflichtet, bestimmte gesetzliche Auflagen zu erfüllen, die die Überwachung und Aufbewahrung von Dokumenten sowie die Qualifikation der Mitarbeiter betreffen.

Obwohl diese westlichen Systeme eingerichtet wurden, um sowohl für die Sicherheit von Eigentum als auch von Transaktionen zu sorgen, ist offenkundig, dass sie vor allem den zweiten Aspekt betonen. Die Sicherheit soll in erster Linie Vertrauen in die Transaktionen stiften, damit es den Menschen leichter fällt, ihren Vermögensgegenständen ein Doppelleben als Kapital zu ermöglichen.

In den meisten Entwicklungsländern sind Recht und Behörden dagegen im frühen Kolonial- und römischen Recht gefangen, deren Schwerpunkt der Schutz des Eigentums ist. Sie behüten die Wünsche der Toten. Das erklärt vielleicht, warum die Kapitalbildung im westlichen Eigentumssystem so leicht fällt und warum die meisten Vermögensgegenstände in den Entwicklungsländern und ehemaligen kommunistischen Staaten dem formalen Rechtssystem entzogen werden, um ihnen Mobilität zu verschaffen.

Der Nachdruck, der im Westen auf die Sicherheit von Transaktionen gelegt wird, ermöglicht den Bürgern dieser Staaten, große Mengen von Vermögensobjekten mit sehr wenig Transaktionen zu bewegen. Wie anders ließe sich sonst erklären, dass die Menschen in den Entwicklungsländern und den ehemaligen kommunistischen Staaten ihre Schweine noch immer einzeln zum Markt bringen und verkaufen, wie sie es schon seit Jahrtausenden tun, während sich westliche Händler damit begnügen, Repräsentationen ihrer Rechte über Schweine auf den Markt zu bringen? So schließen beispielsweise Händler an der Chicagoer Warenbörse ihre Geschäfte mit Repräsentationen ab, denen sie mehr Informationen über die Schweine entnehmen können, mit denen sie handeln, als einer körperlichen Untersuchung jedes einzelnen Schweins. Sie vermögen Geschäfte über große Mengen von Schweinen abzuschließen, ohne sich Sorgen über die Sicherheit der Transaktionen machen zu müssen.

## *Kapital und Geld*

Die sechs Effekte eines integrierten Eigentumsprozesses bedeuten, dass Häuser im Westen nicht mehr nur dazu dienen, Regen und Kälte abzuhalten. Ausgestattet mit einer Repräsentationsfunktion, können diese Häuser nun eine Parallelexistenz führen, *wirtschaftliche* Dinge tun, die sie sonst nicht leisten könnten. Ein umfassend integriertes formales Eigentumssystem bewirkt im Grunde zweierlei: Erstens senkt es in außerordentlichem Maße die Kosten, die Interessenten aufwenden müssen, um sich Informationen über die wirtschaftlichen Eigenschaften von Vermögensgegenständen zu verschaffen, weil es diese Eigenschaften in einer leicht wahrnehmbaren Weise repräsentiert; zweitens erleichtert es den Überblick und die Entscheidung, wie sich Vermögenswerte verwenden lassen, um Produktion und Arbeitsteilung zu steigern. Der Geniestreich des Westens bestand darin, ein System zu schaffen, das den Menschen ermöglicht, mit dem Verstand zu erfassen, was das Auge niemals sehen könnte, und Dinge zu manipulieren, die die Hand nie berühren könnte.

Vor einigen Jahrhunderten zerbrachen sich Gelehrte den Kopf

über die Frage, ob wir das Wort «Kapital» (vom lateinischen Wort für «Kopf» abgeleitet) verwenden, weil wir die Instrumente, mit denen wir Kapital bilden, im Kopf haben. Das legt den Schluss nahe, dass das Kapital immer von Geheimnis umhüllt ist, weil es, wie die Energie, nur vom Verstand erfasst und gehandhabt wird. Kapital lässt sich nur dadurch dingfest machen, dass das Eigentumssystem seine wirtschaftlichen Aspekte auf Papier festhält und sie mit einem bestimmten Ort und Eigentümer verknüpft.

Eigentum ist also nicht bloß Papier, sondern ein vermittelndes Instrument, das den größten Teil der Aspekte erfasst und speichert, auf die eine funktionierende Marktwirtschaft angewiesen ist. Das Eigentumssystem setzt einen Prozess in Gang, indem es Menschen verantwortlich und Vermögensgegenstände fungibel macht, indem es Transaktionen überwacht und all die Mechanismen erzeugt, die die Arbeit des Banksystems und Investitionen ermöglichen. Die Verbindung zwischen Kapital und modernem Geldwesen wird durch das Eigentumssystem hergestellt.

Die dokumentierten Informationen, die sich letztlich zu Urkunden über Eigentumsverhältnisse und Transaktionen zurückverfolgen lassen, dienen heute den Währungsbehörden als Grundlage für die Ausgabe von gesetzlichen Zahlungsmitteln. Dazu schrieben die Kognitionswissenschaftler George A. Miller und Philip N. Johnson-Laird 1976: «Der Ursprung von Papiergeld geht auf das Ausstellen von Schuldscheinen zurück. [Daher] setzt Geld ... die Institution des Eigentums voraus.»[14] Eigentumsurkunden halten die wirtschaftlichen Eigenschaften von Vermögensgegenständen fest, sodass sie zur Absicherung von Handels- und Finanzgeschäften verwendet werden können und letztlich die Rechtfertigung liefern, die Zentralbanken bei der Geldausgabe zugrunde legen. Bei der Aufnahme von Krediten und Vorbereitung von Investitionen werden nicht die materiellen Vermögensgegenstände selbst belastet, sondern ihre Eigentumsrepräsentationen – die beurkundeten Eigentumstitel oder Anteile –, und zwar nach Regeln, die sich landesweit gerichtlich durchsetzen lassen. Mit Geld lässt sich kein

Geld verdienen. Sie brauchen ein Eigentumsrecht, bevor Sie Geld verdienen können. Selbst wenn Sie Geld verleihen, können sie damit nur Geld verdienen, wenn Sie es gegen irgendeine Eigentumsurkunde verleihen, die Ihr Recht auf die Darlehenssumme und die Zinsen belegt. Es sei noch einmal wiederholt: Geld setzt Eigentum voraus.

Die namhaften deutschen Wirtschaftswissenschaftler Gunnar Heinsohn und Otto Steiger erklären: «Geld wird *niemals ex nihilo geschaffen*, betrachtet man es aus der Sicht des Eigentums, das immer vorhanden sein muss, *bevor* Geld da sein kann.»[15] Angesichts der Übereinstimmungen zwischen ihrer und meiner Arbeit schickten sie mir das unveröffentlichte Manuskript eines Artikels zu, in dem es hieß, «dass sich Zins und Geld nicht ohne die Institution des Eigentums verstehen lassen».[16] Diese Beziehung wird nach Meinung der beiden Autoren durch das häufige Missverständnis verschleiert, dass Zentralbanken Banknoten ausgeben und Geschäftsbanken bei ihren Zahlungen unterstützen. Dabei übersehe man allzu leicht, «dass im soliden Bankgeschäft alle Darlehen gegen Sicherheiten gewährt werden»[17] oder, in meiner Ausdrucksweise, gegen legale Eigentumsurkunden. Wie Harold Demsetz vertreten sie die Auffassung, dass man die Eigentumsrechte als Grundlage des Kapitalismus zu wenig reflektiert habe, und merken an, bereits Joseph Schumpeter habe geahnt, dass Eigentumsrechte als Sicherheit für die Schaffung von Geld dienten. Wie Tom Bethell so zutreffend in seinem hervorragenden Buch *The Noblest Triumph* feststellt: «Die vielen Segnungen eines privaten Eigentumssystems sind noch nie angemessen untersucht worden.»[18]

Wie oben dargelegt, wird Kapital also nicht durch Geld geschaffen, sondern durch Menschen, deren Eigentumssysteme ihnen helfen, zu kooperieren und Verfahren zu entwickeln, mit denen sie die Vermögensgegenstände, die sie ansammeln, für die Erzeugung zusätzlicher Produktion einsetzen. Dass das Kapital im Westen während der letzten zweihundert Jahre erheblich anwuchs, ist der allmählichen Verbesserung des Eigentumssystems zu verdanken.

Dadurch konnten die Wirtschaftssubjekte das Potenzial ihrer Vermögensgegenstände entdecken und verwirklichen, was ihnen ermöglichte, das nicht inflationäre Geld zu erzeugen, das ihnen zur Finanzierung und Hervorbringung weiterer Produktion diente.

Dann sind wir also mehr als nur Eichhörnchen, die Futter für den Winter sammeln und aufgeschobenen Konsum praktizieren. Durch die raffinierte Verwendung von Eigentumsinstitutionen verstehen wir es, den Dingen, die wir ansammeln, ein Parallelleben einzuhauchen. Als die entwickelten Länder alle Informationen und Vorschriften zusammenfassten, die ihre bekannten Vermögensgegenstände betrafen, und Eigentumssysteme einrichteten, die die wirtschaftliche Entwicklung dieser Objekte überwachten, brachten sie den gesamten institutionellen Prozess, der der Kapitalbildung zugrunde liegt, in eine zusammenhängende Ordnung. Besäße der Kapitalismus einen Geist, so hätte der seinen Sitz im Eigentumssystem. Doch wie die meisten Dinge, die den Geist betreffen, vollzieht sich ein Großteil des heutigen «Kapitalismus» auf unbewusster Ebene.

Warum haben die klassischen Ökonomen, die wussten, dass Kapital abstrakt ist und erfasst oder fixiert werden muss, nicht die Verbindung zwischen Kapital und Eigentum hergestellt? Eine Erklärung könnte sein, dass Eigentumssysteme zu Adam Smiths und sogar noch zu Marxens Zeiten eingeschränkt und unterentwickelt waren und ihre Bedeutung schwer zu erkennen war. Noch wichtiger war wohl, dass sich der Kampf um die Zukunft des Kapitalismus aus den Bücherstuben der Theoretiker in ein weit gespanntes Netz von Unternehmern, Finanziers, Politikern und Juristen verlagerte. Die Aufmerksamkeit der Welt galt nicht mehr den Theorien, sondern den wirklichen Geschäften, die auf dem Boden der Tatsachen Tag für Tag, Jahr für Jahr abgewickelt wurden.

Sobald die gewaltige Maschinerie des Kapitalismus fest installiert war und ihre Lenker fleißig Wohlstand schufen, verlor die Frage, wie das Ganze entstanden ist, an Bedeutung. Wie Menschen, die im reichen, fruchtbaren Mündungsdelta eines langen Flusses leben, verspürten die Vertreter des Kapitalismus kein besonderes Bedürfnis, flussaufwärts nach den Ursachen ihres Wohlstands zu suchen. Warum auch? Doch mit dem Ende des Kalten Krieges wurde der Kapitalismus zur einzigen ernsthaften Option für Entwicklung. Daher wandte sich der Rest der Welt an den Westen um Hilfe und wurde angewiesen, die Lebensbedingungen im Mündungsdelta nachzuahmen: stabile Währungen, offene Märkte und Privatunternehmen, die Ziele der so genannten «makroökonomischen und strukturellen Anpassungsreformen». Alle hatten vergessen, dass der Grund für das sorglose Leben im Mündungsdelta flussaufwärts zu suchen war, im unerforschten Oberlauf. Allgemein zugängliche formale Eigentumssysteme sind der fruchtbare Schlamm, den der Fluss von weit oben her ins Delta trägt und der dem Kapitalismus seine gedeihliche Entwicklung erlaubt.

Das ist einer der Gründe, warum makroökonomische Reformen nichts fruchten. Die Nachahmung des Kapitalismus auf der Höhe des Mündungsdeltas durch Import von *McDonald's* und *Blockbuster* reicht nicht aus, um Wohlstand zu schaffen. Dazu ist Kapital erforderlich, und das wiederum setzt ein komplexes und wirksames System legalen Eigentums voraus, das wir alle als selbstverständlich hinnehmen.

## Braudels Glasglocke

Großenteils geht die Marginalisierung der Armen in den Entwicklungsländern und den ehemaligen kommunistischen Staaten darauf zurück, dass sie keine Möglichkeit haben, die sechs Effekte eines formalen Eigentumssystems zu nutzen. Das Problem, dem sich diese Länder gegenüber sehen, ist nicht die Frage, ob sie mehr Geld erzeugen oder erhalten sollen, sondern ob sie in der Lage sind, die rechtlichen Institutionen zu verstehen und die politischen Kräfte zu mobilisieren, die erforderlich sind, um ein Eigentumssystem zu schaffen, das den Armen leicht zugänglich ist.

Der französische Historiker Fernand Braudel fand es sehr geheimnisvoll, dass der Kapitalismus in seinen Anfängen im Westen nur wenigen Privilegierten nutzte, ganz so, wie es heute überall sonst in der Welt der Fall ist:

> Die Frage, deren Beantwortung den Schlüssel zum ganzen Problem liefert, lautet also: Aus welchen Gründen hat der Sektor der Gesellschaft von gestern, den ich ohne zu zögern als kapitalistisch einstufen möchte, wie unter einer Glasglocke gelebt bzw. sich eingekapselt; warum konnte er nicht ausschwärmen und die ganze Gesellschaft erobern? ... [Warum gestattete] die Gesellschaft von gestern eine nennenswerte Kapitalbildungsrate nur in bestimmten Bereichen, nicht aber im Gesamtgefüge der damaligen Marktwirtschaft? ... Nun wollen wir uns aber nicht dem Paradox zuliebe zu der Behauptung versteigen, dass es am wenigsten am Geld fehlt. ... So kommt es zum Kauf weniger rentabler Ländereien, zum Bau prächtiger Landhäuser, wahrer Monumentalbauten, zu blendenden kulturellen Leistungen. ... [Gibt es eine Auflösung des] Widerspruchs zwischen der schleppenden Wirtschaftskonjunktur und der Prachtentfaltung im Florenz Lorenzo il Magnificos?[19]

Ich glaube, die Antwort auf Braudels Frage ist der eingeschränkte Zugang zum formalen Eigentumssystem – in der Vergangenheit des Westens wie in der Gegenwart der Entwicklungsländer und der ehemals kommunistischen Staaten. Einheimische und ausländische Investoren haben Kapital. Ihre Vermögensgegenstände sind durch das formale Eigentumssystem mehr oder weniger integriert, fungibel, vernetzt und geschützt. Doch sie sind nur eine winzige Minderheit – die Minderheit derer, die sich die guten Anwälte, die Insiderverbindungen und die Geduld leisten können, die erforderlich sind, um die bürokratischen Hindernisse ihrer Eigentumssysteme zu überwinden. Die große Mehrheit der Menschen, denen das formale Eigentumssystem nicht ermöglicht, die Früchte ihrer Arbeit zu ernten, lebte außerhalb der Braudel'schen Glasglocke.

Die Glasglocke macht den Kapitalismus zu einem Privatklub,

der nur wenigen Privilegierten offen steht, und die vielen Milliarden Menschen, die sich draußen am Zaun die Nase platt drücken, in Wut versetzt. Diese kapitalistische Apartheid wird mit Sicherheit fortdauern, bis wir in gemeinsamer Anstrengung die Mängel in den gesetzlichen und politischen Systemen beseitigt haben, die in so vielen Ländern der Mehrheit ihrer Bürger den Zugang zum formalen Eigentumssystem verwehren.

Die Zeit ist reif, uns klar zu machen, warum die meisten Länder nicht in der Lage waren, offene Eigentumssysteme zu schaffen. Wir leben in der Epoche, in der die Dritte-Welt-Länder und die ehemaligen kommunistischen Staaten verzweifelte Anstrengungen unternehmen, kapitalistische Systeme zu etablieren und die Glasglocke zu heben.

Doch bevor wir uns dieser Frage zuwenden, müssen wir das Geheimnis, warum die Staaten der Welt die Existenz der Glasglocke so schwer begreifen, restlos lüften.

## Kapitel 4
## Das Geheimnis politischen Bewusstseins

*Schnell, schnell! Hörst du das Hundegebell?*
*Die Bettler kommen in die Stadt gerannt,*
*Einige in Lumpen, einige betrunken,*
*Und einige im seidenen Gewand.*

*Englischer Kinderreim*

Der Zusammenbruch der traditionellen Sozialstruktur und der gesetzlichen Zwangsmaßnahmen ist in den Entwicklungsländern seit vierzig Jahren und in den ehemaligen kommunistischen Staaten seit zehn Jahren unübersehbar. Nachdem Deng Xiaoping 1979 die Wirtschaftsreformen einleitete, haben 100 Millionen Chinesen ihren offiziellen Wohnsitz verlassen und sich auf die Suche nach extralegalen Beschäftigungen begeben. Drei Millionen illegale Migranten haben allein Peking heimgesucht und in den Außenbezirken der Stadt ein Durcheinander von illegalen Betrieben geschaffen. Port-au-Prince wuchs um das Fünfzehnfache an, Guayaquil um das Elffache und Kairo um das Vierfache. In Russland und der Ukraine gehen heute 50 Prozent des BIP auf das Konto der Schattenwirtschaft und in Georgien sogar stolze 62 Prozent. Wie die Internationale Arbeitsorganisation (ILO) berichtet, sind seit 1990 85 Prozent aller neuen Arbeitsplätze in Lateinamerika und der Karibik im extralegalen Sektor entstanden. In Sambia sind nur zehn Prozent der Arbeitnehmer legal beschäftigt.

Was unternehmen diese Länder dagegen? Eine ganze Menge. Sie haben die Ärmel aufgekrempelt und sich an die Arbeit gemacht, wobei sie jedes der Probleme einzeln angehen. Beispielsweise haben die Behörden in Bangladesch im August 1999 5000 Elendshütten in der Hauptstadt Dhaka abgerissen. Wo ein solcher Abriss nicht möglich ist, werden von staatlichen Stellen für die Millionen Squatter, die öffentliches und privates Land extralegal in Besitz genommen haben, Schulen gebaut und Straßen angelegt. Gleichzeitig legen Behörden Finanzierungsprogramme zur Förderung jener extralegalen Betriebe auf, die überall in der Welt Wohngebiete in Gewerbegebiete verwandeln. Man hat die Stände der Straßenhändler, die die Straßen verstopfen, instand gesetzt, die Obdachlosen von den Plätzen der Städte vertrieben, stattdessen Blumen gepflanzt, stabilere Häuser gebaut und Sicherheitsvorschriften erlassen, um Gebäudeeinstürze zu verhindern, wie sie sich 1999 während des Erdbebens in der Türkei ereignet haben. Die zuständigen Stellen bemühen sich nach Kräften, die Inhaber der Kleinbusse und klapprigen Taxis, die die Straßen bevölkern, auf minimale Sicherheitsvorschriften zu verpflichten. Sie gehen gegen den Diebstahl und den Verlust von Wasser und Strom vor und versuchen, das Patent- und Urheberrecht gerichtlich durchzusetzen. Ferner haben sie so viele Kriminelle und Drogenhändler wie möglich verhaftet und hingerichtet (zumindest die bekannteren) oder eingesperrt (zumindest eine Zeit lang). Um den Einfluss extremer politischer Sekten auf die entwurzelten und anfälligen Massen zu beschränken, haben sie strenge Verbote und Vorschriften erlassen.

Jedes dieser Probleme hat seine eigene akademische Disziplin, die es untersucht, und seine eigenen politischen Programme, die es beseitigen sollen. Kaum jemandem scheint klar zu sein, dass wir es hier mit einer *einzigen* globalen industriellen Revolution zu tun haben: mit einer gewaltigen Abkehr von einem Leben, das in einem kleinen, überschaubaren Rahmen verläuft, hin zu einem Leben, das in einem sehr viel größeren Maßstab organisiert ist. Die Menschen außerhalb der westlichen Welt verlassen ihre autarken und isolierten Gesellschaften, um ihren Lebensstandard durch die vielfältigen Wechselbeziehungen in sehr viel größeren Märkten zu verbessern.

Es ist bislang kaum ins allgemeine Bewusstsein gedrungen, dass die Dritte Welt und der ehemalige Ostblock fast die gleiche industrielle Revolution erleben, die den Westen vor mehr als 200 Jahren erschüttert hat. Mit dem Unterschied allerdings, dass die Revolution ein weit schnelleres Tempo vorlegt und das Leben von sehr viel mehr Menschen verändert. Großbritannien hatte gerade mal acht Millionen Bewohner, als das Land vor 250 Jahren den langen Marsch vom Bauernhof zum Laptop begann. Die gleiche Wegstrecke legt Indonesien in nur vier Jahrzehnten zurück, und das bei einer Bevölkerung von 250 Millionen. Kein Wunder, dass die Institutionen des Landes Mühe haben, mit der Entwicklung Schritt zu halten. Aber das ist eine dringende Notwendigkeit. Eine wahre Menschenflut hat sich aus isolierten Gemeinwesen in die Ballungsgebiete ergossen, um an den ständig wachsenden Zirkeln des wirtschaftlichen und geistigen Austausches teilzuhaben. Diese Flutwelle hat Jakarta, Mexico City, São Paulo, Nairobi, Bombay, Shanghai und Manila in Megastädte von 10, 20 oder 30 Millionen Einwohnern verwandelt und ihre politischen und rechtlichen Institutionen vor schier unlösbare Aufgaben gestellt.

Die Unfähigkeit der Rechtsordnung, mit dieser wirtschaftlichen und sozialen Umwälzung Schritt zu halten, hat die neuen Migranten gezwungen, extralegalen Ersatz für das offiziell geltende Recht zu erfinden. Während viele Arten von anonymen Transaktionen in den entwickelten Ländern gang und gäbe sind, können die Migranten in der Dritten Welt Geschäfte nur mit Menschen machen, die sie kennen und denen sie vertrauen. Solchen informellen Adhoc-Geschäften sind enge Grenzen gezogen. Wie Adam Smith darlegt, geht die Arbeitsteilung umso weiter, je größer der Markt ist. In dem Maße, wie sich die Arbeit spezialisiert, wird die Wirtschaft leistungsfähiger, mit dem Erfolg, dass Löhne und Kapital steigen. Gelingt es jedoch nicht, das Rechtssystem den neuen Entwicklungen anzupassen, können die Wirtschaftssubjekte keine Geschäfte mit Fremden abschließen, sodass unternehmerisch gesinnte Menschen auf enge Zirkel mit geringerer Spezialisierung und Produktivität angewiesen bleiben.

Das Unternehmertum feiert im Westen Triumphe, weil das Gesetz alle Bürger demselben Eigentumssystem unterstellt und ihnen damit die Möglichkeit bietet, zu kooperieren und in einem expandierenden Markt Mehrwert in erheblichem Maße zu schöpfen.

Die Fortschritte des Westens – bis hin zum heutigen Wachstum des Elektronik- und Telekommunikationsmarktes – waren nur möglich, weil die Eigentumssysteme, die sie unbedingt brauchten, bereits vorhanden waren. Die integrierten legalen Eigentumssysteme zerstörten die meisten geschlossenen Gruppen und führten zur Bildung eines größeren Netzwerkes, in dem sich die Möglichkeit zur Kapitalerzeugung erheblich verbesserte. Insofern gehorcht Eigentum jener Regel, die als «Metcalfes Gesetz» bezeichnet wird (es verdankt seinen Namen Bob Metcalfe, dem Erfinder des Ethernet-Standards, der in der Regel für die Vernetzung von PCs verwendet wird). Dieses Gesetz lautet:

> Der Wert eines Netzes – definiert als Nutzen für eine Bevölkerung – ist ungefähr proportional zur Nutzerzahl im Quadrat. Ein Beispiel ist das Telefonnetz. Ein Telefon ist nutzlos: Wen soll man anrufen? Zwei Telefone sind zwar besser, aber noch nicht wesentlich. Erst wenn der größte Teil der Bevölkerung ein Telefon besitzt, entfaltet das Netz sein ganzes Potenzial zur Veränderung der Gesellschaft. [20]

Wie Computernetze, die es bereits jahrelang gab, bevor irgendjemand daran dachte, sie miteinander zu verbinden, wurden Eigentumssysteme außerordentlich leistungsfähig, als man sie untereinander zu größeren Netzen verband. Erst dann ist das Potenzial eines bestimmten Eigentumsrechts nicht auf die Vorstellung des Eigentümers, seiner Nachbarn und Bekannten beschränkt, sondern einem größeren Netz weiterer Vorstellungen unterworfen. Erst dann leisten die Menschen einem einzigen Gesetzbuch Folge, da sie erkennen, dass ihr Wohlstand davon abhängt. Erst dann kann der Staat damit beginnen, die Entwicklung zu fördern, statt verzweifelt jedes neue Leck zu stopfen. Ein Staat und eine Marktwirtschaft sind heute ohne ein formales integriertes Eigentumssystem nicht überlebensfähig. Viele der Probleme, mit denen sich nichtwestliche Märkte gegenwärtig auseinanderzusetzen haben, gehen in erster Linie auf die Zersplitterung ihrer Eigentumsverhältnisse und das Fehlen allgemein gültiger Rechtsnormen zurück.

Das hindert die Vermögensgüter und Wirtschaftssubjekte, vernünftig zu interagieren, und die staatlichen Organe, nach geltendem Recht zu verfahren.

Wenn Migranten aus Ländern der Dritten Welt und dem ehemaligen Ostblock in die Industrieländer kommen, werden sie durch hoch entwickelte Institutionen in ein vernetztes Eigentumssystem eingegliedert, mit dessen Hilfe sie Mehrwert erwirtschaften. Migranten, die sich innerhalb ihrer eigenen Länder bewegen, wird kein derartiger Zugang gewährt – jedenfalls nicht schnell genug. Ärmeren Ländern fehlen die Institutionen, um die Migranten in den formellen Sektor zu integrieren, ihre Vermögenswerte in fungibler Form zu erfassen, ihre Eigentümer zu verantwortlichen Wirtschaftssubjekten zu machen, ihnen die Möglichkeit zur Kooperation und Kreditaufnahme zu bieten, sodass sie sich produktiv vernetzen und innerhalb eines großen, legalen Marktes Kapital bilden können. Daher erfinden die Migranten auf Kosten der formalen Rechtsordnung eine Vielfalt extralegaler Regelungen, die ihnen die Gesetze und Institutionen ersetzen müssen, die sie eigentlich für die Kooperation in einem erweiterten Markt brauchten.

Die Blindheit der Politik besteht also darin, dass sie nicht erkennt, dass die Ursache für die Ausweitung des extralegalen Sektors und den Zusammenbruch der bestehenden Rechtsordnung letztlich in einer gewaltigen Wanderbewegung von einem Leben in überschaubaren Zusammenhängen hin zu einem Leben in einem größeren Kontext zu finden ist. Die politische Führung dieser Länder übersieht, dass die Menschen sich so lange spontan in separaten, extralegalen Gruppen organisieren werden, bis der Staat ihnen ein integriertes legales Eigentumssystem bieten kann.

Das fundamentale Problem der nichtwestlichen Länder besteht nicht darin, dass die Menschen in die Ballungsgebiete wandern, dass die Müllberge wachsen, die Infrastruktur nicht mehr ausreicht oder die ländlichen Gebiete veröden. All das lässt sich auch in entwickelten Ländern beobachteten. Das Problem liegt auch nicht einfach im Wachstum der Städte. Im 20. Jahrhundert ist Los Angeles rascher gewachsen als Kalkutta, und Tokio ist dreimal so groß wie Delhi. Das Hauptproblem ist die mangelnde Fähigkeit, zu erkennen, dass die Unordnung, die außerhalb der westlichen Welt zu beobachten ist, das Ergebnis einer revolutionären Entwicklung ist, die mehr Chancen als Probleme bringt. Sobald einmal der potenzielle Wert dieser Entwicklung genutzt wird, werden viele der Probleme, die sie schafft, leichter zu lösen sein. Die Entwicklungsländer und die ehemaligen kommunistischen Staaten stehen vor der Wahl, entweder Systeme zu schaffen, die ihnen erlauben, sich den ständigen Veränderungen der revolutionären Arbeitsteilung anzupassen, oder das extralegale Durcheinander weiterhin zu dulden – sie haben eigentlich keine Wahl.

Warum hat niemand das wirkliche Problem erkannt? Weil es zwei blinde Flecken gibt. Erstens, man übersieht im Allgemeinen, dass das plötzliche Anwachsen der extralegalen Sektoren in vielen Ländern der Welt während der letzten vierzig Jahre eine neue Klasse von Unternehmern mit eigenen gesetzlichen Regelungen hervorgebracht hat. Die Regierungsstellen sehen nur einen massiven Zustrom von Menschen, Schwarzarbeit, die Gefahr von Seuchen und Verbrechen. Während sich das Wohnungsbauministerium mit seinen Sorgen beschäftigt, das Gesundheits- und das Justizministerium auf die ihren konzentriert sind, bemerkt niemand, dass die wirklichen Ursachen für das Chaos nicht Bevölkerungswachstum, nicht das rasante Ausufern der Städte oder das Armutsproblem ist, sondern ein überholtes System des Eigentumsrechts.

Meist stehen wir wie die sechs blinden Männer vor dem Elefanten: Der eine ergreift den suchenden Rüssel und hält den Elefanten für eine Schlange, ein anderer ertastet den Schwanz und hält den Elefanten für ein Seil, ein Dritter fühlt fasziniert die großen segelartigen Ohren, wieder ein anderer umfasst ein Bein und gelangt zu dem Schluss, der Elefant sei ein Baum. Niemand sieht den Elefanten in seiner Gesamtheit, und daher fällt auch niemandem eine Strategie ein, die Probleme umfassend anzugehen. Wie erwähnt, stellen die Armen in den Entwicklungsländern und ehemaligen kommunistischen Staaten zwei Drittel der Weltbevölkerung – und sie haben keine andere Möglichkeit, als außerhalb des Gesetzes zu leben. Wie wir ebenfalls gesehen haben, besitzen die Armen viele Dinge, doch ihre Eigentumsrechte sind gesetzlich nicht geregelt. Die Millionen tatendurstiger Menschen, die 85 Prozent aller neuen Arbeitsplätze in Lateinamerika innehaben, jene drei Millionen Chinesen, die vor den Toren Pekings illegale Betriebe unterhalten, und die Russen, die die Hälfte des BIP ihres Landes erwirtschaften, handeln auf der Grundlage von extralegalen Regelungen. Meist stehen diese informellen Eigentumsregelungen in offenem Widerspruch zum offiziellen, niedergeschriebenen Recht. Das ist der Elefant, den wir vor uns haben.

Ich glaube nicht, dass die Entstehung kleiner Enklaven prosperierender Wirtschaftssektoren inmitten großer unterentwickelter oder informeller Bereiche das Vorspiel zu einem zwar unregelmäßigen, aber dennoch unvermeidlichen Übergang zu kapitalistischen Systemen ist. Vielmehr offenbart die Existenz von Wohlstandsinseln in einem Meer von Armut erschreckende Mängel in der Fähigkeit eines Staates, formale Eigentumsrechte zu schaffen, zu respektieren und der Mehrheit seiner Bürger zugänglich zu machen.

Der zweite blinde Fleck: Nur wenige erkennen, dass die Probleme, vor denen sie stehen, nicht neu sind. Die Migration und die Extralegalität, mit denen sich die Städte in den Entwicklungsländern und den ehemaligen kommunistischen Staaten auseinander zu setzen haben, ähneln den Problemen, vor denen die fortgeschrittenen Nationen des Westens während ihrer eigenen industriellen Revolution standen. Auch sie gingen die Schwierigkeiten einzeln an. Die Lehre, die der Westen aus diesen Erfahrungen zog, lautete: Teillösungen und isolierte Maßnahmen zur Linderung der Armut reichen nicht aus. Der Lebensstandard steigt nur dann, wenn Recht und Eigentumssystem so reformiert werden, dass die Arbeitsteilung davon profitiert. Mit der Möglichkeit, die Produktivität durch die Effekte integrierter Eigentumssysteme zu erhöhen, waren auch die einfachen Menschen dazu in der Lage, sich in den ständig expandierenden Märkten zu spezialisieren und die Kapitalbildung zu erhöhen.

## *BLINDER FLECK I:*
## ***Leben außerhalb der Glasglocke von heute***

Warum haben wir die Vorzeichen dieser neuen industriellen Revolution nicht erkannt? In den achtziger Jahren, als meine Kollegen und ich mit unserer Arbeit in Peru begannen, gingen die meisten offiziellen Einschätzungen davon aus, dass unser Teil der Welt weitgehend vom Gesetz kontrolliert werde. Lateinamerika blickt auf eine lange, ehrwürdige Rechtstradition zurück. Gewiss, es gab arme Leute, die Arbeit und Eigentum außerhalb des Gesetzes hatten, doch diesen extralegalen Sektor hielt man für relativ klein, für ein Problem von «marginaler» Bedeutung. Auch fortgeschrittene Nationen hatten ihren Anteil an Armut, Arbeitslosigkeit und Schwarzmärkten, und wir hatten den unseren. Doch die konnte man getrost der Polizei und der Hand voll Soziologen überlassen, die ihre wissenschaftliche Karriere der Erforschung hausgemachter Exotika verdankten. Allenfalls lieferten die Armen nochmal den Stoff für einen Beitrag im *National Geographic* oder im *Discovery Channel.*

Allerdings hatte niemand exakte Daten. Niemand wusste auch nur, wie man feststellen sollte, was die Armen tatsächlich taten und was sie besaßen. Daher beschlossen meine Kollegen und ich, die Bücher und wissenschaftlichen Zeitschriften beiseite zu legen, ganz zu schweigen von den Unmengen offizieller Statistiken und Karten, und uns stattdessen an die wirklichen Experten für dieses Problem zu halten: die Armen selbst. Sobald wir auf die Straßen gingen, uns umsahen und zuhörten, stießen wir auf überraschende Tatsachen. Beispielsweise befand sich die peruanische Bauwirtschaft in der Krise. Die Auftragslage war schlecht, die Arbeiter wurden entlassen. Doch merkwürdigerweise war das Geschäft der Baustoffhandlungen ausgesprochen gut, Zement fand reißenden Absatz. Nach eingehenderen Untersuchungen stellten wir fest, dass die Armen den Zement für ihre Bauvorhaben kauften – Häuser, Gebäude und Geschäfte, die nicht legal gemeldet oder beurkundet waren und daher nicht auf den Computerschirmen der amtlichen Wirtschaftsexperten und Statistiker erschienen. In allen Entwicklungsländern stießen wir auf eine pulsierende, unabhängige und offiziell unsichtbare extralegale Bauwirtschaft. In Brasilien beispielsweise verzeichnete die Bauindustrie 1995 ein Wachstum von lediglich 0,1 Prozent, doch der Zementabsatz stieg während der ersten sechs Monate des Jahres 1996 um fast 20 Prozent an. Der Grund für diesen scheinbaren Widerspruch lag nach einer Untersuchung von Deutsche Morgan Grenfell darin, dass 60 bis 70 Prozent der Bautätigkeit dieser Region nie in die staatlichen Register gelangte.[21]

Der extralegale Sektor war, so erkannten wir, alles andere als ein kleines Problem. Im Gegenteil: Es war *gewaltig*.

### Wachsende Städte

Der Zustrom in die Städte nahm in den meisten Entwicklungsländern während der sechziger Jahre des 20. Jahrhunderts und in China während der achtziger Jahre extrem zu. Aus verschiedenen Gründen gaben autarke Gemeinwesen ihre Isolation auf und versuchten, sich in den Städten oder ihrer Umgebung zu integrieren. Seit den achtziger Jahren hausen Millionen chinesischer Bauern illegal in der Peripherie der Großstädte, ein Umstand, der die Tageszeitung *Beijing Youth Daily* zu dem Stoßseufzer veranlasste: «Die Migranten sind nicht mehr unter Kontrolle.»[22]

Auch in den Mittelmeerländern kennt man das Phänomen. Laut Henry Boldrick zogen nach dem Zweiten Weltkrieg in der Türkei ländliche Migranten in die Städte und erbauten ihre Häuser auf Regierungsland. In diesen informellen Siedlungen, den *Gecekondus* («über Nacht erbaut»), wohnt heute mindestens die Hälfte der türkischen Stadtbevölkerung. Obwohl einige *Gecekondus* zumindest teilweise legalisiert wurden und daher einige kommunale Dienstleistungen in Anspruch nehmen können, ist die Mehrheit noch immer informell.[23]

Auf den Philippinen forderte die Zeitung *Business World* den Staat auf, «sich der menschlichen Flutwelle entgegenzustemmen, die unsere Städte so verstopft, dass sie aus allen Nähten platzen. ... Man sieht *Barong-Barongs* aus Beton und Hohlblocksteinen – und man fragt sich: Was unternimmt der Staat gegen das wachsende Problem der Obdachlosen und der Squatter in unseren Städten?»[24]

Was die südafrikanischen Verhältnisse angeht, so sind einige Beobachter (darunter auch ich) der Auffassung, dass der extralegale Immobiliensektor kurz vor seiner zweiten großen Expansion steht. 1998 berichtete *Newsweek*, dass «mehr und mehr [südafrikanische Schwarze] die Squatter-Lager und Elendsviertel füllen, die jede südafrikanische Großstadt umringen. Zu Zeiten der Apartheid wurden viele Schwarze durch die Rassengesetze in den ländlichen Gebieten festgehalten. Jetzt können sie sich frei bewegen – wenn auch nicht eben bequem.»[25] Der *Economist* bestätigt den Trend: «Obwohl sich die politische Gewalt gegen Weiße nie richtig manifestiert hat, konnten die armen Schwarzen nach Ende der Rassentrennung leichter in reiche weiße Gebiete einwandern.»[26]

In Ägypten scheinen die Intellektuellen und Technokraten seit einiger Zeit um das Problem zu wissen. Laut einem Bericht jüngeren Datums ist «Ägyptens Stadtbevölkerung zwischen 1947 und 1989 ... insgesamt ... von 6,2 Millionen auf 23,46 Millionen angewachsen».[27] Aus Daten, die Gerard Barthelemy zusammengetragen hat, geht hervor, dass die Bevölkerung im Stadtgebiet von Port-au-Prince in Haiti von 140 000 Einwohnern im Jahr 1959 auf 1 550 000 im Jahr 1988 anstieg und sich heute der Zwei-Millionen-Marke nähert. Barthelemy schätzt, dass rund zwei Drittel dieser Menschen in Elendsvierteln leben, in *Bidonvilles*, wie sie in Haiti heißen.[28]

In Mexiko ist sich der private Sektor des Phänomens Extralegalität zunehmend bewusst und unternimmt aktive Schritte, um es in den Griff zu bekommen. In einem Bericht zu diesem Thema heißt es:

> 1987 wurde in einer Untersuchung des Instituts für Wirtschaftsstudien des Privatsektors (CPSEIS) geschätzt, dass der informelle Sektor Wirtschaftsaktivitäten hervorbringt, deren Wert zwischen 28 und 39 Prozent des offiziellen mexikanischen BIP ausmachten, und eine Studie aus dem Jahr 1993 ... bezifferte die Zahl der Menschen im «nicht registrierten inoffiziellen Sektor» mit acht Millionen bei 23 Millionen Berufstätigen insgesamt ... «Auf jeden offiziellen Betrieb kommen zwei inoffizielle», sagt Antonio Montiel Guerrero, Präsident der Handelskammer für Kleingewerbe in Mexico City (CANACOPE), in der 167 000 offiziell eingetragene Kleinbetriebe zusammengefasst sind. «Im *Distrito Federal* (Mexico City) kommen auf eine Gesamtbevölkerung von etwa acht Millionen rund 350 000 kleine, informelle Unternehmen.» Was das hochgerechnet für die insgesamt 20 Millionen Einwohner des Großraums Mexico City bedeutet, mag sich jeder selbst ausrechnen – vor allem, wenn man die wildwüchsigen und expandierenden Elendsviertel hinzurechnet, die sich außerhalb des Stadtkerns ausbreiten.[29]

Extralegale Zonen in Entwicklungsländern zeichnen sich durch bescheidene Häuser aus, die sich an der Peripherie von Großstädten dicht zusammendrängen, durch zahllose Werkstätten, die dazwischen stehen, durch Heerscharen von Straßenverkäufern, die ihre Ware feilbieten, und ein verwirrendes Durcheinander von Kleinbussen. All das scheint aus dem Nichts entsprungen zu sein. Ein unablässiger Strom von Kleinhandwerkern, das Werkzeug unterm Arm, erweitert das Spektrum der Tätigkeiten, die in der Stadt ausgeübt werden. Die einfallsreiche Anpassung an lokale Gegebenheiten ermöglicht die Produktion von Gütern und Dienstleistungen des täglichen Bedarfs, was zu beträchtlichen Veränderungen in manchen Bereichen der Herstellung, des Einzelhandels, des Bau- und Transportgewerbes führt. Die ruhige Landschaft, die einst die Großstädte in der Dritten Welt umgab, ist heute ein lebendiger Appendix der Metropolen, und Großstädte, die nach europäischem Vorbild angelegt wurden, haben inzwischen eine weit lärmendere, lokal geprägte Persönlichkeit angenommen, die nur hin und wieder von den langweiligen Imitationen europäischer Vorstadteinkaufszeilen unterbrochen wird.

Die meisten dieser Städte bieten durch ihre bloße Größe neue Möglichkeiten. Unternehmen sind entstanden, deren Eigentümer, oft im Gegensatz zu den traditionellen Unternehmern, einfacher Herkunft sind. Die Aufwärtsmobilität hat zugenommen. Das luxuriöse Konsumverhalten der alten städtischen Gesellschaft wird durch andere, demokratischere Konsumgewohnheiten ersetzt.

## *Der Marsch in die Städte*

Natürlich ist in den meisten Entwicklungsländern und ehemaligen kommunistischen Staaten die Migration der entscheidende Faktor des städtischen Wachstums. Ihre Ursachen sind allerdings schwer zu bestimmen. In jedem Land bieten die Beobachter andere Erklärungen an: einen Krieg, eine Agrarreform, das Fehlen einer Agrarreform, ein Außenhandelsembargo, die Öffnung für den internationalen Handel, Terrorismus und Guerillakrieg, moralischen Niedergang, gescheiterten Kapitalismus, gescheiterten Sozialismus, sogar schlechten Geschmack (es ist so hübsch auf dem Land, warum bleiben sie nicht einfach da?).

In letzter Zeit sind allerdings einige allgemeine Ursachen in den Vordergrund der Betrachtung gerückt. Die augenfälligste Erklärung für die Migrationswelle sind die besseren Straßen. Der Bau von Straßen und Brücken und die Umwandlung von ländlichen Wegen in richtige Schnellstraßen brachte der ländlichen Bevölkerung zu Bewusstsein, dass sie jetzt reisen konnte, und sie begann sich in die Städte zu bewegen. Einen zusätzlichen Anreiz lieferten neue Kommunikationsmittel. Besonders das Radio weckte den Wunsch nach mehr Konsum und besserem Einkommen. Über eine Entfernung von Tausenden von Kilometern brachten Radiosendungen die Kunde von den Möglichkeiten und Verlockungen des städtischen Lebens. Das moderne Leben schien für jeden in Reichweite zu sein, der den Mut hatte, sich auf die Straße zu begeben, die dorthin führte.

Heute herrscht auch weitgehend Einigkeit darüber, dass in vielen Ländern Landwirtschaftskrisen eine entscheidende Rolle spielten. Die Modernisierung der Landwirtschaft und der Einbruch der Märkte für einige traditionelle Ernteerzeugnisse nach dem Zweiten Weltkrieg führten zu Massenentlassungen von Landarbeitern auf Gütern und Plantagen. Viele Menschen suchten fortan nach neuen Horizonten.

Außerdem herrschte auf dem Lande das Problem der Eigentumsrechte. Der lange, undurchsichtige Prozess der Agrarreform komplizierte das Problem zusätzlich. Letztlich wurde es für die Betroffenen noch schwieriger, Land zu erwerben, das sich für die landwirtschaftliche Nutzung eignete. Ohne die Möglichkeit, Land zu erwerben oder Beschäftigung in der Landwirtschaft zu finden, wanderten viele Menschen in die Städte ab.

Auch die geringere Säuglingssterblichkeit in den meisten Großstädten trug zur Migration bei, vor allem, als sich nach dem Zweiten Weltkrieg die medizinische Versorgung in den Städten verbesserte. Ein wichtiger Grund waren auch die höheren Löhne. In Lateinamerika beispielsweise verließen die Menschen ab 1970 die ländlichen Gebiete, weil sie in den großen Städten als angelernte Arbeitskräfte ihren Monatslohn verdoppeln oder verdreifachen konnten. Als Angestellte verdienten sie viermal so viel wie früher, und mit einer qualifizierten technischen oder akademischen Ausbildung sechsmal so viel. Höhere Löhne kompensierten das Risiko der Arbeitslosigkeit: Ein Migrant, der ein Jahr arbeitslos war, konnte in der Stadt das verlorene Einkommen in zweieinhalb Monaten wieder aufholen. Das Leben in den fernen Städten erschien nicht nur besser – es war tatsächlich besser.

Sogar das Anwachsen der Bürokratien wurde zum Anreiz für Migration. Die Zentralisierung der Macht in den Händen der Staatsbeamten hatte zur Folge, dass die meisten Behörden, die in der Lage waren, Rat zu geben, Anträge zu bearbeiten, Genehmigungen zu erteilen oder Stellen zu vergeben, ihren Sitz in den Großstädten hatten. Und jeder Migrant, der seinen Kindern eine bessere Zukunft eröffnen wollte, wusste, dass die Ausbildungschancen in den Städten weit besser waren. Für unterbeschäftigte Bauern, deren einzige Ressourcen ihr Wagemut und Einfallsreichtum war, bedeutete Ausbildung eine Investition von zunehmendem Wert und wachsender Produktivität. Die meisten Absolventen weiterführender Schulen und Berufsschulen lebten in den Städten, ebenso die meisten Studenten an Hochschulen und Universitäten.

Die Migration ist also schwerlich eine irrationale Handlung. Sie hat wenig mit «Herdeninstinkt» zu tun. Vielmehr ist sie das Ergebnis einer rationalen Entscheidung: Die Menschen in den ländlichen Gebieten verglichen ihre aktuelle Situation mit den Möglichkeiten, die sich ihnen andernorts eröffneten. Ob zu Recht oder zu Unrecht, sie gelangten zu der Überzeugung, dass ihnen die Abwanderung zu größeren Märkten Vorteile bringen würde. Die Migration selbst war jedoch keine leichte Übung.

## *Geht heim, arme Leute*

Die Migranten trafen in den Städten auf eine feindliche Welt. Rasch stellten sie fest, dass Städter zwar eine romantische, sogar sentimentale Vorstellung von Bauern hatten und gerne zugaben, dass jeder Bürger ein Recht auf Glück habe, es aber doch lieber sahen, wenn die so hoch geschätzten Bauern ihr Glück daheim suchten. Man wollte nicht, dass die Bauern kamen und am modernen Leben teilnahmen. Deshalb legte fast jedes Land in der Dritten Welt und im ehemaligen Ostblock Entwicklungsprogramme auf, die umgekehrt das moderne Leben aufs Land bringen sollten.

Als größter Feind der Migranten erwies sich das Rechtssystem. Zunächst konnte das System sie leicht verkraften oder ignorieren, weil die kleinen Gruppen, die eintrafen, den Status quo kaum störten. Doch als ihre Zahl so anwuchs, dass sie sich nicht mehr ignorieren ließen, sahen sich die Neuankömmlinge von den gesetzlich verankerten gesellschaftlichen und wirtschaftlichen Aktivitäten ausgeschlossen. Es war außerordentlich schwierig für sie, eine Wohnung zu finden, ein Unternehmen offiziell zu gründen oder einen legalen Arbeitsplatz zu finden. Die Rechtsinstitutionen der meisten Dritte-Welt-Länder sind im Laufe der Jahre auf die Bedürfnisse bestimmter städtischer Gruppen zugeschnitten worden. Für den Umgang mit den Bauern in den ländlichen Gebieten galten andere Regeln. Solange die Bauern blieben, wo sie waren, trat die implizite gesetzliche Diskriminierung nicht zutage. Sobald sie sich jedoch in den Städten niederließen, bekamen sie die ganze Wucht der legalen Apartheid zu spüren. Plötzlich wurde die Glasglocke sichtbar.

Auch in einigen Staaten der ehemaligen Sowjetunion zeigen sich Auflösungserscheinungen der Eigentumssysteme, und zumindest einige Angehörige der Eliten haben erkannt, wie wichtig es wäre, für klare Verhältnisse zu sorgen. In einem Bericht aus dem Jahr 1996 heißt es:

> In Russland stecken die Mechanismen … zum Schutz von Bodenrechten noch in den Kinderschuhen … In vielen Regionen muss man Grundstücke bei einer anderen Behörde eintragen lassen als Gebäude. Ferner ist der gesetzliche Schutz, den diese Eintragung gewährt, unklar … Die Verfahren und Regelungen zur Anwendung von Bodenrechten müssen ganz neu entwickelt werden … Grund und Boden ist wahrscheinlich Russlands wertvollste Ressource, eine Ressource, auf die sich eine ganze Volkswirtschaft und demokratische Gesellschaft stützen kann.[30]

Überall in der Dritten Welt haben wir beobachtet, dass immer dann, wenn das Rechtssystem Regeln verhängt, die den Erwartungen derer, die es ausschließt, nicht gerecht werden, extralegale Aktivitäten ins Kraut schießen. Wie in Kapitel 2 gezeigt, stellen viele Länder dem Versuch, in die legalen Eigentumssysteme Eingang zu finden, so schwierige und kostspielige Hindernisse entgegen, dass nur wenige Migranten den langen Weg durch die bürokratischen Instanzen auf sich nehmen – bis zu 14 Jahre und 77 bürokratische Schritte bei 31 öffentlichen und privaten Stellen in Ägypten und 19 Jahre und 176 bürokratische Schritte in Haiti, um dem Erwerb eines privaten Grundstücks Rechtsgültigkeit zu verleihen.

Nicht nur der Zugang zum Rechtssystem ist mit Kosten verbunden, auch der Verbleib außerhalb des Gesetzes verursacht Kosten. Wir haben festgestellt, dass Aktivitäten außerhalb der legalen Arbeits- und Geschäftswelt überraschend kostspielig sind. Wer beispielsweise in Peru eine Firma extralegal betreibt, muss zehn bis fünfzehn Prozent seines Jahreseinkommens als Bestechungsgelder und Provisionen an Behörden abführen. Wenn man zu diesen Zahlungen noch die Kosten für die Vermeidung von Strafen, für illegale Geschäfte, für die Nachteile, die weit gestreute Standorte mit sich bringen, und für fehlende Kredite hinzurechnet, dann erweist sich das Leben des extralegalen Unternehmers als weit kostenaufwendiger und mühevoller als das des legalen Geschäftsmannes.

Die wohl größten Kosten verursacht der Mangel an Institutionen, die den Menschen Anreize liefern könnten, um von den Möglichkeiten zur Spezialisierung auf dem Markt Gebrauch zu machen. Wir haben festgestellt, dass Menschen, die nicht innerhalb des Gesetzes handeln können, auch ihr Eigentum nicht richtig nutzen und Verträge nicht gerichtlich durchsetzen können. Sie sind auch nicht in der Lage, Risiken durch den Abschluss von Versicherungen abzufedern oder Aktiengesellschaften zu gründen, um sich zusätzliches Kapital zu verschaffen und die Risiken zu verteilen. Da sie keine Möglichkeit haben, Geld für Investitionen aufzunehmen, sind sie nicht in der Lage, Größenvorteile zu nutzen oder Innovationen durch Patente und Lizenzen zu schützen.

Den Armen bleibt der Zugang zur Glasglocke verwehrt. Die verhängnisvollen wirtschaftlichen Folgen dieser Gesetzes-Apartheid zeigen sich am deutlichsten im Fehlen formaler Eigentumsrechte an Grundstücken. In jedem Land, in dem wir unsere Untersuchungen angestellt haben, erwies sich, dass rund 80 Prozent der Grundstücke weder durch gültige Eintragungen im Grundbuchregister geschützt noch im Besitz von gesetzlich verantwortlichen Eigentümern waren. Geschäfte mit solch extralegalem Eigentum sind daher auf einen kleinen Kreis von Handelspartnern beschränkt, die die Vermögensgegenstände extralegaler Eigentümer nicht in den wachsenden Markt gelangen lassen.

Eigentümer extralegaler Vermögensgegenstände haben also keinen Zugang zu Krediten, die ihnen erlauben würden, ihre Firmen expandieren zu lassen – eine wichtige Voraussetzung für die Gründung oder den Ausbau eines Unternehmens in den entwickelten Ländern. Beispielsweise stammen in den Vereinigten Staaten bis zu 70 Prozent der Kredite für Existenzgründungen aus Hypotheken, die auf Immobilien aufgenommen werden. Extralegalität bedeutet also auch, dass die Investitionsanreize fehlen, die durch legale Sicherheiten geboten werden.

Weil sie aus dem Rechtssystem ausgeschlossen sind, müssen die Migranten ihr Glück in die eigenen Hände nehmen. Sie konkurrieren nicht nur mit anderen Menschen, sondern auch mit dem System selbst. Wenn die legalen Systeme ihrer Heimatländer sie nicht haben wollen, bleibt ihnen nichts anderes übrig, als sich ihre eigenen extralegalen Systeme zu schaffen. Diese extralegalen Systeme bedeuten meiner Meinung nach die wichtigste Auflehnung gegen die herrschenden Verhältnisse, seitdem die Entwicklungsländer unabhängig geworden sind und in den Staaten des Ostblocks der Kommunismus zusammenbrach.

## *Wachsende Extralegalität*

Die Einwohnerzahlen der meisten Großstädte in der Dritten Welt sind in den letzten vierzig Jahren um das Vierfache angewachsen. Bis zum Jahr 2015 werden fünfzig Städte in den Entwicklungsländern fünf Millionen oder mehr Einwohner aufweisen,[31] von denen die meisten extralegal wohnen und arbeiten werden. In den Entwicklungsländern und den ehemaligen kommunistischen Staaten ist der extralegale Sektor allgegenwärtig. Überall sind neue Tätigkeiten entstanden und haben die traditionellen allmählich verdrängt. Auf den Straßen stößt man an jeder Ecke auf extralegale Läden, Wechselstuben, Transportgeschäfte und andere Dienstleistungsunternehmen. Sogar viele der Bücher, die zum Verkauf angeboten werden, sind schwarz gedruckt worden.

Der Grund und Boden ganzer Stadtviertel ist unter großzügigster Auslegung der staatlichen Bestimmungen oder im direkten Widerspruch zu ihnen erworben, erschlossen und mit extralegalen Wohn- oder Geschäftsgebäuden bebaut worden. Auf hundert Häuser, die in Peru gebaut werden, kommen nur dreißig mit legalen Eigentumstiteln. Siebzig werden extralegal errichtet. Überall in Lateinamerika konnten wir feststellen, dass mindestens sechs von acht Gebäuden dem unterkapitalisierten Sektor angehören und dass es sich bei achtzig Prozent allen Grundeigentums um Besitz *außerhalb* des Gesetzes handelt. Nach den meisten Schätzungen umfassen die extralegalen Sektoren in der Dritten Welt 50 bis 75 Prozent aller Arbeitnehmer und erwirtschaften ein Fünftel bis über zwei Drittel der wirtschaftlichen Wertschöpfung der Entwicklungsländer.

Nehmen wir Brasilien: Wie erwähnt, waren vor dreißig Jahren mehr als zwei Drittel des Wohnungsbaus für Vermietungen bestimmt; heute werden nur knapp drei Prozent der neu gebauten Wohnungen vermietet. Der größte Teil dieses Marktes hat sich in die informellen Teile der brasilianischen Großstädte verlagert – die *Favelas*. Dazu Donald Stewart:

Es herrscht Unklarheit über das Volumen der wirtschaftlichen Aktivität, die in den *Favelas* stattfindet. Diese informellen Wirtschaftssysteme entstanden aus dem unternehmerischen Geist der Bauern aus Brasiliens Nordosten, die von städtischen Zentren angelockt wurden. Sie operieren außerhalb der stark regulierten offiziellen Wirtschaft und gehorchen dem Gesetz von Angebot und Nachfrage. Trotz des scheinbaren Mangels an Ressourcen funktioniert diese informelle Wirtschaft ausgezeichnet. In den *Favelas* gibt es keine Mietpreisbindungen, die Mieten werden in US-Dollar gezahlt und Mieter, die nicht zahlen, werden rasch auf die Straße gesetzt. Investitionen sind sehr rentabel, daher ist das Wohnungsangebot ausgezeichnet.[32]

Das *Wall Street Journal* berichtete 1997, nur bei zehn Prozent des Grund und Bodens, der im brasilianischen Amazonasgebiet in Besitz genommen worden sei, lägen rechtsgültige Eigentumsurkunden vor.[33] Auch in anderen Ländern nimmt die Extralegalität zu.

Im Gegensatz zur Situation in entwickelten Staaten, wo die «Unterklasse» eine kleine Minderheit darstellt, die am Rande der Gesellschaft lebt, ist in anderen Ländern die Extralegalität seit jeher der Normalfall. Beispielsweise ist in den meisten Ländern, die wir untersucht haben, der Wert der extralegalen Immobilien allein viele Male größer als die Sparguthaben und Termineinlagen in den Geschäftsbanken, der Wert der an den einheimischen Börsen notierten Unternehmen, alle ausländischen Direktinvestitionen und alle staatlichen Unternehmen, die bereits privatisiert worden sind oder noch werden sollen, zusammengenommen. Bei genauerer Überlegung kann das eigentlich nicht überraschen: Immobilien repräsentieren 50 Prozent des Volksvermögens fortgeschrittener Nationen; in Entwicklungsländern liegt diese Zahl näher bei drei Vierteln. Extralegale Bauvorhaben sind häufig die einzige Investitionsmöglichkeit in den Entwicklungsländern und ehemaligen kommunistischen Staaten und repräsentieren daher einen erheblichen Teil der Ersparnisse und des Kapitalbildungsprozesses. Ferner lässt der wachsende Beitrag der Städte zum Bruttosozialprodukt darauf schließen, dass ein Großteil des potenziellen Kapitals und des technischen Know-hows vor allem in städtischen Gebieten konzentriert ist.

### *Die Extralegalen sind sesshaft geworden*

Diese Explosion extralegaler Aktivität in der Dritten Welt, das *Squatting* in ländlichen Gebieten und die Ausbreitung illegaler Städte – der *Pueblos jóvenes* in Peru, der *Favelas* in Brasilien, der *Ranchos* in Venezuela, der *Barrios marginales* in Mexiko, der *Bidonvilles* in den ehemaligen französischen Kolonien und der *Shanty Towns* in den ehemaligen britischen – ist mehr als ein jäher Anstieg des Bevölkerungswachstums, der Armut oder auch der Illegalität. Dieses Meer von Extralegalen, das gegen die Glasglocken der rechtlichen Privilegien brandet, könnte sehr wohl zu einem gewichtigen Faktor werden, der die Verantwortlichen in Staat und Gesellschaft zwingt, die industrielle und wirtschaftliche Revolution zu akzeptieren, die über sie hereingebrochen ist.

Die staatlichen Stellen der meisten Länder sind gar nicht in der Lage, mit der extralegalen Wirtschaft zu konkurrieren. Ganz konkret haben die extralegalen Investoren schon längst alle staatlichen Bemühungen, Wohnraum für Migranten und Arme bereitzustellen, bei weitem überflügelt. Bis zum Ende der achtziger Jahre machten in Peru beispielsweise die staatlichen Investitionen in Mietwohnungen für untere Einkommensschichten rund zwei Prozent der Wohnungsbauinvestitionen im extralegalen Sektor aus. Unter Einbeziehung der Wohnungen für die Mittelschicht erreichten die staatlichen Aufwendungen nur zehn Prozent aller inoffiziellen Investitionen. In Haiti war der Wert des extralegalen Immobilienbesitzes fast zehnmal so groß wie alle Besitzungen des haitianischen Staates.

Dieser extralegale Sektor ist eine Grauzone, die eine lange Grenze mit der legalen Welt gemeinsam hat, ein Gebiet, in dem Menschen Zuflucht suchen, wenn die Kosten für die Befolgung der Gesetze ihren Nutzen überwiegen. Die Migranten wurden extralegal, um zu überleben: Sie stellten sich außerhalb des Gesetzes, weil sie drinnen nicht geduldet wurden. Um zu wohnen, Handel zu treiben, zu produzieren, zu transportieren, ja, zu konsumieren, mussten die neuen Bewohner der Städte in die Extralegalität ausweichen.

Die extralegalen Regelungen, die sie sich zurechtbastelten, sind explizite Verpflichtungen zwischen bestimmten Mitgliedern der Gesellschaft zur Absicherung ihres Eigentums und ihres wirtschaftlichen Handelns. Es handelt sich um eine Mischung aus Bestimmungen, die sie selektiv aus dem offiziellen Rechtssystem übernommen haben, um Ad-hoc-Regelungen, Gepflogenheiten, die sie aus ihrer Heimat mitgebracht haben, oder um vor Ort entwickelte Abmachungen. Das Ganze wird durch einen Gesellschaftsvertrag zusammengehalten, der von der gesamten Gemeinschaft getragen und von gemeinsam bestimmten Instanzen durchgesetzt wird. Der Nachteil der extralegalen Regelungen liegt darin, dass sie nicht in das formale Eigentumssystem integriert sind und daher auf die meisten Transaktionen nicht anwendbar sind; sie sind nicht in den Finanz- und Investitionskreislauf eingebunden, und ihre Mitglieder sind gegenüber keinen Instanzen außerhalb ihres eigenen Gesellschaftsvertrages verantwortlich.

Diese Regelungen werden durch eine große Vielfalt von Organisationen getragen, unter anderem von Stadtentwicklungsgesellschaften, Bauernkongressen, Verbänden von Kleinhändlern und Kleinunternehmern, Gemeinschaften von Mikrounternehmen, Verbänden von Transportunternehmern, Claim-Vereinigungen, Nutznießern von Agrarreformen, privaten Wohnungsgenossenschaften, Siedlungsorganisationen, Mietervereinigungen, kommunalen Komitees, Nutznießern von staatlichen Wohnungsbauprogrammen, Eingeborenengemeinwesen, Verbänden von Kleinbauern und Dorforganisationen. Diese Organisationen sind aus verschiedenen Arten von extralegalen Inbesitznahmen hervorgegangen: Bauerweiterungen auf Brachland, Bauerweiterungen auf landwirtschaftlichen

Nutzflächen, Sonderregelungen für historische Teile von Städten, Unterteilung staatlicher Wohnungen, Besiedlungen mit privaten Verträgen, Besiedlungen mit staatlichen Verträgen, Nutzung durch Untervermietung mit Einverständnis des Eigentümers, staatlicher Wohnungsbau mit beschränkten Eigentumsrechten, illegale Mietverträge, die vor einem Notar erklärt, aber nicht beurkundet wurden, Grundstücksverträge, die beurkundet, aber nicht vor einem Notar erklärt worden sind, Grundstücksverträge, die von «nationalen Friedensprozessen» anerkannt wurden, Umsiedlungen, Grundstücke, die bei Versorgungsbetrieben und Steuerbehörden, nicht aber in Grundbuchämtern eingetragen sind.

Extralegalität ist ihrer Absicht nach selten antisozial. Die «Verbrechen», die Extralegale begehen, dienen alltäglichen Zielen – sie wollen Häuser bauen, Dienstleistungen anbieten, Unternehmen gründen. Das extralegale Recht trägt keineswegs zur Auflösung der öffentlichen Ordnung bei, sondern ist die einzige Möglichkeit für diese Siedler, ihre Wohn- und Geschäftsangelegenheiten zu regeln. Infolgedessen ist nichts gesellschaftlich bedeutsamer für das Leben und die Arbeit der Armen. Mögen sich ihre «Gesetze» auch außerhalb des formalen Rechts bewegen, sie sind im Großen und Ganzen das einzige Gesetz, nach dem sich diese Menschen richten können. Es ist der Gesellschaftsvertrag, nach dem sie leben und arbeiten.

Die extralegalen Siedlungen, die die Migranten bewohnen, mögen wie Slums aussehen, unterscheiden sich aber erheblich von den innerstädtischen Slums der fortgeschrittenen Nationen. Letztere bestehen aus einst ansehnlichen Gebäuden, die jetzt vernachlässigt werden und verfallen. In der Entwicklungswelt werden Unterkünfte der Armen in der Regel verbessert, ausgebaut und nach und nach saniert. Während die Häuser der Armen in den fortgeschrittenen Ländern im Laufe der Zeit an Wert verlieren, gewinnen die Gebäude in den Armensiedlungen der Entwicklungswelt mit der Zeit an Wert und wachsen über Jahrzehnte zu Wohngebieten, die den Arbeitersiedlungen im Westen entsprechen.

Vor allem aber teilen die extralegalen Siedler, ganz im Gegensatz zu ihrem Image als Gesetzlose, den Wunsch der zivilisierten Gesellschaft nach einem friedlichen, produktiven Leben. Simon Fass formuliert das sehr treffend im eloquenten Schlusswort seines Buches über die Wirtschaft von Haiti:

> Diese gewöhnlichen Menschen sind ungewöhnlich nur in einer Hinsicht. Ihre Einkommen sind sehr niedrig, so niedrig, dass ein falsches Urteil oder ein Schicksalsschlag häufig das Überleben eines Haushalts als soziale Einheit und manchmal sogar das Überleben jedes einzelnen Mitglieds als körperliche Einheit bedroht. Ungewöhnlich ist nicht so sehr die Armut an sich als vielmehr die Fähigkeit dieser Menschen, trotz der Armut zu überleben … Nichts, was sie dabei tun, ist etwas anderes als ein produktiver Beitrag zu Überleben und Wachstum, und die einfachen Dinge, die sie erwerben, haben konkrete Funktionen als Voraussetzungen für den Produktionsprozess.[34]

Als sich die wirtschaftlichen Aktivitäten, mit denen sie verknüpft sind, ausweiteten und vervielfältigten, haben diese extralegalen Organisationen die Rolle der staatlichen Stellen übernommen. In unterschiedlichem Maße haben sie für die notwendige Infrastruktur gesorgt – Straßen, Wasserversorgung, Kanalisation und Strom, Marktplätze und Beförderungsmittel, sogar Rechtsprechung und Aufrechterhaltung der öffentlichen Ordnung.

Auf das Vordringen der Extralegalen haben die Staaten mit Rückzug reagiert. Doch in der Regel bezeichnen sie jedes Zugeständnis als vorläufig, «bis die Krise vorbei ist». Tatsächlich ist diese Strategie jedoch die einzige Möglichkeit, die unvermeidliche Niederlage hinauszuschieben. In einigen Fällen haben die Staaten Ausnahmeregelungen für einige extralegale Unternehmen geschaffen, gewissermaßen Gesetzesenklaven, in denen ursprünglich illegale Unternehmen unbehelligt operieren können – aber ohne integriert zu werden, sodass sie nicht den Schutz und die Vorteile des ganzen legalen Systems genießen. Diese Regelungen vermeiden die offene Konfrontation und sind insofern als eine Art vorläufiger Friedensvertrag mit dem offiziellen Rechtssystem anzusehen. In

Ägypten sprechen die Fachleute beispielsweise bereits vom «semioffiziellen Wohnungswesen»:

> Solche Wohnungen erhöhen nicht nur das Wohnungsangebot eines Landes und ermöglichen relativ billiges Wohnen, sondern versorgen auch einen großen Teil der städtischen Bevölkerung mit Vermögensobjekten, in die sie investieren können. Wohnungen dieser Art haben einen gewissen Grad von Illegalität. Sie entsprechen nicht offiziellen Bauvorschriften und sind ohne Zustimmung der Baubehörden errichtet worden. Gewöhnlich werden sie auf landwirtschaftlichen Nutzflächen gebaut, die von privaten Erschließungsunternehmen illegal in kleine Grundstücke aufgeteilt werden …
>
> Meist ist der Staat am Grundstückserwerb für das semi-offizielle Wohnungswesen beteiligt. In den semi-offiziellen Wohngebieten, in denen diese Untersuchung durchgeführt wurde, haben staatliche Stellen mit der Erschließung begonnen, woraufhin sich die privaten Erschließungsgesellschaften ermutigt fühlten, das Land zu einem späteren Zeitpunkt illegal in kleine Grundstücke aufzuteilen. So wurden landwirtschaftliche Nutzflächen unter verdeckter Mitwirkung staatlicher Stellen in Wohngebiete umgewandelt. Die Bewohner solcher Gebiete erwerben ihr Bauland gewöhnlich durch inoffizielle Aufteilung und informelle Grundstückskäufe. Hager El Mawatayah, Exbet Abou Soliman und Ezbet Nadi El Sid sind in Alexandria die besten Beispiele für solche Gebiete.[35]

Selbst an vielen Orten, wo man überhaupt nicht damit rechnen würde, sind sich die Regierungsstellen offenbar darüber im Klaren, dass ihre Rechtsinstitutionen den heutigen Wirtschaftsbedingungen nicht mehr gerecht werden. 1992 berichtete Reuters, der libysche Revolutionsführer Muhammar Gaddafi habe Libyens Grundbuchregister verbrannt. «Alle Urkunden und Verträge im alten Register, die auswiesen, dass ein Stück Land diesem oder jenem Stamm gehörte, sind verbrannt worden», soll Oberst Gaddafi auf einer Sitzung im Justizministerium erklärt haben. «Sie sind verbrannt worden, weil sie durch Ausbeutung, Betrug und Raub zustande gekommen sind.»[36]

In einigen Ländern bildet der extralegale Sektor heute das Fundament der Gesellschaft. Die Menschen aus Touba in Senegal, die ihre Waren auf den Bürgersteigen von New York und anderen amerikanischen Großstädten feilbieten, gehören häufig einer afrikanisch-islamischen Sekte an, die die millionenschweren Dollargewinne zurück in ihre Heimatstadt schleust. *Newsweek* beschreibt Touba als «einen Staat im Staate, für den die meisten der senegalesischen Gesetze nicht gelten ... [und als] die am schnellsten wachsende Stadt des Landes. Ganze Dörfer sind hierher umgesiedelt worden und lehnen jetzt ihre Elendsbaracken gegen die Mauern, die die Villen der Reichen umgeben ... Die abgabenfreie Stadt ist das Zentrum des senegalesischen Transportwesens und Immobilienmarktes, des boomenden informellen Sektors und des Erdnusshandels und die wichtigste Devisenquelle des Landes.»[37]

In anderen Teilen der Welt kann die Sorge der Extralegalen, ihr Eigentum zu verlieren, zum offenen Konflikt führen. Ein typisches Beispiel ist Indonesien, dessen Probleme in den letzten Jahren oft die Medien beschäftigten. Bereits vor sechs Jahren war im *Economist* die folgende Warnung zu lesen:

> Arme Menschen haben Angst, ihr Grundeigentum zu verlieren, weil Verstädterung und Industrialisierung die Grundstücksnachfrage erhöhen, und das in einem Land, wo der Landbesitz eine äußerst heikle Angelegenheit ist. Nur bei sieben Prozent des Landes auf dem indonesischen Archipel herrschen klare Eigentumsverhältnisse.
> So gibt es natürlich einen umfangreichen Handel mit echten und falschen Eigentumstiteln. Menschen, die ein Grundstück erwerben wollen, haben gelegentlich mit einer ganzen Anzahl angeblicher Eigentümer zu tun. Banken akzeptieren Grundeigentum nur mit großen Vorbehalten als Sicherheit für Kredite.[38]

Mancherorts gibt es eine enge Verbindung zwischen Extralegalität und Elend: «In Bombay ... leben zwei Drittel der zehn Millionen Einwohner entweder in Elendshütten mit nur einem Raum oder auf dem Bürgersteig.»[39] In anderen Ländern dagegen erklimmen die Extralegalen die Karriereleiter. Laut der Technischen Bewertungsstelle von Peru (Cuerpo Técnico de Tasaciones del Perú) beträgt der Grundstückswert im offiziellen Stadtgebiet von Lima im Durchschnitt 50 Dollar pro Quadratmeter, im Gebiet von Gamarra dagegen, wo sich Perus informeller Produktionssektor konzentriert, kann der Wert eines Quadratmeters bis zu 3000 US-Dollar betragen. In Aviación, einem weiteren extralegalen Zentrum in Lima, liegen die Bodenpreise bei 1000 US-Dollar pro Quadratmeter, und in Chimù im Abschnitt Zárate sind es 400 US-Dollar. In Miraflores und San Isidro, Limas vornehmsten Adressen, liegen die Preise für rechtskräftig beurkundeten Grundbesitz auch nur bei 500 bis 1000 US-Dollar pro Quadratmeter.[40]

## *Eine alte Geschichte*

Sobald die Politik begreift, dass die Armen bereits die Kontrolle über große Teile der Immobilien und produktiven Wirtschaftseinheiten besitzen, wird sie erkennen, dass viele ihrer Probleme daraus resultieren, dass das geschriebene Gesetz der gesellschaftlichen und wirtschaftlichen Realität widerspricht. Wenn das geschriebene Gesetz im Gegensatz zu dem Gesetz steht, nach dem die Bürger leben, dann müssen Unzufriedenheit, Korruption, Armut und Gewalt natürlich die Folgen sein.

So bleibt nur die Frage, wie rasch die Staaten dieses extralegale Eigentum legitimieren werden, indem sie es in ein offizielles und einheitliches Rechtssystem integrieren. Die Alternative wäre die Fortsetzung der Gesetzesanarchie, in der die offiziellen Eigentumssysteme ständig mit den extralegalen konkurrieren. Wenn es diesen Ländern gelingen sollte, ein integriertes Rechtssystem zu schaffen, dann muss das offizielle Recht dem tatsächlichen Verlangen nach allgemeinen Eigentumsrechten Rechnung tragen.

Die gute Nachricht lautet, dass die Rechtsreformer nicht vor einer unlösbaren Aufgabe stehen werden. So gewaltig ihr Vorhaben auch ist, es ist schon in vielen Ländern praktiziert worden. Die Staaten der Dritten Welt und des ehemaligen Ostblocks stehen vor den gleichen (wenn auch viel extremeren) Herausforderungen, welche die fortgeschrittenen Nationen in der Zeit zwischen dem 18. Jahrhundert und dem Zweiten Weltkrieg zu bewältigen hatten. Massive Extralegalität ist kein neues Phänomen. Sie tritt immer dann auf, wenn es dem Staat nicht gelingt, das Gesetz mit der Lebens- und Arbeitsweise seiner Bürger in Einklang zu bringen.

Als die industrielle Revolution in Europa begann, wurden die Nationen von unkontrollierter Migration, Wachstum des extralegalen Sektors, Armut in den Städten und sozialen Unruhen heimgesucht. Auch diese Staaten gingen die Probleme zunächst getrennt an.

## *BLINDER FLECK II:*
## *Leben außerhalb der Glasglocke von gestern*

### *Aufbruch in die Städte*

Die meisten Autoren führen den Beginn der großen industriellen Revolution in Europa darauf zurück, dass die Massenmigration in die Städte einsetzte, dass nach dem Abflauen der Seuchen die Bevölkerung anwuchs und dass das Einkommen auf dem Lande im Vergleich zur Stadt zurückging.[41] Im 17. und 18. Jahrhundert erhielten die Arbeiter in den Städten höhere Löhne als auf dem Lande, wenn sie an Bauvorhaben mitwirkten, die von der herrschenden Klasse in Auftrag gegeben wurden. So konnte es nicht ausbleiben, dass die ehrgeizigeren Landbewohner, von der Aussicht auf höhere Löhne angelockt, in die Städte abwanderten.

In England setzte die erste Migrationswelle Ende des 16. Jahrhunderts ein. Die staatlichen Stellen waren besorgt über die wachsende Zahl von Migranten in den Städten und die daraus resultierende Unruhe. Daher versuchten sie, durch verschiedene Spontanmaßnahmen, etwa die Verteilung von Lebensmitteln an die Armen, den sozialen Frieden zu bewahren. Auch versuchte man ständig, die Menschen zur Rückkehr auf das Land zu bewegen. Eine Reihe von Gesetzen aus den Jahren 1662, 1685 und 1693 versprach den Menschen staatliche Vergünstigungen, wenn sie zu ihrem Geburtsort oder ihrem früheren festen Wohnsitz zurückkehrten. Damit wollte man verhindern, dass noch mehr Familien und Arbeiter auf der Suche nach Beschäftigung in die Städte abwanderten. 1697 wurde ein Gesetz verabschiedet, das Migranten nur dann erlaubte, in England umzuziehen, wenn sie von den Behörden an ihrem neuen Wohnort eine Aufenthaltserlaubnis erhielten. Das hielt zwar Familien und gebrechliche Menschen ab, konnte aber junge, kräftige und unverheiratete Männer nicht daran hindern, in die Städte zurückzukehren. Sie waren aus dem Holz, aus dem erfolgreiche Unternehmer geschnitzt sind – oder ungestüme Revolutionäre.

Die meisten Migranten fanden nicht die Stellungen, die sie sich erhofften. Strenge Vorschriften und Hemmnisse, bestimmte Tätigkeiten auszuüben oder auszuweiten, hinderten offizielle Unternehmen daran, zu wachsen und neue Arbeitsplätze zu schaffen. Einige dieser Migranten fanden vorübergehende Beschäftigung oder verdingten sich als Hausangestellte.[42] Viele waren gezwungen, sich provisorisch vor den Toren der europäischen Großstädte niederzulassen, in den «Vorstädten», den extralegalen Siedlungen jener Zeit, und darauf zu warten, dass sie in eine Zunft aufgenommen wurden oder einen Arbeitsplatz in einem legalen Unternehmen erhielten.

Unter diesen Bedingungen waren soziale Unruhen unvermeidlich. Kaum begann die Migration in die Städte, konnten die politischen Institutionen nicht mehr mit der in raschem Wandel begriffenen Realität Schritt halten. Die Starrheit der merkantilistischen Gesetze und Vorschriften hinderte die Migranten daran, ihr ganzes wirtschaftliches Potenzial zu entfalten. Die Überfüllung der Städte, Krankheit und die unvermeidlichen Schwierigkeiten, die die Menschen vom Lande bei der Gewöhnung an das Stadtleben hatten, verstärkten den sozialen Konflikt. Wie D. C. Coleman erwähnt, wurde Anfang des 16. Jahrhunderts im englischen Parlament über die «vielen Bettler» und das Überhandnehmen der «Gauner, Vagabunden und Diebe» in den Städten geklagt.[43]

Statt sich dieser neuen städtischen Realität anzupassen, erließen die Staaten noch mehr Gesetze und Vorschriften, um sie auszumerzen. Mehr Vorschriften führten zu mehr Übertretungen – woraufhin weitere Gesetze verabschiedet wurden, um jene zu belangen, die gegen die alten verstoßen hatten. Das Prozesswesen wuchs kräftig, Schmuggel und Fälschen waren an der Tagesordnung. Die Regierungen reagierten mit drakonischen Strafen.

### Entstehung der Extralegalität

Nach und nach machten die Migranten, die keine legale Arbeit finden konnten, illegale Werkstätten auf. Ein Großteil dieser Arbeit «bestand in direkter Verarbeitung mit wenig mehr Sachkapital als einfachem Handwerkszeug».[44] Alteingesessene Städter verachteten die Arbeit, die außerhalb der Zünfte und des offiziellen Produktionssektors geleistet wurde.

Die Migranten konnten natürlich nicht wählerisch sein; extralegale Arbeit war ihre einzige Einkommensquelle, so begann sich der extralegale Sektor der Wirtschaft rasch auszuweiten. Eli Heckscher zitiert einen Kommentar von Oliver Goldsmith aus dem Jahr 1762: «Es gibt kaum einen Engländer, der nicht fast an jedem Tag seines Lebens ungestraft gegen irgendein geltendes Gesetz verstößt ... und wer die Aufgabe hat, dem Recht Geltung zu verschaffen, ist korrupt und käuflich.»[45] Heckscher nennt auch zwei französische Erlasse (aus den Jahren 1687 und 1693), die einen Grund anerkennen, warum bestimmte Produktionsvorschriften nicht befolgt wurden: Die Arbeiter, unter denen der Analphabetismus noch verbreiteter war als in den heutigen Entwicklungsländern, konnten die einfache gesetzliche Auflage für Textilhersteller, ihren Namen auf die Vorderseite ihrer Tücher zu setzen, nicht erfüllen. Trotzdem waren diese Migranten tüchtige Arbeiter. Adam Smith schrieb einmal über sie: «Wenn Sie eine Arbeit zufrieden stellend ausgeführt haben möchten, müssen Sie sie in den Vorstädten in Auftrag geben, wo die Arbeiter sich nicht auf exklusive Privilegien verlassen können, sondern nur auf ihren guten Ruf, und dann müssen Sie das Produkt, so gut es geht, in die Stadt schmuggeln.»[46]

Die Obrigkeit und die legalen Geschäftsleute waren von dieser Konkurrenz weniger angetan als Adam Smith. Nachdem in England 1660 die Monarchie wieder restauriert worden war, begannen sich einige Traditionalisten über die wachsende Zahl von Hausierern und Straßenverkäufern zu beklagen, die die Menschen vor den offiziellen Geschäften belästigten, und über die neuen Geschäfte, die in kleineren Städten eröffnet wurden. Die offiziellen Händler versuchten vergebens, die unerwünschte Konkurrenz loszuwerden. In Paris zog sich der Rechtsstreit zwischen den Schneidern und den Händlern mit gebrauchten Kleidern mehr als 300 Jahre hin und endete erst mit der Französischen Revolution.

Die Präambeln der Gesetze und Vorschriften aus dieser Zeit erwähnen häufig die Verstöße gegen frühere Gesetze und Regelungen. Laut Heckscher wurde der Import von bedrucktem Kattun aus Indien im Jahr 1700 verboten, um Englands Wollindustrie zu schützen. Einfallsreiche englische Hersteller produzierten ihren eigenen Kattun, indem sie sich immer wieder Gesetzeslücken zunutze machten. Unter anderem umgingen sie das Verbot durch Barchent – englischen Kattun, der ein Mischgewebe aus Leinen (Kette) und Baumwolle (Schuss) war. Spanien verfolgte und bestrafte seine extralegalen Unternehmer. 1549 erließ Kaiser Karl I. 25 Verordnungen gegen extralegale Unternehmen. Ein Gesetz hielt die Vertreter der Obrigkeit dazu an, alle Webkanten abzuschneiden, die die Herstellerkennzeichnung enthielten, damit die Käufer wussten, dass sie extralegale Ware kauften. Damit wollte man die Händler treffen.

Es gab viele staatliche Repressionen gegen Extralegale, die teilweise sehr streng und – in Frankreich – sogar tödlich waren. Mitte des 18. Jahrhunderts standen auf die Herstellung, die Einfuhr und den Verkauf von bedrucktem Kattun Strafen, die von Zwangsarbeit und Zuchthaus bis zum Tod reichten. Selbst davon ließen sich die Extralegalen nicht abschrecken. Heckscher schätzt, dass im 18. Jahrhundert über einen Zeitraum von zehn Jahren mehr als 16 000 Schmuggler und Hersteller für die illegale Produktion oder die Einfuhr von bedrucktem Kattun hingerichtet wurden. Eine noch größere Zahl wurde zur Galeere oder zu anderen Strafen verurteilt. Allein in Valence wurden 77 extralegale Unternehmer gehängt, 58 aufs Rad geflochten und 631 zur Galeere verurteilt. Nur in einem Fall ließ das Gericht Gnade vor Recht ergehen und sprach den angeklagten Extralegalen frei.

Ekelund und Tollison meinen, der Grund für die unnachgiebige Haltung der Obrigkeit sei nicht nur der Wunsch gewesen, die betreffenden Wirtschaftszweige zu schützen, sondern auch Sorge um die Steuereinnahmen, denn bunter Kattun erschwerte die Besteuerung.[47] Während die Hersteller einfarbiger Textilien leicht zu ermitteln waren und daher dazu gebracht werden konnten, alle ihre Steuern zu bezahlen, ließ sich Kattun infolge neuer Drucktechniken mit einer Vielzahl von Farben produzieren, sodass es weit schwieriger war, die Stoffe bis zu ihrem Ursprung zurückzuverfolgen.

Der Staat verließ sich weitgehend auf die Zünfte – deren Hauptaufgabe es war, den Zugang zum legalen Gewerbe zu kontrollieren –, um die Gesetzesbrecher zu fassen. Doch dadurch, dass die Obrigkeit immer strengere Gesetze erließ, statt sie den bestehenden Verhältnissen anzupassen und die extralegalen Hersteller in den Wirtschaftskreislauf aufzunehmen, sahen sich die Unternehmer gezwungen, einfach in die extralegalen Vorstädte auszuweichen. Als das englische Statut für Handwerker und Lehrlinge 1563 den Lohnsatz für Arbeiter festsetzte und verfügte, dass er jährlich den Preisen für bestimmte Grundnahrungsmittel angepasst werden müsse, verlegten viele der frühesten Extralegalen ihre Firmen in umliegende Kleinstädte oder gründeten neue Vorstädte, in denen die staatliche Aufsicht weniger streng oder die Vorschriften einfach nicht anwendbar waren. Der Rückzug in die Vorstädte erlaubte es den Extralegalen ferner, sich dem wachsamen Auge der Zünfte zu entziehen, deren Rechtsprechung nur innerhalb der Stadtgrenzen galt.

Schließlich gewann die extralegale Konkurrenz ein solches Gewicht, dass den Eigentümern offizieller Betriebe gar nichts anderes übrig blieb, als einen Teil ihrer Produktion an Werkstätten in den Vorstädten zu vergeben – was zur Folge hatte, dass die Steuerbemessungsgrundlage schrumpfte und die Steuern angehoben wurden. So entstand ein Teufelskreis: Höhere Steuern verschlimmerten die Arbeitslosigkeit und sozialen Unruhen, dadurch verstärkte sich die Abwanderung in die Vorstädte, und die legalen Betriebe beschäftigten noch mehr Extralegale als Subunternehmer. Einige Extralegale leisteten so gute Arbeit, dass sie das Recht erhielten, einen offiziellen Betrieb zu eröffnen – allerdings nicht ohne ein gehöriges Maß an Schmiergeldern und politischem Druck.

Die Zünfte wehrten sich. Unter den Tudors wurden in England zahlreiche Gesetze verabschiedet, die extralegale Werkstätten und Dienstleistungsbetriebe in den Vorstädten verboten, doch die bloße Zahl der Extralegalen und ihr Geschick, sich jeder Entdeckung zu entziehen, vereitelten alle diese Bemühungen. Zu den bemerkenswertesten Fehlschlägen dieser Art gehörte der Kampf der Zunft der Hut- und Filzmacher in Norwich, die nach einer langen und von der Öffentlichkeit interessiert verfolgten Kampagne gegen extralegale Unternehmer einsehen mussten, dass sie nicht in der Lage waren, ihr exklusives Recht auf die Herstellung ihrer Erzeugnisse durchzusetzen.[48] Der Wettbewerb brachte die Zünfte in Schwierigkeiten. Die Ursachen für ihren Niedergang sieht Coleman in dem «wachsenden Arbeitskräfteangebot, in veränderten Nachfragestrukturen und einer Ausweitung der Handelsbeziehungen, ferner in der Entstehung neuer Industrien und einer erheblichen Expansion der ländlichen Industrie, die als Verlagssystem organisiert war».[49]

## *Zusammenbruch der alten Ordnung*

Nach und nach sahen sich die europäischen Staaten gezwungen, angesichts der wachsenden Extralegalität nachzugeben – so wie es heute den staatlichen Stellen in der Dritten Welt und im ehemaligen Ostblock ergeht. In Schweden war König Gustav II. Adolf außerstande, der Gründung extralegaler Siedlungen Einhalt zu gebieten, daher verfügte er, dass er jede Siedlung in Augenschein nehmen und ihr seinen Segen geben müsse. Damit sollte der Anschein erweckt werden, dass der Staat das Siedlungswesen noch unter Kontrolle hätte. In England musste der Staat einsehen, dass sich neue Wirtschaftszweige vor allem dort entwickelten, wo es keine Zünfte und gesetzlichen Einschränkungen gab. Die Extralegalen hatten ihre eigenen Vorstädte und Städte ja ausdrücklich gegründet, um sich der Aufsicht durch Staat und Zünfte zu entziehen. Außerdem waren die extralegalen Wirtschaftszweige leistungsfähiger und erfolgreicher. Man war sich weithin einig, dass die Baumwolltextilindustrie einen solchen Aufschwung erlebt hatte, weil sie nicht so streng reglementiert wurde wie die Wollindustrie. Rasch bemerkten die Menschen, dass die extralegalen Siedlungen bessere Waren und Dienstleistungen anboten als ihre legalen Konkurrenten innerhalb der Glasglocke. 1588 beschrieb Lord Cecil, Minister von Königin Elizabeth I., die Bürger von Halifax, einer der neuen extralegalen Siedlungen, wie folgt:

> Sie übertreffen die anderen an Wissen und Fleiß, was die Handhabung ihres Gewerbes und Grundeigentums angeht, und sind ihnen nach der rauen und anmaßenden Art ihrer Herkunft auch an Weisheit und Wohlstand überlegen. Sie verschmähen ihre alten Verfahren, wenn sie von einem neuen, vorteilhafteren hören, wagen lieber Neues, als an al-

ten Sitten festzuhalten ... [Sie haben] ein natürliches Verlangen nach neuen Erfindungen, verbunden mit unermüdlichem Fleiß.[50]

Auch innerhalb der Städte begann sich die Extralegalität zu entwickeln. In Deutschland, wo man Prüfungen ablegen musste und gesetzliche Genehmigungen brauchte, um bauen zu dürfen, gab es, wie ein Historiker schreibt, «ganze Bezirke mit vielen Häusern, obwohl in dem Bezirk niemand war, der laut Gesetz berechtigt war, sie zu bauen».[51]

Die Zahl, die Hartnäckigkeit und der Erfolg der Extralegalen begann, die Fundamente der merkantilistischen Ordnung zu erschüttern. Alle Erfolge, die sie hatten, erzielten sie trotz des Staates, und es blieb ihnen gar nichts anderes übrig, als die Obrigkeit als ihren Feind zu betrachten. In den Ländern, wo der Staat die extralegalen Unternehmer ächtete und verfolgte, statt das System so zu verändern, dass es sie integrierte, verzögerte sich nicht nur der wirtschaftliche Erfolg, sondern nahmen auch die sozialen Unruhen zu und äußerten sich in Gewalt. Die bekanntesten Beispiele für diese Gewalt waren die Französische und die Russische Revolution.

Länder, die sich rascher anpassten, gelang ein relativ friedlicher Übergang in die Marktwirtschaft. Sobald ein Staat erkannte, dass ein funktionierender extralegaler Sektor einer wachsenden Zahl von arbeitslosen Migranten gesellschaftlich, politisch und wirtschaftlich vorzuziehen war, begann er den Zünften die Unterstützung zu entziehen. Infolgedessen bewarben sich in England immer weniger Menschen um Zulassung zu den Zünften und veranlassten den Staat dadurch, die Art und Weise, wie er das Gewerbe regelte, drastisch zu verändern.

Auch die Macht des Staates ging zurück. Jedes Rechtssystem, das so starr ist wie jenes, das vor der industriellen Revolution in Kraft war, muss unter Korruption leiden. Eine englische Verordnung aus dem Jahr 1692 legte fest, dass Steuereintreiber in vielen Gebieten Werkstätten und Fabriken nur aufzusuchen hätten, um vorher vereinbarte Steuern einzuziehen, ohne den Warenbestand der Hersteller tatsächlich in Augenschein zu nehmen. Die meisten Produktionsaufseher, egal, ob sie zu den Zünften gehörten oder vom Staat ernannt worden waren, standen in dem Ruf von Bestechlichkeit und Pflichtvergessenheit, eine Situation, die man auf eine allgemeine Missachtung der Gesetze zurückführte.

Es war ein offenes Geheimnis, dass sogar Parlamentsmitglieder, die Ende des 17. Jahrhunderts die Genehmigung zur Eröffnung von Geschäften erteilen durften, Bestechungsgelder für besondere Gunstbeweise entgegennahmen. Die lokalen Behörden waren noch schlimmer. 1601 bezeichnete ein Sprecher des House of Commons einen Friedensrichter als ein «Subjekt, das für ein halbes Dutzend Hühner auf die Anwendung eines ganzen Dutzends Strafgesetze verzichtet». Die Vertreter des Staates versuchten die Mängel des Rechtssystems nicht auf schlechte Gesetze, sondern auf ihre unzulängliche Anwendung zurückzuführen. «Ich komme zu dem Schluss, dass in diesen Punkten keine besseren Gesetze verabschiedet werden können, sondern nur ihre Durchführung zu wünschen übrig lässt», hieß es in einer Druckschrift aus dem Jahr 1577. Laut Joseph Reid ist die alte Ordnung zusammengebrochen, weil in allen ihren Institutionen Korruption herrschte und weil sie die Bevölkerung in jene unterteilte, die das System austricksen konnten, und die anderen, die nicht dazu in der Lage waren. Außerdem müsse ein System, so Reid, das einige Leute dazu ermutige, das Gesetz zu brechen, und andere dazu verurteile, unter ihm zu leiden, zwangsläufig bei beiden Gruppen an Ansehen verlieren.[52] Die Friedensrichter in den Vorstädten sahen keinen Grund, Gesetzen Geltung zu verschaffen, die in den Städten erlassen worden und für die Bewohner der Vorstädte nicht akzeptabel waren. Am Ende des 18. Jahrhunderts war das gesamte Rechtssystem zerrüttet und in einigen Ländern vollkommen korrupt.

In einer Zeit, da die Regierung alles kontrollierte, richteten die Menschen all ihre wirtschaftlichen Erwartungen auf den Staat. Das führte zu den charakteristischen vorkapitalistischen Verhältnissen: Wenn die Löhne rascher stiegen als die Lebensmittelpreise, riefen die Kaufleute nach Höchstgrenzen für die Löhne. Stiegen dagegen die Lebensmittelpreise schneller als die Löhne, riefen die Arbeiter nach Mindestlöhnen und Höchstpreisen für Nahrungsmittel. Preise, Einkommen und Löhne wurden durch politischen Druck und politisches Handeln fixiert, ein Zustand, der für die Produktion und die Einstellung von Arbeitskräften in Industrie und Landwirtschaft nicht eben förderlich war. Weder Mindest- noch Höchstlöhne konnten daher die Probleme von Mangel, Lebensmittelknappheit und Arbeitslosigkeit lösen. «Das Zeitalter», schreibt Charles Wilson, «war von Gewalt geprägt, weil wirtschaftliches Handeln immer auf Zwangsmaßnahmen angewiesen war.»[53] Die Zeit war reif für ideologische Auseinandersetzungen und Parteienstreit, in den Parlamenten und auf den Straßen.

Bereits 1680 herrschte eine Art Fatalismus, weil nennenswertes wirtschaftliches Fortkommen offenbar unmöglich war: «Die meisten armen Produzenten glauben, dass sie niemals zehn Pfund besitzen werden ...; wenn sie unter diesen Umständen ihre gegenwärtige Lebensweise mit nur drei Arbeitstagen in der Woche bestreiten können, werden sie niemals vier Tage in der Woche arbeiten.»[54]

Angesichts derartiger Wirtschaftskrisen und sozialer Unruhen beschlossen die fähigsten und selbstbewusstesten Menschen, auszuwandern oder sich revolutionären Bewegungen anzuschließen. Zwischen dem 17. und 19. Jahrhundert wanderten Hunderttausende von Italienern, Spaniern, Franzosen und anderen Europäern auf der Suche nach einer besseren Zukunft in andere Länder aus. In Frankreich trieb die Verfolgung der Hugenotten und der Extralegalen in der Textilindustrie viele Unternehmer und qualifizierte Arbeiter aus dem Land, vor allem nach England und Holland, wo sie es zusammen mit ihren Gastgebern zu Wohlstand brachten.

## *Endlich – nach 300 Jahren*

Als schlecht konzipierte gesetzliche Regelungen die Entwicklung der formalen Wirtschaftsbetriebe immer stärker einschränkten und die Extralegalen sich gleichzeitig immer offener gegen die bestehenden Gesetze auflehnten und ihrem Unmut darüber Luft machten, dass sie an den Rand der Gesellschaft gedrängt wurden, verlangte die Situation nach Politikern, die bereit waren, die Realitäten anzuerkennen. Das Rechtssystem war in dem gleichen Maße verknöchert, wie die Migrantensiedlungen die Städte umschlossen hatten. Auf den Straßen begann es von Hausierern, Bettlern und Dieben zu wimmeln, und extralegal hergestellte oder geschmuggelte Waren überschwemmten die Märkte; parallel dazu nahm die Korruption überhand und die Gewalt wuchs sich zu einer ernsthaften Bedrohung der städtischen Gesellschaft aus.

Im 19. und Anfang des 20. Jahrhunderts begann das Recht in den meisten westeuropäischen Staaten den Bedürfnissen der einfachen Menschen Rechnung zu tragen, auch ihrem Wunsch nach Eigentumsrechten. Inzwischen hatten die Europäer eingesehen, dass sich die industrielle Revolution und die massive Extralegalität nicht mehr durch kleinere Ad-hoc-Regelungen in den Griff bekommen ließ. Endlich begriffen die Politiker, dass das Problem, das die Menschen entmutigte und daran hinderte, produktiv zu sein, nicht die Menschen, sondern das Recht war.

Obwohl die vorkapitalistische Gesellschaft und die Umstände ihres Niedergangs in den meisten europäischen Staaten ein ganz ähnliches Bild bieten, waren die Ergebnisse nicht überall gleich. Länder, die gesetzgeberische Anstrengungen unternahmen, die extralegale Wirtschaft zu integrieren, gelangten rascher zu Wohlstand als Länder, die sich gegen die Veränderungen wehrten. Viele europäische Politiker erleichterten den Zugang zum formalen Eigentumssystem, beseitigten die Hindernisse, die durch veraltete Vorschriften hervorgerufen wurden, und berücksichtigten bei der Gesetzgebung die existierenden lokalen Verhältnisse. Dadurch eliminierten sie die Widersprüche in ihren Rechts- und Wirtschaftssystemen und ermöglichten ihren Nationen, sich alle Vorteile der industriellen Revolution zunutze zu machen.

Die europäische Vergangenheit hat große Ähnlichkeit mit der Gegenwart der Entwicklungsländer und der ehemaligen kommunistischen Staaten. Das grundlegende Problem, dem sich diese Länder gegenübersehen, liegt nicht darin, dass die Menschen die Städte überschwemmen, dass die öffentlichen Versorgungsbetriebe ihrer Aufgabe nicht mehr gewachsen sind, dass sich der Müll in den Straßen häuft oder dass zerlumpte Kinder auf den Straßen betteln, noch nicht einmal darin, dass makroökonomische Reformprogramme nicht der Mehrheit der Menschen zugute kommen. Viele dieser Schwierigkeiten gab es auch in Europa (und in den Vereinigten Staaten), wo sie schließlich überwunden wurden. Vielmehr haben wir noch nicht erkannt – und darin liegt das wirkliche Problem –, dass alle diese Schwierigkeiten einen Erdrutsch der Erwartungen verursachen: In dem Maße, wie die Armen in die Städte strömen und extralegale Gesellschaftsverträge schließen, erzwingen sie eine grundlegende Umverteilung der Macht. Sobald die Regierungen der Entwicklungsländer und der ehemaligen kommunistischen Staaten diese Tatsache akzeptieren, werden sie auf der Welle dieser Entwicklung reiten können, statt von ihr verschlungen zu werden.

## *Kapitel 5*
## *Vernachlässigte Lehren aus der Geschichte der Vereinigten Staaten*

> Dieses Land kann sich glücklich schätzen, dass es nur eine Tyrannei abschütteln muss: die des Status quo.
>
> MILTON UND ROSE FRIEDMAN

Als mich die Rolle formaler Eigentumssysteme für die wirtschaftliche Entwicklung immer mehr interessierte, unternahm ich zahlreiche Reisen in fortgeschrittene Länder, um zu erfahren, wie die dortigen Experten für Eigentumsrecht die extralegalen Vermögenswerte in ein legales Eigentumssystem integrieren. Nach dreizehn Jahren, Tausenden von Kilometern und einigen grauen Haaren mehr hatte ich so gut wie jede Grundbuchbehörde in der fortgeschrittenen Welt besucht – von meinen Freunden in Her Majesty's Land Registry und der Alaska Land Authority bis hin zum japanischen Toki Bo. Niemand wusste eine Antwort. Alle Experten, die ich befragte, alle Fachleute in den unzähligen Grundbuchämtern, die ich aufgesucht habe, gaben zu, noch nie über diese Frage nachgedacht zu haben.

Menschen, die für die Eigentumssysteme in den fortgeschrittenen Nationen zuständig sind, haben ganz andere Sorgen. Sie beschäftigen sich vor allem mit Fragen, die die Eigentumsrechte betreffen. Mein Interesse galt jedoch nicht den Eigentumsrechten *an sich*, sondern «Meta-Rechten» – dem Recht auf Eigentumsrechte und dessen Zugang. Obwohl wir viele gemeinsame Interessen hatten – etwa, wie eine Registerbehörde zu reorganisieren ist, damit man Informationen aus dem Feld in eine Datenbank integrieren kann, oder wie sich Grenzen auf Basiskarten digitalisieren lassen –, konnten mir die Grundbuchexperten nicht sagen, wie man Menschen, die ihre Vermögenswerte aufgrund extralegaler Vereinbarungen besitzen, in das legale Eigentumssystem aufnehmen kann. Wie gibt man Menschen das Recht auf legale Eigentumsrechte?

Dem Wenigen, was ich über die Geschichte der westlichen Welt gelesen hatte, entnahm ich, dass alle diese Staaten an irgendeinem Punkt ihrer Vergangenheit den Übergang von isolierten, informellen Vereinbarungen zu einem integrierten Eigentumssystem vollzogen hatten. Warum hielt ich mich also nicht einfach daran – an die Geschichte des Westens –, um zu sehen, wie sich die Eigentumssysteme dieser Staaten entwickelt hatten? Meine Gastgeber waren derselben Meinung, und die Geschichtsexperten in Her Majesty's Land Registry und im deutschen Bund der Vermessungsingenieure empfahlen mir ihre Lieblingsbücher.

Einige tausend Seiten später war ich zu der grundlegenden Erkenntnis gelangt, dass der Übergang zu legalen Eigentumssystemen wenig mit der technischen Entwicklung zu tun hat. (Obwohl die Technik eine wichtige Rolle spielt, wie wir in Kapitel 6 sehen werden.) Die entscheidende Veränderung hat vielmehr mit der Anpassung des Rechts an die gesellschaftlichen und wirtschaftlichen Bedürfnisse der Bevölkerungsmehrheit zu tun. Allmählich hat sich in den westlichen Nationen die Erkenntnis durchgesetzt, dass auch Gesellschaftsverträge, die außerhalb des offiziellen Gesetzes entstanden waren, eine legitime Rechtsquelle waren und dass man Mittel und Wege finden musste, diese Verträge in das offizielle Rechtssystem einzubinden. Also gab man dem Recht eine Form, die der allgemeinen Kapitalbildung und dem Wirtschaftswachstum diente. Diesem Umstand verdanken die Eigentumsinstitutionen im Westen ihre Lebensdauer. Die Eigentumsrevolution war darüber hinaus auch immer ein *politischer* Sieg. In jedem Land war sie das Ergebnis einiger aufgeklärter Männer, die zu der Erkenntnis gelangten, dass das offizielle Recht sinnlos war, wenn es einen erheblichen Teil der Bevölkerung ausschloss.

Die Geschichte des Eigentums in Westeuropa, Japan und den Vereinigten Staaten liefert uns nützliche Hinweise auf die gegenwärtigen Sorgen der Entwicklungsländer und ehemaligen kommunistischen Staaten. Die scheinbare Gesetzlosigkeit war keine Kriminalität, sondern der Zusammenprall zwischen den Regelungen an der Basis und den Regelungen an der Spitze. In allen Fällen bestand die Revolution darin, dass die beiden Systeme allmählich miteinander verschmolzen.

Allerdings würde eine eingehende Geschichte aller dieser Länder den Rahmen des vorliegenden Buches sprengen. Daher beschränke ich mich auf die Vereinigten Staaten, weil auch sie vor gut 150 Jahren noch ein Dritte-Welt-Land waren. Die Regierungen und die Justiz der jungen Bundesstaaten, die rechtlich noch keine solche Einheit bildeten wie heute, waren bemüht, die bunte Vielfalt in den Griff zu bekommen: die Gesetze und die Regellosigkeit der Migranten, Squatter, Goldsucher, bewaffneten Banden, illegalen Unternehmer und sonstigen Abenteurer, die die Besiedlung des amerikanischen Westens so wild und (wenn auch nur in der Rückschau) so romantisch machten. Jemandem wie mir, der aus der Dritten Welt kommt, erscheint das Bild dieser Gringo-Vergangenheit erstaunlich vertraut. Während meine Kollegen und ich Schwierigkeiten haben, etwas mit 10 000 Punkten auf dem Dow-Jones-Index anzufangen, klingen die Geschichten von den Squattern in Thomas Jeffersons Virginia oder von den Blockhaussiedlungen in Daniel Boones Kentucky wohl bekannt.

Wie heute die staatlichen Stellen in der Dritten Welt versuchten sich die Regierungen der amerikanischen Bundesstaaten gegen die dramatische Zunahme der Squatter und extralegalen Regelungen zu stemmen, doch anders als die Behörden in der Dritten Welt sahen sie schließlich ein, dass, mit den Worten eines amerikanischen Kongressabgeordneten, «das Landsystem praktisch zusammengebrochen ist ... und statt Gesetze für sie zu erlassen, schicken wir unsere Gesetze hinter ihnen her, während sie auf dem Weg zu den Rocky Mountains oder dem Pazifik sind». Die amerikanischen Politiker mussten am Ende einsehen, dass, wie Francis Philbrick sagt, «die Kräfte, die das Recht tiefgreifend verändern, außerhalb seiner liegen».[55] Selbst der viel gepriesene «Homestead Act» von 1862, der Siedlern 160 Acre (≈ 65 Hektar) Land bewilligte, wofür sie lediglich versprechen mussten, darauf zu leben und es zu bebauen, war weniger ein Akt staatlicher Großzügigkeit als die Anerkennung eines Fait accompli: Schon seit Jahrzehnten besiedelten – und kultivierten – Amerikaner das Land extralegal. Nach und nach modifizierten ihre Politiker das Recht auf die Weise, dass es diese Realität in das offizielle Rechtssystem integrierte, und erzielten damit politische Vorteile. Nachdem die Gesetze so verändert worden waren, dass sie den vorhandenen extralegalen Regelungen Rechnung trugen, hatten die amerikanischen Siedler und Schürfer die Möglichkeit, ihre Vermögensgüter in Kapital umzuwandeln. Wie für die Vereinigten Staaten im 19. Jahrhundert ist für die Länder der Dritten Welt und des ehemaligen Ostblocks die Aufgabe, die Armen zu kapitalisieren, im Grunde eine politische Aufgabe, die mit rechtlichen Mitteln bewältigt werden muss.

Wenn ich in diesem Kapitel die Entwicklung des Eigentumssystems in den Vereinigten Staaten beschreibe, bilde ich mir nicht ein, die Geschichte Amerikas umzuschreiben. Wie mein legendärer Namensvetter erforsche ich sie lediglich. Sie werden feststellen, dass ich dabei viele Beispiele gefunden habe, die an die heutige Situation der Entwicklungsländer und ehemaligen kommunistischen Staaten erinnern: Massenmigration, explosionsartige Zunahme der extralegalen Aktivität, politische Unruhen und allgemeine Unzufriedenheit mit einem antiquierten Rechtssystem, das sich der Einsicht verschloss, dass seine Prinzipien und Formeln wenig Bezug zur Realität hatten. Ferner beobachtete ich, wie das US-amerikanische Recht durch die allmähliche Integration extralegaler Regelungen den sozialen Frieden herstellte – und damit bewies, dass das Gesetz in Einklang sein muss mit der Art und Weise, wie die Menschen ihr Leben organisieren (vgl. Kapitel 6). Das Gesetz bleibt nur lebendig, wenn es den Kontakt mit den Gesellschaftsverträgen nicht verliert, die von wirklichen Menschen ausgehandelt werden.

## *Die Parallele mit der Geschichte der Vereinigten Staaten*

Wenn man sich in einer Bibliothek ziellos durch die Abteilung für die Geschichte der Vereinigten Staaten liest, begreift man kaum, wie wichtig der extralegale Druck und die politische Bereitschaft, auf ihn zu reagieren, für die Entwicklung dieses Landes waren. Genauso schwer dürfte es für die meisten reformwilligen Politiker und Technokraten sein, den Aspekt der amerikanischen Geschichte zu entdecken, der für sie die größte Bedeutung hat, nämlich den Zusammenhang zwischen der Legalisierung des Eigentums und der Kapitalbildung. In der Regel haben die Eigentumsspezialisten nicht über den Übergang von extralegalen Rechten zu einem integrierten Eigentumssystem geschrieben. Dafür kann es mehrere Gründe geben.

Erstens, der historische Prozess ist noch nicht abgeschlossen. Im Gegensatz zur landläufigen Meinung sind Eigentumssysteme, die allen Bürgern offen stehen, eine relativ junge Erscheinung – nicht mehr als zweihundert Jahre alt –, und ihre ganze Bedeutung wird sich erst noch herausstellen. In den meisten Ländern der westlichen Welt sind die wesentlichen Schritte einer allgemeinen Eigentumsreform erst vor rund hundert Jahren abgeschlossen worden, in Japan erst vor fünfzig Jahren. Da der ganze Prozess, der integrierte Eigentumssysteme hervorbrachte, mehr das Ergebnis einer unbewussten Entwicklung als bewusster Planung war, liegt es nahe, dass es seine Zeit braucht, bis den Menschen in der Dritten Welt all die positiven Erfahrungen aus der Eigentumsbildung in den fortgeschrittenen Nationen bewusst werden.

Zweitens, traditionell wurde Eigentum aus dem Blickwinkel der fortgeschrittenen Nationen betrachtet. Im Westen setzt daher die umfangreiche Literatur über Fragen des Eigentums seine Entstehung als selbstverständlich voraus.

Der dritte Grund, warum der Prozess der offiziellen Eigentumsbildung nur schwer zu fassen ist, hängt damit zusammen, dass die entscheidenden Aspekte der Entwicklung leicht aus dem Blick geraten. Die langsame Eingliederung von Praktiken, Gebräuchen und Normen der Extralegalen in das formale Recht wird durch andere historische Ereignisse überlagert. Der Umstand, dass Siedlern und Squattern formale Eigentumsrechte zugestanden wurden, die schließlich als Grundlage für die Kapitalbildung und die Transaktionen in einem erweiterten Markt dienten, erscheint den meisten Beobachtern als eine politische Strategie, die die imperialen Bestrebungen Amerikas unterstützte, als eine Maßnahme, die den Pionieren helfen sollte, die ungeheuren Ressourcen des Landes zu erschließen, und als eine Entscheidung, die für den Abbau sozialer Spannungen vor Ort sorgte. Dass diese Schritte den Vereinigten Staaten zugleich ermöglicht haben, den Konflikt zwischen dem Rechtssystem und den extralegalen Regelungen der Squatter und anderer Pioniere zu überwinden, hat die Eigentumsspezialisten nur am Rande interessiert.

Es sei nochmals gesagt: Ich habe in diesem Kapitel nicht die Absicht, die Geschichte der Vereinigten Staaten umzuschreiben, sondern die vertrauten Darstellungen lediglich ein wenig zu korrigieren. Vielleicht können wir dann verstehen, dass das scheinbare Chaos in den Entwicklungsländern und den ehemaligen kommunistischen Staaten in Wirklichkeit die Suche nach einer neuen Rechtsordnung ist. Schauen wir uns also an, wie das extralegale «Recht», das in den Wäldern und auf der Prärie der jungen USA galt, seinen Weg in die offiziellen Gesetzbücher gefunden hat.

## Überwindung des antiquierten britischen Rechts

Das 16. Jahrhundert erlebte den Beginn einer noch nie da gewesenen Wanderbewegung von Westeuropäern zu den Küsten Nord- und Südamerikas.[56] Laut Hoffer versammelte sich im englischen Nordamerika eine «frierende, müde und ängstliche Schar von Männern und Frauen ... an der Atlantikküste des neuen Kontinents und starrte in eine dicht bewaldete Wildnis. Manch einer, der dort stand und Donnerbüchse oder Bibel umklammerte, dürfte sich wehmütig an die Welt erinnert haben, die er verlassen hatte.»[57]

Zu diesen Erinnerungen gehörte auch die Vorstellung, wie man Gemeinwesen gründet und führt, Streitigkeiten schlichtet, Land erwirbt und Regierungsinstitutionen schafft. Bei der Schlichtung der Konflikte, die aus diesen Tätigkeiten zwangsläufig erwuchsen, spielte das Rechtssystem eine vorrangige Rolle. Tatsächlich gelangte im frühen Amerika das Gesetz «überall hin, da sich die ersten kolonialen Regierungen auf gesetzliche Urkunden gründeten – die ‹Charters› … die koloniale Wirtschaft richtete sich nach Gesetzen, die die Preise, Löhne und die Qualität der Waren festsetzten. Das Recht gab den Menschen die Möglichkeit, Land an andere zu verkaufen und es zu übertragen, lieferte eine Plattform für die Schlichtung von Streitigkeiten über zerrissene Zäune und streunendes Vieh und schrieb den Menschen sogar vor, wie sie ihre Andacht zu verrichten, zu heiraten, ihre Kinder aufzuziehen, wie sie ihre Dienstboten und ihre Nachbarn zu behandeln hatten.»[58]

Ursprünglich versuchten die Kolonisten, die Grundsätze des englischen Eigentumsrechtes anzuwenden, um die Ordnung aufrechtzuerhalten. Doch das englische Common Law war nicht für eine Gesellschaft bestimmt, die rasch neue Formen zum Erwerb von Grundbesitz entwickelte, ohne ein allgemein anerkanntes Eigentumsrecht zu besitzen. Beispielsweise ließ sich das englische Common Law nicht auf Fälle anwenden, in denen Menschen Land mit zweifelhaftem Eigentumstitel gekauft oder geerbt hatten. Infolgedessen wurden «offene Verhandlungen über Eigentumsrechte vor den Kreisgerichten absolut notwendig. Alle interessierten Parteien konnten als Zeugen auftreten, und die Entscheidung des Gerichts lieferte eine relativ wirksame und öffentliche Garantie in Fällen, in denen es bisher keine gegeben hatte.»[59]

Doch die meisten Kolonisten hatten wenig Verständnis für die Spitzfindigkeiten des englischen Rechts. Viele wussten wenig und hielten nichts von den Unterschieden zwischen Erlassen, Gesetzen,

Billigkeitsrecht und ähnlichen juristischen Feinheiten. Wichtiger noch, das englische Eigentumsrecht war häufig wenig geeignet, um die Probleme zu lösen, vor denen die Kolonisten standen. Das Übermaß an ungenutztem Land in Britisch-Nordamerika eröffnete den ersten Siedlern Möglichkeiten, die in ihrer früheren europäischen Heimat unvorstellbar waren. «Als die Engländer [und anderen Europäer] in ein Gebiet kamen, das von Natur aus unbewaldet oder von Indianern gerodet war, hatten sie es naturgemäß sehr eilig, diese neue Quelle des Wohlstands aufzuteilen ... Infolgedessen achteten sie nicht sonderlich auf Einzelheiten. Ungenauigkeiten der Zuteilung oder Beurkundung nahmen sie in Kauf und kümmerten sich wenig um die genauen Vorschriften, deren Befolgung [von den Kolonialbehörden] erwartet wurde.»[60] Nicht immer war das Land fruchtbar, gut bewässert oder gut mit Wiesen versehen, die Heu für die Rinder und Pferde der Siedler lieferten.[61] Bei ihrer Suche nach geeignetem Land folgten die amerikanischen Siedler oft ihren Eingebungen und Launen; sie legten Grenzen fest, bestellten das Land, bauten Häuser – um dann alles wieder aufzugeben und in ein fruchtbareres Gebiet weiterzuziehen.

Für die Eigentumsrechte bedeutete das ein hohes Maß an Unübersichtlichkeit und Extralegalität. In seiner Analyse des rechtlichen Wandels im kolonialen Massachusetts skizziert David Thomas Konig die bürokratischen und technischen Fehlleistungen, die durch die Migrationsprobleme verstärkt wurden. Das Fehlen eines einheitlichen Vermessungssystems sorgte beispielsweise für Meinungsverschiedenheiten und Unregelmäßigkeiten. Innerhalb von Massachusetts vertraten die Kolonialbehörden häufig unterschiedliche Auffassungen über die Verfahren zur Aufteilung des Landes. «Beispielsweise gab es keine Einigung über die Frage, ob gerade Linien oder natürliche Landschaftsmerkmale zur Abgrenzung des Landbesitzes dienen sollten.» Ein Kolonist «hatte angenommen, seine Zuweisung von 300 Acre in Reading sei von rechtwinkliger Form, entdeckte aber zu seinem Entsetzen, dass das Grundstück seines Nachbarn in der nächsten Stadt ‹kreisförmig› abgemessen war und sich daher mit seinem Land überschnitt».[62] Für zusätzliche Unsicherheit und Verwirrung sorgten technische Unzulänglichkeiten der Vermessungsverfahren. Konig führt außerdem an, Schwierigkeiten bei der Berücksichtigung von Schwankungen des Längengrades in Nordamerika hätten häufig zu sich überschneidenden Ansprüchen geführt, bis John Winthrop IV 1763 eine Variationstabelle für Landvermesser veröffentlichte.[63]

Da es Entscheidungen für eine verwirrende Vielfalt von Eigentumsstreitigkeiten zu treffen galt, die ihrem Wesen nach wenig oder keine Ähnlichkeit mit englischen Präzedenzfällen hatten, konnten die Kolonialbehörden kaum auf die englische Rechtsprechung rekurrieren. Stattdessen «hielten sich die Gerichte oft an die örtlichen Sitten und verwandelten sie in eine neue Gesetzessammlung für die Absicherung von Grundstücksgeschäften».[64] In Fragen, die von der innenpolitischen Autonomie bis zur Verwendung und Verteilung des Landes reichten, begannen die Kolonisten erheblich vom englischen Recht abzuweichen, das kaum oder keinen Bezug zu den Realitäten des Koloniallebens hatte. Dazu Peter Charles Hoffer: «Theoretisch waren sie persönliches Eigentum des Königs [und allen seinen Gesetzen unterworfen], doch die Praxis hatte mehr Gewicht als die Theorie. Weit von England entfernt, wenig bevölkert, reich an natürlichen Ressourcen, und von Männern und Frauen bewohnt, die wussten, was sie wollten, und die nicht gewillt waren, sich ein gutes Geschäft entgehen zu lassen – so drängten die Kolonien unwiderstehlich auf Selbstverwaltung.»[65]

## *Squatting – eine frühe amerikanische Tradition*

Obwohl die frühen Migranten vorwiegend britische Untertanen waren und dem englischen Recht unterstanden, begannen sich ihre Beziehungen untereinander zu verändern, sobald sie nach Amerika, in eine ganz andere Wirklichkeit, kamen. In England verstieß gegen das Gesetz, wer ein Stück Land längere Zeit ohne Eigentumstitel besiedelte – wer sich also als «Squatter» betätigte. In den Vereinigten Staaten, wo es anfangs keinen Widerstand und viele Möglichkeiten gab, wurde das Squatting, die nicht genehmigte Besiedlung verfügbaren Lands, rasch zu einer gängigen Praxis. Das Squatting ist sogar älter als die amerikanische Nation selbst. Nach Amelia Fords Studie der kolonialen Präzedenzfälle des US-amerikanischen Bodenrechts «lebten vor Gründung der Massachusetts Bay Company in Neuengland Siedler ohne Urkunden und Rechtsansprüche an verschiedenen Stellen der Bay ... die ersten Siedler in Connecticut waren Unbefugte auf dem eigenen Land und konnten ihren Rechtsanspruch nur damit begründen, dass sie das Land in Besitz genommen oder den Indianern abgekauft hätten.»[66] In der Frühzeit von Maryland besiedelten Franzosen und andere Nichtengländer Land, das nach geltendem Recht nicht ihr Eigentum werden konnte. Und 1727 protestierte der Gesetzgeber von Pennsylvania gegen «diese Leute, [die] sich ständig auf jedem freien Fleck niederlassen, den sie finden». Die Squatter im kolonialen Amerika hatten bereits mehr als 40 000 Hektar Land besetzt und bebaut, ohne, wie ein Historiker schrieb, den «Schatten eines Rechts».[67]

In Neuengland konnten Land besitzende Politiker den Aktivitäten der Squatter, die in ihren Augen einfach Gesetzesbrecher waren, keine positive Seite abgewinnen. Bereits 1634 versuchte der General Court in Massachusetts die illegale Landbesetzung durch die Verordnung einzuschränken, «dass alle freien Männer, die Land zugeteilt bekommen, dieses registrieren lassen müssen, woraufhin sie eine Abschrift des Vorgangs erhalten».[68] Auch das funktionierte nicht. Die mangelnde Bereitschaft der Squatter, «den Verordnungen von 1634 und 1635 zu folgen, zwang den General Court [1637] zu der Forderung, ‹man muss etwas unternehmen, um die Männer zu zwingen, ihr Land eintragen zu lassen, oder sie bei Nichtbeachtung mit einer Geldbuße belegen.›»[69]

Doch viele Konflikte, die sich ergaben, ließen sich mit den vorhandenen rechtlichen Möglichkeiten nicht beilegen. Infolgedessen entwickelten die Squatter in der Praxis Verfahrensweisen, die ihnen die Möglichkeit zur Legitimierung ihres Tuns eröffneten. Zu einigen der heftigsten Konflikte kam es auf den weitgehend brach liegenden Gebieten der heutigen Staaten Vermont und Maine. Vor der Amerikanischen Revolution beanspruchten sowohl New York als auch New Hampshire das Gebiet von Vermont für sich.[70] Um dem New Yorker Anspruch zuvorzukommen, hielt sich Gouverneur Benning Wentworth von New Hampshire «an den Grundsatz, dass Besitz neun Zehntel des Rechts ausmache ... und bedachte Bürger von New Hampshire wie Massachusetts mit kostenlosen Landzuteilungen in dieser Region ... [mit dem Ergebnis, dass zwischen 1764 und 1769] 131 Townships an mehr als sechstausend ... ausgesuchte Gruppen von Einzelpersonen verteilt wurden.»[71]

Ihnen auf dem Fuße folgten Squatter ohne besondere Bindung an irgendeinen Staat und überschwemmten das Land. So «strömten Squatter nach Vermont und siedelten, wo es ihnen gefiel».[72] Schon bald erkannten sie die Bedeutung gemeinsamen Handelns und «ersuchten zunächst New Hampshire und später den Gouverneur von New York um Landschenkungen, die ihre Siedlungen einschlossen, oder um Verordnungen, die ihren Landbesitz bestätigten».[73] Obwohl beide Kolonien versuchten, die Ansprüche der Squatter abzuwehren, indem sie wiederholt Räumungsklagen gegen sie anstrengten, war das Gebiet so fest in der Hand der Squatter, dass Ethan Allen und seine «Squatter-Anhänger» nach der Revolution Vermonts Eigenstaatlichkeit durchsetzten. Ein erstes Ergebnis dieses außerordentlichen Triumphs der «Squatter-Macht» war die offizielle Anerkennung der Eigentumsverhältnisse.

Häufig wurde das Squatting durch Land besitzende Politiker gefördert, die bestrebt waren, die Ressourcen einer Kolonie zu erschließen und zu nutzen. In den meisten Kolonien waren die Politiker der Auffassung, die Erschließung des Landes lasse sich nur durch Einwanderung bewerkstelligen. Dazu wiesen koloniale Politiker Einzelnen und Gruppen unbebautes Land zu, auf dem diese sich niederlassen konnten mit der Aussicht, dass es bei Besiedlung und Bebauung ihr Eigentum würde. In Virginia galt laut Ford die Regel: «Das Land zu nutzen hieß, ein Haus zu bauen, einen Acker zu bestellen und Vorräte für ein Jahr anzulegen. Falls das nicht binnen drei Jahren geschah, fiel das Land wieder an den Staat.»[74] Nach dem Gesetz von Massachusetts gehörte zu den Pflichten eines Siedlers, «das Land wirklich in Besitz zu nehmen und binnen drei Jahren ein Haus von bestimmter Größe zu bauen, meist sechs bis sieben Meter im Quadrat, und zwei bis zweieinhalb Hektar Land zu roden, um es zu bebauen und zu mähen».[75]

In den siebziger Jahren des 17. Jahrhunderts bediente sich Lord Baltimore einiger Squatter, «um einen umstrittenen Küstenstreifen zwischen Eastern Shore und Delaware Bay zu besiedeln».[76] Um die eigenen Einkünfte ungeschmälert zu sichern, erließen die Penns aus Pennsylvania «Anordnungen, denen zufolge Menschen, die auf einem Stück Land gesiedelt hatten, dieses erwerben konnten, und zwar für den zur Zeit der Besiedlung geltenden Preis plus der seither aufgelaufenen Zinsen, aber minus der Wertsteigerung; wer dazu nicht in der Lage war, musste einen Pachtzins im Verhältnis zur Kaufsumme zahlen».[77] Doch wie die Penns bald feststellen mussten, ließ sich eine solche Anordnung nur unter großen Schwierigkeiten durchsetzen, wenn die Squatter nicht zahlen wollten. Tatsächlich «stellte sich bald heraus, dass mit diesen entschlossenen, landhungrigen Männern, die sich nicht vertreiben ließen, irgendein Modus Vivendi gefunden werden musste, damit nicht große Einkünfte unwiderruflich verloren gingen ... Folglich duldete oder erlaubte [Pennsylvanias] Landbehörde viele Vorgänge, die zu verhindern sie nicht die Macht hatte; auf diese Weise entwickelten sich neben dem offiziellen Recht, das die Behörde vertrat, viele besondere, lokale Eigentumstitel.»[78]

Bei dem Versuch, ihre Rechte mittels solcher Regelungen der Siedlungspolitik zu sichern, empfanden die Squatter das offizielle

System häufig als zu schwerfällig oder kompliziert. Wie Amelia Ford ausführt, «war die Landbehörde zu weit entfernt, die Verhältnisse zu unübersichtlich und die Verfahren zu zeitraubend, um den konkreten Bedürfnissen der Squatter gerecht zu werden».[79] Das britische Recht wurde zunehmend bedeutungslos für die Arbeits- und Lebenswelt vieler Menschen.

## Der neue Gesellschaftsvertrag: «Tomahawk Rights»

Im Angesicht des Chaos, das die Verhältnisse von Recht, Land und Eigentum bestimmte, wurde den Migranten rasch klar, dass sie irgendeine Art von Ordnung notfalls auch außerhalb des offiziellen Rechtssystems herstellen mussten, wenn sie in Frieden miteinander leben wollten. So schufen die Squatter ihre eigene Art von extralegalen Rechtstiteln – die «Tomahawkrechte» (*Tomahawk Rights*), «Hüttenrechte» oder «Maisrechte». Die «Tomahawkrechte» sicherte man sich, indem man einige Bäume in der Nähe einer Quelle kappte und die Rinde von einem oder mehreren Bäumen mit seinen Initialen kennzeichnete. Bereits in den sechziger Jahren des 17. Jahrhunderts war es bei den Squattern von Maryland Brauch, mit Einverständnis des «Generalinspektors», des höchsten Aufsichtsbeamten für Staatsländereien, die Bäume auf dem beanspruchten Land zu markieren, noch bevor es vermessen worden war.[80] Am Ende der Amerikanischen Revolution war die Praxis der Baummarkierung zur Geltendmachung von Besitzrechten so verbreitet, dass ein hochrangiger Armeeangehöriger an den Kriegsminister schrieb: «Diese Grenzer haben die Gewohnheit, sich auf den schönsten Stücken Land anzusiedeln, wo sie nach dem Tomahawkrecht verfahren oder eine Wertsteigerung vornehmen, wie sie es nennen, und annehmen, das sei ein hinreichender Eigentumstitel.»[81]

«Hüttenrechte» und «Maisrechte» bedeuteten, dass man Land absteckte, indem man eine Blockhütte errichtete oder Mais anbaute. Bezeichnenderweise wurden die extralegalen Rechte gekauft, verkauft und übertragen – genauso wie offizielle Titel.[82] Zwar mögen solche Hütten- oder Maisrechte niemandem offizielle Eigentumsansprüche auf das Land verschafft haben, doch steht außer Frage, dass die extralegalen Eigentumsrechte dazu beigetragen haben, Streitigkeiten zu vermeiden, dass sie in den Gemeinwesen des amerikanischen Grenzlandes weithin anerkannt wurden und Jahre später die Grundlage von legalen Eigentumstiteln wurden.

Obwohl die Lokalpolitiker in stillschweigendem Einverständnis mit diesen extralegalen Regelungen lebten, sahen sich die Squatter noch immer einer feindseligen Welt gegenüber. Ständig beschworen sie Konflikte mit den Indianern herauf, indem sie auf deren Land vordrangen. Doch die Squatter waren auch eine Gefahr für die Besitzelite, die befürchtete, ihre riesigen Liegenschaften zu verlieren. Deshalb beklagte sich 1783 ein Mitglied dieser Eliten – George Washington – über die «Banditen ... die auf Kosten der vielen den Rahm des Landes abschöpfen und verzehren».[83]

## *Den Sheriff erschießen*

Die Migranten steckten Grenzen ab, pflügten Felder, bauten Häuser, übertrugen Land und nahmen Kredite auf, lange bevor der Staat ihnen das Recht dazu verleihen konnte. Trotz der damit unter Beweis gestellten Initiative blieben viele Behörden dabei: Diese neuen Amerikaner machten sich krasser Gesetzesübertretungen schuldig und müssten zur Rechenschaft gezogen werden. Doch das war leichter gesagt als getan. Als George Washington, der Gründungsvater der Vereinigten Staaten, vorhatte, die Menschen, die unrechtmäßig auf seinem Land in Virginia gesiedelt hatten, vertreiben zu lassen, wurde sogar er von seinem Rechtsanwalt gewarnt: «Wenn er mit seiner Klage gegen die Siedler auf seinem

Grund und Boden Erfolg hätte, würden sie ihm wahrscheinlich die Scheunen und Zäune niederbrennen.»[84]

Auch die Beziehung zwischen anderen Bundesstaaten und ihren Squattern verschärfte sich. Noch vor der Revolution hatten erste Migranten aus Massachusetts in Maine gesiedelt, einem Gebiet, das Massachusetts bereits 1691 für sich beanspruchte. Zunächst duldeten die Politiker von Massachusetts den starken Zustrom von Squattern aus dem fernen Maine. Doch nach der Revolution, angesichts von Staatsbankrott und Währungsabwertung, richtete sich der Blick der Politiker von Massachusetts hoffnungsfroh auf die riesigen Gebiete in Maine, die sie als eine neue Einnahmequelle betrachteten.[85] Plötzlich waren die Squatter aus Maine ein Hemmschuh für den Verkauf großer Ländereien. 1786 erließ der Gouverneur einen Aufruf, der das Squatting in Maine verbot.[86]

Um potenzielle Käufer zu beruhigen, berief Massachusetts ein Komitee ein, das «Rechtsverletzungen» dieser Art untersuchen und angemessene Kaufsummen festlegen sollte.[87] Die meisten Squatter weigerten sich jedoch, das Land zu verlassen oder zu bezahlen. Statt nach einem Kompromiss mit den Squattern zu suchen, schickte der Staat seine Sheriffs zur Durchsetzung gerichtlicher Räumungsbefehle und entzündete damit ein Pulverfass. Wie ein Historiker schrieb, folgte daraus «so etwas wie offener Krieg».

«Der hervorstechende Charakterzug [des Squatters] ist sein heftiger und unbändiger Hass auf das Gesetz», erklärte 1800 ein Rechtsanwalt aus Maine. «Der Sheriff des Bezirks und die Beamten, die ihm zur Seite stehen, sind schon als Opfer auserkoren, so kann [die Squatter] das verhasste Wort ‹Durchführung› [des Räumungsbefehls] auch nicht mehr schrecken. Sie erklären, der Berufsstand der Juristen müsse abgeschafft, seine Vertreter vernichtet und ihre Ämter dem Erdboden gleich gemacht werden.»[88] Wurde ein Sheriff bei dem Versuch, einen Squatter zu vertreiben, getötet, weigerten sich die Geschworenen, den mutmaßlichen Mörder zu verurteilen. Nicht zuletzt wegen der politischen Probleme, die die Feindseligkeit der Squatter in Maine aufwarf, erklärte sich Massachusetts 1820 mit der Eigenstaatlichkeit von Maine einverstanden.[89]

Auch andere Kolonien taten ihr Bestes, um die extralegale Inbesitznahme von öffentlichen und privaten Ländereien zu verhindern. In Pennsylvania begannen schottisch-irische Siedler bereits 1730 in das Indianergebiet einzudringen, worauf die Indianer mit erbittertem Widerstand reagierten. Die Kolonialverwaltungen forderten die Siedler wiederholt auf, «den Indianern kein Land zu stehlen, und ließen zur Warnung ihre Hütten niederbrennen».[90] Von 1763 bis 1768 versuchte das Abgeordnetenhaus von Pennsylvania die Squatter sogar durch Androhung der Todesstrafe abzuschrecken, während Gouverneur William Penn das Militär anwies, illegale Siedler zu verjagen.[91] Trotz dieser Maßnahmen verdoppelte sich die Zahl der Squatter. Daraufhin habe, wie ein Zeitgenosse schreibt, «der Gouverneur wutentbrannt verkündet, jeder, der auf Indianerland siedle, werde hingerichtet. Doch für diese Häftlinge fanden sich weder Richter noch Geschworene noch sichere Gefängnisse.»[92]

## *Der gesetzliche Durchbruch: «Vorkaufsrecht»*

In einem Land, in dem jeder Siedler entweder Migrant oder mit einem Migranten verwandt war, mussten die Squatter natürlich Fürsprecher in den Kolonialverwaltungen haben, deren Vertreter erkannten, wie schwierig es sein würde, das englische Common Law auf die vielen neuen Siedler anzuwenden. Nach englischem Recht konnte jemand, selbst wenn er irrtümlich auf dem Land eines anderen siedelte, die Wertsteigerungen, die seiner Arbeit zu verdanken waren, nicht zurückfordern. Doch in den Kolonien, wo der Staat nur begrenzte Möglichkeiten hatte, wo das Land nicht zuverlässig registriert und vermessen wurde, mussten die Behörden akzeptieren, dass auf dem Land Verbesserungen vorgenommen worden waren, auch das Zahlen von Steuern und lokale Regelungen zwischen Nachbarn mussten als Begründung für Eigentumsrechte anerkannt werden. Bereits 1642 gestattete die Kolonie Virginia einem widerrechtlichen Okkupanten, die Wertsteigerung des Landes vom rechtmäßigen Eigentümer zu verlangen. Im Gesetz von Virginia hieß es: «Wenn eine Person oder Personen gleich welcher Art sich auf einer Plantage oder anderem Land niedergelassen haben, das rechtmäßig einer anderen Person gehört, ist eine Bewertung durch das Urteil von zwölf Männern zulässig.»[93] War nun der rechtmäßige Eigentümer nicht willens, den Squatter für die Wertsteigerung zu entschädigen, konnte dieser das Stück Land für einen Preis erwerben, der von einer örtlichen Jury festgesetzt wurde.[94] Dieses Gesetz wurde bald von anderen Kolonien übernommen. Solche Klauseln bewiesen, in welchem Ausmaß die örtlichen Eliten mit den Menschen sympathisierten, die Mehrwert aus dem Land erwirtschaften wollten.

Diese neuen rechtlichen Bestimmungen, die Siedlern ermöglichten, das von ihnen im Wert gesteigerte Land zu kaufen, bevor es öffentlich zum Verkauf angeboten wurde, bezeichnete man als «Vorkaufsrecht» – ein Prinzip, das in den folgenden 200 Jahren entscheidend zur Integration extralegaler Eigentumsregelungen in das amerikanische Recht beitragen sollte. Politiker und Juristen begannen «Wertsteigerung» in einer Weise zu interpretieren, die die Squatter erheblich begünstigte. In North Carolina und Virginia galten Hüttenrechte oder Maisrechte als Wertsteigerungen.[95] In Massachusetts wurden sogar Tomahawkrechte berücksichtigt.[96] Mit der Übernahme solcher extralegaler Regelungen in das offizielle Recht «wurde nicht nur anerkannt, dass den ersten Siedlern auf dem Land eine Entschädigung für die Mühen und die Gefahren zustand, die sie auf sich genommen hatten, sondern wurde auch das verbreitete Empfinden zum Ausdruck gebracht, ... dass der Squatter tatsächlich zum Wohle des Staates wirkte und kein Gesetzesbrecher war».[97] Zur Zeit der Amerikanischen Revolution hatten sich die «Maisrechte» des unsteten Squatters in der Vorstellung vieler Menschen in die Besitzrechte des tapferen Pioniers verwandelt. Während George Washington über die «Banditen» lamentierte, die sich auf seinem Land breit machten, gab es in seinem Heimatstaat Virginia andere Politiker, die die Squatter ermutigten, indem sie ihre extralegalen Eigentumstitel beschützten.

Für Staaten mit wenig Geld war das Vorkaufsrecht auch eine Einnahmequelle. Die Squatter mussten für die Vermessung des Landes und für die Ausstellung legaler Eigentumstitel bezahlen. Infolgedessen wurde das Vorkaufsrecht vor und nach der Revolution stark gefördert. 1777 eröffnete North Carolina ein Grundbuchamt für einen westlichen Verwaltungsbezirk, das Siedlern 640 Acre (ca. 250 Hektar) zusprach, wobei Leute bevorzugt wurden, die das Land bereits extralegal in Besitz genommen hatten.[98] Zwei Jahre später verabschiedete Virginia ein Gesetz, das Siedlern, die sich extralegal an seinen westlichen Grenzen niedergelassen hatten, ein Vorkaufsrecht auf das Land einräumte, dessen Wert sie gesteigert hatten.[99]

## Mehr gesetzliche Hindernisse – mehr Extralegale

Obwohl die amerikanischen Squatter schon viele Schlachten gewonnen hatten, war der Krieg noch lange nicht gewonnen. Die Ambivalenz gegenüber Extralegalen blieb während der ersten hundert Jahre der Vereinigten Staaten lebendig, und zwar nirgends deutlicher als in der neuen Bundesregierung, die plötzlich über riesige staatliche Ländereien verfügte. Etwa von 1784 bis 1850 gelangten die Vereinigten Staaten in den Besitz von gut 350 Millionen Hektar, teils durch Eroberung, teils durch Kauf: Der Kauf von Louisiana (1803) brachte 200 Millionen Hektar, der von Florida (1819) 17 Millionen Hektar, der von Gadsen (1853) knapp acht Millionen Hektar, der Krieg mit Mexiko gut 130 Millionen Hektar.[100] Außerdem erwarb die Bundesregierung 1802 alle westlichen Territorien von den Staaten an der Ostküste.

Ab 1784 begann der Kongress der neuerlich konföderierten (aber noch nicht verfassungsmäßig vereinigten) Staaten Pläne zu entwickeln, um den Zugriff und die Rechte auf öffentliches Land einzuschränken. Am folgenreichsten war die Entscheidung, dass Siedlungen im Nordwestterritorium letztlich Staaten mit den gleichen Rechten wie die ursprünglichen dreizehn werden sollten.[101] 1785 erweiterte der Kongress die Verordnung des Vorjahres, indem er ein System zur Vermessung und zum Verkauf von öffentlichem Land hinzufügte. Nach dem Vorbild der neuenglischen Kolonien unterteilte das Vermessungssystem das Land in Townships von sechs Meilen im Quadrat, die ihrerseits in 36 Abschnitte von einer Quadratmeile oder 640 Acre aufgeteilt wurden. Sobald die Fläche vermessen war, wurden diese 640-Acre-Stücke zu einem Dollar pro Acre verkauft.

1787 fasste der Kongress die früheren Verordnungen zur Nordwestverordnung zusammen, die die Aufteilung der Nordwestterritorien in mehrere Abschnitte festlegte und drei Stufen zunehmender Repräsentation vorgab, deren Ziel die Eigenstaatlichkeit war. Vor allem definierte das Gesetz den Begriff des «absoluten Eigentums» (Grundstücke sind zeitlich unbegrenztes Eigentum und können nach Belieben verkauft oder übertragen werden) und ermöglichte zum ersten Mal die Sicherung der Vertragsfreiheit in den Vereinigten Staaten.[102] Obwohl diese Bundesgesetze einen eleganten Gesetzesrahmen für die Verteilung von öffentlichem Land lieferten – Historiker werten die Nordwestverordnung als die größte Leistung der präkonstitutionellen US-Regierung –, konnten sie den wachsenden Strom von Migranten in die Randgebiete der Nation weder steuern noch eindämmen. Das Hauptproblem waren die unerschwinglichen Preise für Bundesland. Angesichts einer Kaufsumme von 640 Dollar – eine Riesensumme für die damaligen Verhältnisse – sahen sich Tausende von amerikanischen Migranten durch zu hohe Preise vom Markt für Bundesland ausgeschlossen.[103] Die Verfasser der Nordwestverordnungen hatten jedoch angenommen, wohlhabende Investoren würden die Flächen in kleineren Grundstücken verkaufen, Kredite gewähren oder das Land zu günstigen Konditionen verpachten. Doch selbst solche Angebote überstiegen häufig die Mittel der Pioniere.[104] Stattdessen entschieden sich die Migranten «für die Unwägbarkeiten des gesetzlosen Siedelns».[105] So wurden Zehntausende und mehr Amerikaner zu Squattern auf der Grundlage von extralegalen Regelungen.

Fast augenblicklich bemühte sich die Bundesregierung, diese Squatter zu marginalisieren und zu kriminalisieren. In den Debatten über die Verabschiedung der Nordwestverordnung wurden sie heftig angegriffen. William Butler aus New York schrieb: «Ich nehme an, dem Rat ist die Böswilligkeit bekannt, mit der die Menschen von überall her in diesen Bezirk strömen und nicht nur Ländereien der Vereinigten Staaten, sondern auch dieses Staates in Besitz nehmen und besiedeln. Viele hundert haben schon die Flüsse überquert, und täglich werden es mehr, so dass ich hoffe, die Weisheit des Rates wird Vorkehrungen gegen dieses schlimme und wachsende Übel treffen.»[106] Unter dem Eindruck solcher Empfindungen unternahmen die Kongressmitglieder alle Anstrengungen, die Squatter zu vertreiben, wobei sie auch vor Gewaltmaßnahmen nicht zurückschreckten. 1785 verabschiedete der Kongress eine Resolution, in der das Squatting auf öffentlichem Land ausdrücklich verboten wurde und der Kriegsminister ermächtigt wurde, im Nordwestterritorium ungesetzliche Siedler von Bundesland zu verjagen. Im Frühjahr 1785 wurde diese politische Willenserklärung in die Tat umgesetzt: Am Zusammenfluss von Muskingum und Ohio vertrieb die US-Army zehn Familien von dem Land, das sie besiedelten, zerstörte ihre Häuser und errichtete ein Fort, um sie an der Rückkehr zu hindern.[107] Vier Jahre später ordnete Präsident Washington die Zerstörung der Hütten und die Vertreibung von Familien an, die im Grenzgebiet von Pennsylvania auf Indianerland gesiedelt hatten.[108]

Doch obwohl die meisten Politiker gewillt waren, das Gesetz des neuen souveränen Staates in Ehren zu halten, bezweifelten einige bereits, dass sich seine Durchsetzung mit den recht verstandenen Interessen des Landes vertrüge. Daher wurde die Frage des Vorkaufsrechts fast sofort aufgeworfen.[109] 1789, in der ersten Sitzung des neuen Kongresses, beschrieb ein Mitglied sehr treffend die Wahlmöglichkeiten, vor denen die Squatter standen:

> Im Augenblick gibt es eine große Zahl von Menschen, die bereit sind, den Grund und Boden, auf dem sie ansässig sind, käuflich zu erwerben. Diese Männer haben sich auf einem freien Fleck Land niedergelassen und ängstlich auf die Entscheidung der Regierung gewartet. Was werden sie denken, wenn sie nun feststellen, dass ihr Vorkaufsrecht durch den Kauf von einer Million Acre aufgehoben worden ist? Werden sie erwarten, dass sie nun von diesen Männern ausgebeutet werden? ... Sie werden eines von zwei Dingen tun: Entweder auf spanisches Gebiet abwandern, wo sie keineswegs unwillkommen sind und einen Machtzuwachs für eine fremde Nation bedeuten, zu der wir eine gefährliche Grenze unterhalten, oder sie werden das Land ohne Ihre Zustimmung in Besitz nehmen. Und was wird dann sein? Sie werden kein Geld bezahlen. Werden Sie dann Streitkräfte schicken, um sie zu vertreiben? Das ist bereits versucht worden; Truppen wurden zu diesem Behufe entsandt. Sie setzten die Hütten in Brand, rissen die Zäune nieder und verwüsteten die Kartoffelfelder. Doch drei Stunden nach Abzug der Truppen kehrten diese Leute zurück, behoben die Schäden und siedeln nun in offener Auflehnung gegen die Union auf dem Land.[110]

Typisch für die damalige Ambivalenz des Kongresses war die Ansicht, die das Public Lands Committee des Repräsentantenhauses 1801 äußerte. Nachdem es dem Kongress empfohlen hatte, die Forderung der Squatter nach Vorkaufsrechten abzulehnen, räumte es ein, sie hätten «mit viel Mühe und Schwierigkeiten bestimmte Landstücke besiedelt, bebaut und verbessert ... [und dadurch] nicht nur den Wert der besiedelten Landstücke erhöht, sondern auch den Wert des angrenzenden Lands, sehr zum Vorteil der Vereinigten Staaten». Trotzdem vertrat das Komitee die Auffassung, «die erbetene Nachsicht würde als Ermutigung missverstanden, öffentliches Land in Besitz zu nehmen, was dem öffentlichen Interesse in nicht zu rechtfertigender Weise schaden würde».[111] Daher herrschte bei den Kongressabgeordneten die Einstellung vor, den Squattern alle Rechte zu verwehren.

In den zwanzig Jahren nach seiner Einsetzung gemäß Artikel eins der amerikanischen Verfassung hielt der Kongress eisern an seiner ablehnenden Haltung gegenüber Squattern auf öffentlichem Land fest. 1796 erhöhte er den Mindestpreis für öffentliches Land von dem in der Landverordnung festgelegten einen Dollar pro Acre auf zwei Dollar.[112] 1807 drohte der Kongress in einer neuen Verfügung jedem Squatter, der sich nicht an das ihm zur Kenntnis gelangte Gesetz hielt, Geldbußen und Gefängnisstrafen an und ermächtigte die Polizei, illegale Siedler, wenn nötig, mit Gewalt zu vertreiben.[113] 1812 hieß es in einem Schriftstück des Parlamentsausschusses für staatliches Land: «Die wahllose und unberechtigte Besiedlung öffentlichen Landes ist dem allgemeinen Interesse in vielerlei Hinsicht abträglich.»[114]

Das Problem bestand jedoch darin, dass der Kongress, wie es heute in vielen Ländern der Fall ist, den Kontakt mit der Wirklichkeit verloren hatte: Er hatte keine Vorstellung, wie viel Druck die Squatter ausübten, noch hatte er die Mittel, um seine Verordnungen durchzusetzen. Sogar das General Land Office, das 1812 eingerichtet worden war, um staatlichen Grundbesitz zu vermessen, zu verkaufen und einzutragen, konnte seiner Aufgabe nicht nachkommen. Die neue Bundesbehörde hatte den Auftrag, Eigentumsurkunden, die ihm aus Bezirksämtern zugingen, zu bestätigen und die Landkäufe zu kontrollieren, die auf Kredit vorgenommen wurden. Die Gesetzgeber hofften, das Land Office werde Bürgern, die Land erwerben wollten, als Informationszentrum dienen. Doch die bescheidene Zahl von Mitarbeitern der Behörde sah sich von all diesen Aufgaben bald überfordert und konnte seine Pflichten schon bald nicht mehr bewältigen.[115] Wie Patricia Nelson Limerick darlegt, haben die Kongressabgeordneten selbst zu den Problemen des Land Office beigetragen: «Im Namen ihrer Wähler beklagten sich die Kongressabgeordneten über die Saumseligkeit der Behörde. Doch in ihrem eigenen Interesse verlangten die Abgeordneten viele der Auskünfte, die die Angestellten soviel Zeit kosteten. Und aus Sparsamkeitsgründen verweigerten die Abgeordneten der Behörde ein höheres Budget.»[116]

Überdies waren die Finanzmittel der Vereinigten Staaten anfangs beschränkt, daher mussten manche Ansprüche, die Bürger an den Staat hatten, mit Landzuteilungen entgolten werden. Einige Historiker vertreten die Auffassung, durch die Ausgabe von «Land-Scrips», die man als die Lebensmittelkarten des 19. Jahrhunderts bezeichnet hat – Papier, für das man Land bekam –, habe der Staat der Gesetzlosigkeit und dem Squatting Vorschub geleistet.[117] In der Zeit von 1780 bis 1848 verteilte der Kongress zwei Millionen Acre an Soldaten, die für die Revolution gekämpft hatten, fünf Millionen an Teilnehmer des Kriegs von 1812 und 13 Millionen an die Veteranen des Kriegs gegen Mexiko. Zwischen 1851 und 1860 kamen weitere 44 Millionen Acre hinzu, die der Kongress für Dienste im Revolutionskrieg, im Krieg von 1812, den Indianerkriegen und dem Krieg zwischen Mexiko und Amerika vergab.[118] Als die Praxis der Land-Scrips im Unabhängigkeitskrieg entwickelt wurde, sprach eine gewisse Logik für sie, gestattete sie doch der amerikanischen Regierung, Offiziere und Soldaten für ihre Dienste zu entlohnen. Außerdem fürchtete der Kongress die ständige kriegerische Bedrohung durch die indianische Bevölkerung, die aus eigenem Antrieb oder im Sold der Engländer oder Franzosen kämpfte. Mit der Ansiedlung ehemaliger Soldaten im Grenzgebiet hoffte man, zwei Fliegen mit einer Klappe zu schlagen.

Doch Mitte des 19. Jahrhunderts entwickelte sich ein blühender Schwarzhandel mit Land-Scrips, der dem Squatting und der Spekulation Vorschub leistete. Von 100 Soldaten, die Land-Scrips erhielten, verkauften 84 ihre Rechte auf dem Schwarzmarkt – eine Situation, die den heutigen Verhältnissen in vielen Entwicklungsländern und ehemaligen Ostblock-Staaten ähnelt, die für bestimmte Bevölkerungsgruppen Sozialwohnungen bereitstellen.[119] Wie ein Historiker schreibt, «erwartete niemand, dass die halbe

Million Witwen und älteren Männer [die ein Scrip erhielten] ein Bollwerk gegen einfallende Feinde bilden würden».[120]

Auch an die neuen Eisenbahngesellschaften, die den Kontinent kreuz und quer durchzogen, gab die Bundesregierung Millionen Acre kostenlos ab. Im Laufe des 19. Jahrhunderts wurden mehr als 318 Millionen Acre – fast ein Fünftel des gesamten öffentlichen Landes – entweder direkt an private Eisenbahngesellschaften ausgehändigt oder indirekt, indem man sie Einzelstaaten überließ, die sie dann an die Eisenbahngesellschaften verteilten. Der Grund für diese umfangreiche Preisgabe von Staatsflächen war die Hoffnung, dass dadurch eine geordnete Besiedlung des Grenzgebiets erreicht würde. Obwohl ein Großteil des Landes nur geringen Wert hatte, gab es doch beträchtliche Flächen, die Bodenschätze enthielten oder landwirtschaftlich nutzbar waren.[121] Den Löwenanteil erhielten die transkontinentalen Eisenbahngesellschaften, die jeden zweiten Landabschnitt an ihren Strecken bekamen, sodass ein Schachbrettmuster entstand, in dem sich Grundstücke des Staates und der Eisenbahngesellschaft abwechselten. Der Kongress glaubte, die Gesellschaften würden das Land, das sie nicht brauchten, rasch und preiswert verkaufen, um die Siedlungstätigkeit anzuregen.[122] Doch abermals vollzog sich die Besiedlung anders, als die Politiker erhofften. Die Schachbrettaufteilung, so ein Historiker, «verzögerte die Besiedlung von Millionen Acre besten Landes und machte sie unattraktiv für Landkäufe».[123] In einigen Fällen kam es sogar zum offenen Krieg zwischen Eisenbahngesellschaften und Siedlern. Stephen Schwartz berichtet von einem Konflikt, der im Jahr 1880 im kalifornischen San Joaquin Valley ausbrach, das damals noch Mussel Slough hieß, als Farmer und Rancher, die sich auf Eisenbahnland niedergelassen hatten, keine Kaufvereinbarung mit den Gesellschaften erzielen konnten. Daraus ergaben sich nicht nur Prozesse, die den Streit nicht schlichten konnten, sondern auch Schießereien, bei denen fünf Siedler ums Leben kamen. Der Marshall musste hinterher zugeben, er sei sich «nicht sicher, wer zuerst das Feuer eröffnet habe».[124]

Bezug nehmend auf dieses Ereignis, verdammte der *San Francisco Chronicle* die Eisenbahngesellschaften, indem er feststellte, dass, «wie auch immer ihre genauen gesetzlichen Rechte sind, es unleugbar ist, dass die Gerechtigkeit auf Seiten der Siedler ist». In jedem Fall wäre den Siedlern auch mit physischer Gewalt nicht beizukommen gewesen; Beamte schätzten, dass zwischen 200 und 1000 Soldaten nötig gewesen wären, um sie zu vertreiben.

Die Bemühungen der Bundesregierung, ein geordnetes Bodenrecht zu schaffen, vermochten sich nicht gegen die Bestrebungen der einfachen Leute durchzusetzen, ihr Recht auf Staatsland geltend zu machen. Ein ungewöhnlich sprachgewandter Squatter schrieb dazu: «Ich erkläre hiermit, dass alle Menschen, die sich zu jeder jemals in Amerika beschlossenen Verfassung bekennen, das unveräußerliche Recht besitzen, sich auf jedem brachliegenden Stück Land niederzulassen ... ohne dass der Kongress ermächtigt wäre, es ihnen zu untersagen.»[125] In den ersten Jahrzehnten des 19. Jahrhunderts stritten Politiker und Squatter darüber, wie Eigentumsrechte übertragen werden sollten. Unter Politikern wurde die «Streitfrage diskutiert: ‹Was soll damit geschehen?› ‹Gebt es den Soldaten›, verlangten die einen. ‹Begleicht damit alle Staatsschulden›, sagten andere. ‹Behaltet es für künftige Zwecke›, rieten wieder andere, und dann gab es noch jene, die wünschten, dass jeder das Recht haben sollte, sich darauf niederzulassen.»[126]

## Gesetzlos oder ein Konflikt von Rechtssystemen?

Zu Beginn des 19. Jahrhunderts befand sich das Eigentumssystem der Vereinigten Staaten in einem Zustand der Auflösung. Das vorhandene Eigentumsrecht und widerstreitende Abgeordnete verschärften die Krise nur, in der sich die Migranten der Nation befanden. In seiner wegweisenden Studie über Squatter und Bodenrecht in Virginia und Kentucky vertritt Paul Gates die Auffassung, das offizielle Recht habe beigetragen zu «den ständig wachsenden Kosten der Prozesse, die angestrengt wurden, um Eigentumstitel zu klären, Personen mit konkurrierenden Ansprüchen zu vertreiben und das Land vor Eindringlingen und Plünderern zu beschützen». In Verbindung mit den «Gerichtskosten und den hohen Zinsen auf geborgtem Kapital» war die Unangemessenheit des formalen Rechts eine «ständige Gefahr für die Sicherheit von Investitionen und ein Anlass für ständige Beunruhigung der Prozessbeteiligten».[127]

Wie nicht anders zu erwarten, hatten die Migranten, die auf diesem Land siedelten, meist keine formalen Eigentumstitel und verhandelten am Ende gewöhnlich nicht mit einem, sondern mit zwei Eigentümern über ihren Besitz. Und selbst nachdem sie das Land gekauft und seinen Wert gesteigert hatten, kam es oft vor, dass sie eine Räumungsklage bekamen, die jemand mit älteren Anrechten auf die Landfläche angestrengt hatte.[128] Ein ausländischer Besucher, der 1802 Kentucky bereiste, berichtete, in jedem Haus, in dem er Halt gemacht habe, hätte der Hausherr Zweifel an den Eigentumsrechten seiner Nachbarn geäußert.[129]

Zwischen 1785 und 1890 verabschiedete der Kongress der Vereinigten Staaten mehr als 500 verschiedene Gesetze zur Reform des Eigentumssystems, wobei sie sich offenbar an Jeffersons Ideal orientierten, dass der Grundbesitz in die Hände privater Bürger gehöre. Doch die komplizierten Verfahren, die mit diesen Gesetzen verbunden waren, standen dem Ziel oft im Wege. Zur weiteren Komplikation trug der Umstand bei, dass die Einzelstaaten eigene Vorschriften für Landbesitz und Landverteilung entwickelten, die vor allem dazu dienten, der einheimischen landbesitzenden Elite zu nützen und zu dienen. Infolgedessen führten alle Versuche, das Eigentumssystem zu reformieren, nur zu einer Verschärfung der bodenrechtlichen Probleme; die Migranten hatten große Angst, das, was sie für ihre Rechtsansprüche hielten, zu verlieren. In einer Stellungnahme zur Reform in Kentucky unterstrich ein Zeitgenosse, dass «viele Einwohner den Anspruch auf ihren Grundbesitz aus diesem Durcheinander ableiten … [und folglich] nicht wagen, ihr Recht durchzusetzen, aus Angst, sie könnten gezwungen sein, beträchtliche Entschädigungen zu zahlen».[130] Während des 18. und zu Anfang des 19. Jahrhunderts «wurden zwar alte Probleme gelöst, doch nur auf Kosten neuer. Es gab chronische Schwierigkeiten bei der Bestimmung von Eigentumstiteln ... [da ‹Titel› ein] Begriff wurde, der unschärfer als Längengrad, nebulöser und widerspenstiger als das abgeschaffte Law of Tenure war».[131] Auf einen einfachen Nenner gebracht: Die Rechtsinstitutionen in den Vereinigten Staaten waren nicht in der Lage, die Probleme zu lösen, vor die sie die wachsende Migrantenbevölkerung der Nation stellte.

1820 war das ursprüngliche Eigentumssystem in einem so heillosen Zustand, dass Joseph Story, seines Zeichens Richter am Obersten Bundesgericht, schrieb: «Wahrscheinlich werden Generationen vergehen, bevor die Rechtsstreitigkeiten abgeschlossen sind, die sich auf [das amerikanische Eigentumsrecht] gründen ... Es wird auf ewig ein unbekannter Kodex bleiben, ein besonderer Dialekt, den man wird erforschen und untersuchen müssen wie das Recht eines ausländischen Staates.»[132] Natürlich blieb Richter Story die Ironie dieses Umstands nicht verschlossen, handelte es sich doch bei den Vereinigten Staaten «nicht um eine alte konservative Gesellschaft, sondern um einen neuen Staat im Randbereich der Rechtsstaatlichkeit».[133]

Das US-Recht war so schwerfällig geworden, dass es zu einem Stolperstein für Siedler geworden war, die ihre Eigentumsrechte absichern und auf diese Weise den Status des «Squatters» abschütteln wollten. Ihnen blieb nichts anderes übrig, als sich ein eigenes «Recht» zu machen, vor allem eines, das den Grundbesitz regelte, wobei sie das englische Recht mit den informellen amerikanischen Rechtstraditionen verschmolzen, die sich durch eine gehörige Portion gesunden Menschenverstand auszeichneten. Das Ergebnis war «eine Phalanx von unabdingbaren Eigentumsrechten»[134] in zwei Rechts- und Wirtschaftssystemen, das eine in den Gesetzbüchern kodifiziert, das andere in der Realität praktiziert. Auf diese

Weise kamen die Vereinigten Staaten zu einem pluralistischen Rechtssystem, in dem viele Eigentumsrechte und Besitzregelungen durch extralegale Gesetze definiert wurden.

Das politische und juristische Establishment schwankte zwischen der Bindung an das formale Recht und dem Verständnis für die Nöte der Siedler, die einfach eigene Regelungen finden mussten. In einer Rede von Thomas Jefferson kommt die Ambivalenz, die die Politiker den extralegalen Regelungen in ihrem Zuständigkeitsbereich stets entgegenbrachten, sehr klar zum Ausdruck: «[Diese Regelungen] waren so mannigfaltig, ... dass kein herkömmlicher Rechts- oder Billigkeitsgrundsatz zu ihrer Klärung herangezogen werden konnte; viele von ihnen beruhten auf Gepflogenheiten und Gewohnheiten, die sich in dem betreffenden Bezirk entwickelt hatten, fußten auf eigentümlichen Übertragungsarten und hatten in fast jeden Eigentumstitel Eingang gefunden, *sodass sie nicht vollkommen missachtet werden konnten.*»[135]

## Einzelstaatliche Bemühungen, die Glasglocke zu heben

Den amerikanischen Politikern boten sich mehrere Möglichkeiten. Sie konnten weiterhin versuchen, die Extralegalen zu bekämpfen oder zu ignorieren und ihnen widerstrebend ein Zugeständnis nach dem anderen zu machen, oder sie konnten zu Fürsprechern der extralegalen Rechte werden. Die Ausbreitung der Occupancy Laws – die das Recht auf Land nach Maßgabe der darauf erzielten Wertsteigerung anerkannten – auf die gesamten Vereinigten Staaten während der ersten 60 Jahre des 19. Jahrhunderts lässt darauf schließen, dass sich die Politiker zunehmend für die zweite Möglichkeit entschieden. Die Anerkennung der Occupancy Laws in den Vereinigten Staaten ist die Geschichte vom Aufstieg der Extralegalen zu einer politischen Kraft.

Zur Wende kam es in dem neuen Staat Kentucky, dessen Eigentumssystem sich wie das vieler Staaten in einem Zustand völliger

Auflösung befand. Sein Gouverneur beklagte, die Landforderungen in dem neuen Staat beliefen sich auf das Dreifache seiner Gesamtfläche. Paul Gates führt das darauf zurück, dass die Politiker zwischen 1797 und 1820 Gesetze verabschiedeten, mit denen sie ihre extralegalen Wählerschaften bedienten. Diese Maßnahmen hätten wesentlichen Anteil an «den beiden Billigkeitsgrundsätzen des [amerikanischen] Gesetzesrechts: Das Recht von Okkupanten ... auf ihre Wertsteigerungen und das Recht von Siedlern, die sieben Jahre unbehelligt auf Privatland gelebt und ihre Steuern bezahlt hatten, auf unstrittige Eigentumstitel unbeschadet aller entgegenstehender Titel.»[136] Die Bedeutung der Gesetzgebung von Kentucky lag jedoch weniger in ihrem Beitrag zur Rechtslehre als darin, dass sie den wachsenden politischen Einfluss der Pioniere widerspiegelte. Bezeichnenderweise bewirkte der Druck, den diese extralegalen Siedler auf ihre gewählten Vertreter ausübten, dass viele einzelstaatliche Regierungen eine Entscheidung des Obersten Bundesgerichts ablehnten, die den Interessen der umfangreichen extralegalen Bevölkerung der Nation zuwiderlief.

1821 erklärte das Bundesgericht das Occupancy Law von Kentucky für verfassungswidrig.[137] Es ging um den Rechtsstreit zwischen den Erben des Großgrundbesitzers John Green und dem Squatter Richard Biddle, der illegal auf Greens Land gesiedelt hatte. Das strittige Landstück hatte ursprünglich zu Virginia gehört und war nun ein Teil von Kentucky. In dem Fall *Green gegen Biddle* entschied das Oberste Bundesgericht gegen das Occupancy Law von Kentucky, indem es auf die «Eigentumsregelungen» verwies, die sich nach den Präzedenzfällen des englischen Common Law herausgebildet hätten.[138] Ausdrücklich begünstigte diese Entscheidung allein die Bürger, die legales Eigentumsrecht an dem Land hatten, auf dem sie siedelten. Laut Bundesgericht war das Kentucky-Gesetz «unrechtmäßig und unbillig, weil der gesetzmäßige Eigentümer gezwungen ist, nicht nur für die wirkliche Bodenverbesserung zu zahlen, also die tatsächliche Wertsteigerung, sondern auch für andere Verbesserungen, die der Okkupant anführt, gleichgültig, ob sie nützlich oder überflüssig ist, eine bloße Angelegenheit des Geschmacks oder der Verschönerung, einer Laune des Okkupanten entsprungen».[139] Nach der Berufungsverhandlung von *Green gegen Biddle* bestätigte das Bundesgericht 1823 seine erste Entscheidung und erklärte, die Occupancy Laws brächten «den rechtmäßigen Eigentümer des Landes um die Pacht und um die Einkünfte, die die Okkupanten erzielen».

Politiker, die sich die Unterstützung ihrer extralegalen Wählerschaft auf die Fahnen geschrieben hatten, bezeichneten die *Biddle*-Entscheidung empört als «höchst nachteilig» und «äußerst beunruhigend» für die Einwohner von Kentucky.[140] Das Oberste Bundesgericht konnte sich vielleicht der neuen politischen – und rechtlichen – Wirklichkeit verschließen, die in dem rasch wachsenden Grenzgebiet der Vereinigten Staaten Gestalt annahm, doch die Politiker im Westen brauchten nur aus dem Fenster zu schauen, um zu sehen, wie rasch sich das Land veränderte. In den ersten Jahrzehnten des 19. Jahrhunderts waren Zehntausende mutiger Migranten aus den ursprünglichen Kolonien westwärts über die Appalachen gezogen, um sich auf dem fruchtbaren, unberührten Land dahinter niederzulassen. Die US-Bevölkerung verdoppelte sich alle zwanzig Jahre. 1620 gab es annähernd 5000 Siedler in ganz Britisch-Nordamerika. 1860 zählte die amerikanische Bevölkerung schon mehr als 30 Millionen. Davon lebten mehr als 50 Prozent westlich der Appalachen.

Diese Migranten verlangten von den Gerichten, ihr Recht an dem erworbenen Grundbesitz anzuerkennen.[141] Daher war die politische und juristische Reaktion auf die höchstrichterliche Entscheidung in dem Fall *Green gegen Biddle* in Kentucky ein gewaltiger Sieg für die Extralegalen, die daraufhin sofort in die Offensive gingen. Nach Ansicht vieler Politiker und Journalisten war der Bösewicht jetzt das Oberste Bundesgericht. In einem Artikel war die Rede vom «hinterhältigen Verhalten» der Richter, die offenbar gewillt seien, die Rechte der «Nichteinheimischen und Fremden mit Füßen zu treten».[142] Auf dem Höhepunkt der Empörung über die Anmaßung des Bundesgerichts erklärte Richard M. Johnson, der großen Einfluss in Kentucky hatte, in einer Rede vor dem Senat: «Die Entscheidung würde Kentuckys wohl überlegte Politik zu Fall bringen ... und, wenn es dabei bliebe, höchst fatale Konsequenzen haben, denn es würden Prozesse über Fragen geführt werden, die schon seit Jahren geklärt sind, und alle Regelungen, die den Grundbesitz betreffen, in Frage stellen.»[143] Sogar Henry Clay, Kentuckys anderer und noch einflussreicherer Senator, der lange Zeit die liberale Ausweitung der Squatter-Rechte entschieden bekämpft hatte, räumte ein: «Sie bauen Häuser, pflanzen Obstplantagen, zäunen Felder ein, bebauen den Boden und ziehen Kinder groß. Inzwischen erreicht sie die Flutwelle der Auswanderer, die Nachfrage nach ihren im Wert gestiegenen Farmen setzt ein, sie verkaufen sie mit großem Gewinn an die Neuankömmlinge und ziehen weiter nach Westen ... Auf diese Weise sind täglich Tausende und Abertausende damit beschäftigt, ihren Besitz und ihre Lebensumstände zu verbessern.»[144] Gouverneur und Gesetzgeber des Staates Kentucky brachten ihre Ablehnung der höchstrichterlichen Entscheidung zum Ausdruck.[145]

Seit seiner Gründung wurde der Gerichtshof von Politikern kritisiert, die die Autorität dieser von niemandem gewählten elitären Richtergruppe in Frage stellten. Doch in diesem Fall lag die Sache anders, da auch die Richter aus Kentucky die Entscheidung des Obersten Bundesgerichts ablehnten. In einem ähnlich gelagerten Fall stellte zwei Jahre später ein Richter aus Kentucky fest, man könne *Green gegen Biddle* nicht folgen, weil der Fall «mit nur drei der sieben Richterstimmen des Obersten Bundesgerichts der Vereinigten Staaten beschlossen worden ist. Da es sich nicht um eine Mehrheitsmeinung der Richter handelt, kann nicht davon ausgegangen werden, dass hier ein Verfassungsprinzip entschieden worden ist.»[146] 1827 wies ein anderer Richter aus Kentucky die *Biddle*-Entscheidung mit der Begründung zurück, die Occupancy Laws hätten sich «in zu vielen Fällen, als dass sie hier zitiert werden könnten», als verfassungskonform erwiesen.[147]

Nach der Empörung über *Green gegen Biddle* sahen die Politiker im Westen und die Mitglieder der Demokratischen Partei im ganzen Lande die wachsende Wählerschaft der Squatter mit anderen Augen. Sie waren keine elenden Verbrecher mehr, die vom Landbesitz der Nation den Rahm abschöpften, sondern «edle Pioniere», die halfen, das Land zu erschließen. Und natürlich waren sie auch potenzielle Wähler.[148] Sympathisierende Politiker begannen das Eigentumssystem anzugreifen. So erklärte ein Kongressabgeordneter aus Kansas: «Überall in [diesem] Staat haben sich Siedler auf öffentlichem Land niedergelassen, es im Wert gesteigert, und dennoch wurden sie später durch Entscheidungen des Innenministers aus dem einen oder anderen Grund ohne Entschädigung von ihrem Grund und Boden verwiesen.»[149]

## Bemühungen des Bundes, die Glasglocke zu heben

Mitten in der Kontroverse über *Green gegen Biddle* hätte Andrew Jackson, Held aus dem Krieg gegen die Engländer von 1812 und nachdrücklicher Fürsprecher der Pioniere, um Haaresbreite die Präsidentschaftswahlen gewonnen. Vier Jahre später wurde Jackson dann wirklich Präsident. In seinen beiden Amtszeiten, während deren die letzten an Grundbesitz geknüpften Kriterien für das aktive und passive Wahlrecht aufgehoben wurden, überall öffentliche Schulen eröffneten, die Bundesstaaten das Strafrecht liberalisierten und die Schuldgefängnisse schlossen, brachte man auch den Rechten der Squatter mehr Verständnis entgegen. In gleichem Maße nahm die öffentliche Ablehnung der Richter und Staatsanwälte zu, die man für willfährige Erfüllungsgehilfen der Reichen und Mächtigen hielt.[150]

1830 waren aus den ursprünglich dreizehn Staaten vierundzwanzig geworden, darunter sieben im Westen, deren Abgeordnete sich in Washington sehr engagiert für die Rechte der Squatter einsetzten. Um die Unterstützung dieses ständig an Einfluss gewinnenden Blocks zu gewinnen, überboten sich die Nord- und die Südstaaten darin, ihre prowestliche Einstellung unter Beweis zu stellen.[151] Die Weststaaten und die Squatter, die in ihnen das Sagen hatten, ließen jetzt ihre politischen Muskeln spielen, und die Ergebnisse waren beeindruckend. Zwischen 1834 und 1856 verabschiedeten Missouri, Alabama, Arkansas, Michigan, Iowa, Mississippi, Wisconsin, Minnesota, Oregon, Kansas und Kalifornien Occupancy Laws nach dem Vorbild des Kentucky-Rechts, das das Oberste Bundesgericht im Fall *Green gegen Biddle* zurückgewiesen hatte.[152] Paul Gates schreibt: «Keine Entscheidung des Obersten Bundesgerichts ist so gründlich übergangen worden – von der einzelstaatlichen Gesetzgebung und den Gerichten der Bundesstaaten, von den Bundesgerichten, die den Fall nicht heranzogen, und schließlich durch das unbeanstandete Bundesgesetz, das die Rechtsprechung der Bundesgerichte auf alle Okkupanten wie im Falle *Green gegen Biddle* ausweitete.»[153]

Schließlich hatte auch Washington verstanden. Während das Public Lands Committee 1806 noch zu dem Ergebnis gekommen war, die Squatter hätten sich ihre Schwierigkeiten selbst zuzuschreiben, berichtete dasselbe Komitee 1828 vor dem Repräsentantenhaus, der amerikanische Squatter habe der Öffentlichkeit wertvolle Dienste erwiesen, für die er Entschädigung verdiene.[154] Der einst verabscheute Squatter war jetzt jemand, «der durch seine Initiative und seinen Fleiß für sich und seine Familie in der Wildnis ein Heim geschaffen hat und der daher eine Entschädigung verdient. Er hat die Möglichkeit zum Verkauf von öffentlichem Land geschaffen, von Land, für das sich ohne die von ihm vorgenommene Wertsteigerung niemand interessieren und niemand einen Preis bieten würde».[155]

Die Kongressabgeordneten verabschiedeten nun Gesetze, die es erleichterten, die Regelungen der Siedler in das offizielle Rechtssystem zu integrieren.[156] Dreh- und Angelpunkt war das Rechtsinstrument, das sich in der Kolonialzeit so segensreich für die Squatter auswirkte (und dem sich der US-Kongress so erbittert widersetzte) – das Vorkaufsrecht. 1830 brachte eine Koalition von Kongressabgeordneten aus dem Westen und dem Süden den General Pre-emption Act durch, ein Gesetz, welches das allgemeine Vorkaufsrecht festschrieb und für «jeden Siedler oder Okkupanten öffentlichen Landes gilt ... der im Jahr achtzehnhundertundeinundzwanzig auf irgendeinem Teil dieses Landes siedelt und es bebaut hat».[157] Ein Squatter konnte 160 Acre Land für 1,25 Dollar pro Acre beanspruchen. Die Zahlung war fällig, bevor das Land zur öffentlichen Versteigerung freigegeben wurde. Die Übertragung oder der Verkauf von Vorkaufsrechten war streng verboten.

1832, 1838 und 1840 novellierte der Kongress den General Preemption Act von 1830. Jedes Mal versuchten die Abgeordneten, die Rechte des einfachen Squatters zu stärken und gleichzeitig den Missbrauch einzuschränken, der mit dem Vorkaufsrecht getrieben wurde. Beispielsweise wurde 1832 die Mindestfläche, die ein Squatter kaufen musste, von 160 auf 40 Acre herabgesetzt.

1841 war das Vorkaufsrecht ein so fester Bestandteil des amerikanischen Rechtssystems, dass der Kongress einen Gesetzesentwurf ausarbeitete, der auch das künftige Vorkaufsrecht regeln sollte. Das Gesetz von 1841 erfasste also nicht nur das aktuelle Squatting, sondern auch «jede Person, ... die fortan auf öffentlichem Land siedeln wird».[158] Zwar bestand zunächst die Vorschrift, dass das besiedelte Land vermessen werden musste, doch selbst diese Bestimmung wurde schließlich fallen gelassen.[159]

## Extralegale Bemühungen, die Glasglocke zu heben

Viele Squatter, die durch ihre geographische Isolierung von den politischen und verfassungsrechtlichen Debatten über das Grundeigentum abgeschnitten waren, taten alles Erdenkliche, um das Land zu sichern, das sie okkupiert hatten. Einige zahlten zweimal für ein Grundstück, während andere ihren Anwälten enorme Honorare zukommen ließen, damit das Land zu ihrem rechtmäßigen Eigentum gemacht wurde.[160] Viele hatten nicht die Mittel, um die Kosten für das offizielle Rechtssystem aufzubringen, daher schufen sie ihre eigenen extralegalen Regelungen. So entstanden im amerikanischen Grenzgebiet neue Möglichkeiten, Grundeigentum zu erwerben und zu behalten. Praktisch nahmen die Squatter das Gesetz selbst in die Hand – und zwangen die offiziellen Rechtsinstitutionen, ihnen zu folgen. Die Politiker brauchten einige Zeit, um zu erkennen, dass neben dem offiziellen Recht extralegale Gesellschaftsverträge zur Eigentumsregelung geschlossen worden waren und einen wesentlichen Teil des nationalen Eigentumssystems bildeten. Wenn sie ein umfassendes Rechtssystem schaffen wollten, das in der ganzen Nation durchsetzbar war, mussten sie berücksichtigen, wie die Menschen Eigentumsrechte definierten, anwendeten und vergaben.

Zwei wichtige Beispiele können illustrieren, wie extralegale Organisationen zum Schutz informell erworbener Eigentumsrechte entstanden: die Claim-Vereinigungen, die während der ersten Hälfte des 19. Jahrhunderts überall im Mittleren Westen gegründet wurden, und die Miner-Distrikte, die nach den Goldfunden in Kalifornien den ganzen amerikanischen Westen überzogen. Für viele amerikanische Historiker sind die Claim-Vereinigungen und die Miner-Satzungen der «konkrete Beleg für die demokratischen Fähigkeiten des Grenzers».[161] Andere haben die Ansicht vertreten, diese Organisationen hätten als «Rauchvorhang» gedient, «um den Landraub zu verschleiern, der an gutgläubigen Eigentümern begangen wird».[162] Das ist nicht die Frage, die mich hier beschäftigt. Für mich sind die Claim-Vereinigungen und Miner-Organisationen insofern interessant, als sie zeigen, dass extralegale Gruppen in den Vereinigten Staaten entscheidend an der Definition von Eigentumsrechten und an der Wertsteigerung des Landes beteiligt waren. Obwohl die Squatter formal unbefugte Eindringlinge auf öffentlichem Land waren, besaßen sie, wie Donald Pisani schreibt, «ein Rechtsempfinden, das in der Überzeugung wurzelte, ...» das

Volk «habe ein größeres Recht, die Regeln festzulegen und auszulegen als die Rechtsexperten».[163] Zu diesem Zweck nahmen die extralegalen Organisationen eine Reihe von Aufgaben wahr, von der Verhandlung mit der Regierung bis zur Registrierung der von den Squattern beanspruchten Grundstücke und Rechte.

### *Claim-Vereinigungen*

Ursprünglich wurden die Claim-Vereinigungen im amerikanischen Mittleren Westen von Siedlern gegründet, die ihre Rechte schützen wollten vor Spekulanten oder Claim-Jumpern, Personen, die sich die formalen Eigentumsrechte an besiedeltem Land oder Goldminen anzueignen trachteten. So schrieben zwei Claim-Vereinigungen in Iowa in ihren Satzungen fest, ihre Mitglieder über einen Zeitraum von zwei Jahren nach den Landverkäufen zu schützen.[164] Allan Bogue, ein Historiker dieser «Claim-Clubs» in Iowa, schreibt: «Der Squatter konnte erwarten, dass ihm seine Kameraden im Klub zu Hilfe kommen würden, wenn Claim-Jumper seinen Besitz bedrohten, ... und dass seine Genossen Spekulanten einschüchterten, die versuchten, ihn bei der Landversteigerung zu überbieten.»[165] Ein einheimischer Historiker merkte an:

> Wenn sich ein echter Siedler – einer, der Land haben wollte, um ein Haus darauf zu bauen und es sofort in Besitz zu nehmen – ... auf einem Stück Land niederließ, das zum Gebiet [einer Vereinigung] gehörte, fielen die Bluthunde über ihn her und verlangten von ihm, das Claim entweder aufzugeben oder ihnen das, was sie für ihr Recht hielten, zu entgelten ... [Wenn] der Siedler bezweifelte, dass sie ältere Rechte auf sein Claim hatten, konnte die [Claim-Vereinigung] immer einen oder mehrere Zeugen beibringen, um die Gültigkeit ihres Anspruchs unter Beweis zu stellen.[166]

Diese Vereinigungen hatten ihre eigene strenge und primitive Gerichtsbarkeit. Einmal fragte ein Geistlicher das Mitglied einer solchen Vereinigung, was wohl geschähe, wenn es einem Claim-Jumper gelänge, die Anteile des Squatters zu erwerben. Darauf dieser: «Ganz einfach, dann leg ich ihn um. Mit den anderen Siedlern ist vereinbart, dass ich beschützt werde, und wenn es zum Prozess kommt, wagt kein Siedler, der in der Jury ist, mich zu verurteilen.»[167] In der Regel waren die Claim-Vereinigungen jedoch bemüht, wenigstens den Anschein von rechtsstaatlichen Verfahren aufrechtzuerhalten, indem sie Geschworenengerichte einberiefen – besetzt mit anderen Squattern –, die dann über die Fälle von Claim-Jumpern zu Gericht saßen. In einem Bezirk von Iowa sah sich ein Claim-Jumper, der versucht hatte, eine leere Fläche in Besitz zu nehmen, die dem Mitglied einer Claim-Vereinigung gehörte, «innerhalb einer Stunde von einer Gruppe grimmiger, zorniger Männer» vor eine Siedler-Jury geschleppt.[168]

Doch die Aufgaben der Claim-Vereinigungen beschränkten sich nicht auf den Schutz gegen die Ansprüche Dritter, sondern erstreckten sich auch auf das offizielle Recht. Beispielsweise vereinbarten die Mitglieder der Vereinigungen, «meist die Squatter, die sich in einem Gebiet zuerst Land angeeignet hatten, bei Landversteigerungen nicht gegeneinander zu bieten und Dritte am Bieten gegen andere Mitglieder zu hindern».[169] In der Präambel zur Satzung einer Claim-Vereinigung wird diese Zielsetzung ganz offen formuliert:

> Da wir mit Billigung des Staates Siedler auf seinem Land geworden sind und da wir Zeit und Geld investiert haben, um es in seinem Wert zu steigern, fühlen wir uns berechtigt, es zu einem regulären Preis zu kaufen. Nun gibt es vielleicht Personen, die uns unsere Rechte streitig machen möchten und damit Zwietracht, Unruhe und Aufruhr stiften, daher sind wir zu dem Schluss gelangt, dass wir Sicherheit nur in der Geschlossenheit finden können. Wir sind übereingekommen, alle Streitigkeiten untereinander friedlich beizulegen und alles zu vermeiden, was geeignet ist, Streit und Unruhe hervorzurufen – die Vertreter der verschiedenen Komitees zu unterstützen und ihnen bei der Ausübung der ihnen übertragenen Pflichten zu helfen.[170]

Dieses Dokument ist insofern besonders bemerkenswert, weil es große Ähnlichkeit mit den «Siedlungsverträgen» hat, die heute überall von Squatter-Gruppen in der Dritten Welt aufgesetzt werden.

Jede Claim-Vereinigung gab sich eine eigene Satzung und eigene Statuten, wählte Funktionäre, setzte Regeln zur Schlichtung von Streitigkeiten fest und beschloss Verfahren zur Registrierung und zum Schutz von Claims.[171] So bestimmte die Satzung der Claim-Vereinigung von Johnson County in Iowa beispielsweise einen Präsidenten, Vizepräsidenten, Sekretär und Schriftführer, ferner die Wahl von sieben Richtern, von denen fünf erforderlich waren, um Gericht halten und Streitigkeiten schlichten zu können, die Wahl von zwei Marshals, die den Auftrag hatten, die Vorschriften der Vereinigung durchzusetzen, und Verfahrensregeln, nach denen das Eigentumsrecht an Grundbesitz festgelegt wurde.[172] Nach Allan Bogue «betrafen die meisten Vorschriften die erlaubte Größe der Claims, Richtlinien für ihre Kennzeichnung, Registrierung und Übertragung, Verfahren, die anzuwenden waren, wenn Klubmitglieder untereinander ihre Rechte anzweifelten, wenn Mitglieder von Claim-Jumpern bedroht wurden und wenn das Datum des Landkaufs gekommen war».[173]

Die Siedlungsverträge der Claim-Vereinigungen sorgten offenkundig dafür, dass sich der Wert des von Squattern beanspruchten Lands erhöhte. In den Verwaltungsbezirken Poweshiek, Johnson und Webster stellten die Claim-Vereinigungen spezielle «Vorschriften auf, die festlegten, in welchem Umfang die Mitglieder ihr Claim verbessern mussten».[174] Die Vereinigungen bestimmten auch eine Höchst- und eine Mindestgröße für die Claims, die geschützt wurden, und die meisten Vereinigungen gestatteten ihren Mitgliedern, ihre Claims zu verkaufen, damit sie einen angemessenen Gegenwert für ihr Eigentum erhielten. Viele Mitglieder waren jedoch «nicht zufrieden mit der Landmenge, zu der sie das Gesetz berechtigte, sondern stellten vorgetäuschte Forderungen nach einem so großen Teil des Gebietes, dass Käufer manchmal Schwierigkeiten hatten, ein nicht beanspruchtes Grundstück zu finden».[175] Diese Praxis fand die stillschweigende Zustimmung der meisten Mitglieder. Zwar prangerten die Mitglieder der Claim-Vereinigungen die Spekulanten großen Stils an, waren aber selbst, wie White darlegt, «Spekulanten in kleinerem Maßstab».[176] Die Claim-Vereinigungen der amerikanischen Geschichte hatten nicht nur die Aufgabe, die Heimstatt zu beschützen, sie sollten auch den *Handel* mit Claims absichern.[177]

Auf diese Weise wirkten die Claim-Vereinigungen mit an der Schaffung «einer Art Common Law ... das nicht durch allgemeinen Konsens, sondern durch allgemeine Notwendigkeit zustande kam».[178] Tatter weiter: «Zwar ist das Claim-Recht kein Recht, das auf den Gesetzen der Vereinigten Staaten oder denen der zuständigen Einzelstaaten beruht, trotzdem ist es geltendes Recht, das zu befolgen ist.»[179] Allerdings ersetzten die Siedler die offiziellen Gesetze nicht endgültig durch ihr eigenes Recht. Ihre extralegalen Regelungen dienten ihnen nur als vorübergehende Ruhepunkte auf dem Weg zur Einbindung in die offizielle Rechtsstaatlichkeit.

### *Miner-Organisationen*

Am 24. Januar 1848 entdeckten James Marshall und eine Gruppe von Indianern und Mormonen am Ufer des kalifornischen American River Gold. Obwohl die Schürfer schworen, den Fund geheim zu halten, wurde die Nachricht vier Monate später von den Zeitungen in San Francisco verbreitet. Diese Entdeckung «löste die damals wahrscheinlich größte freiwillige Wanderbewegung der Erde aus – alles machte sich auf den Weg zum kalifornischen Gold».[180] Die Wirkung war so unmittelbar wie tiefgreifend: «Die Farmer ließen ihre Pflüge auf dem Feld stehen. Soldaten und Seeleute desertierten. Kaufleute ließen ihre Geschäfte im Stich. Über Nacht wurde San Francisco zur Geisterstadt.»[181] Binnen eines Jahres gab es 100 000 Goldsucher in Kalifornien, zwei Jahre später fast 300 000.

Als diese erwartungsvollen Schürfer nach Kalifornien kamen, um ihr Glück zu machen, «fanden sie keine Zäune, keine Landmarkierungen vor».[182] Trotzdem nahmen sie, rechtlich gesehen, das Land unbefugt in Besitz, weil fast jedes Stück Land Gegenstand Hunderter von unterschiedlichen Ansprüchen war.[183] Zur Zeit des Goldrauschs gehörte der größte Teil des Landes der Bundesregierung, bis zu neun Prozent des Gesamtgebietes von Kalifornien waren mexikanische Landzuteilungen, während der Rest Wüste, Gebirge oder anderes unzugängliches Territorium war.[184] Obwohl die Bundesregierung, wie gesehen, Hunderte von gesetzlichen Vorschriften für die Landnutzung produzierte, wurde der Verkauf oder die Verpachtung von öffentlichem Land, auf dem Bodenschätze entdeckt wurden, durch kein Gesetz geregelt.[185] Mehr noch, der Kongress schloss «Bodenschätze» im General Preemption Act von 1841 ausdrücklich aus.

Die explosive Mischung aus mexikanischen Landzuteilungen, abwesenden Eigentümern, landhungrigen Siedlern und dem Fehlen eines Bundesgesetzes, dem man hätte Geltung verschaffen können, machte sofortige extralegale Regelungen dringend erforderlich. Nach Ansicht von Historikern wie Pisani hatten die Siedler keine große Wahl: «Wenn sie auf einem Stück Land siedelten, auf das ein mexikanischer Anspruch bestand, in der Hoffnung, er würde abgewiesen, liefen sie Gefahr, ihre Wertsteigerungen zu verlieren. Kauften sie andererseits Land von einem Anspruchberechtigten, dessen Grenzen anschließend berichtigt oder dessen Anspruch abgelehnt wurde, verloren sie nicht nur die Wertsteigerungen, sondern auch den Preis, den sie für das Land gezahlt hatten.»[186] Während die Siedler ihre eigenen Regelungen trafen, versuchte die Regierung eine Lösung auf der Grundlage des offiziell geltenden Rechts zu finden. Das Problem lag darin, dass die Regierung viel zu langsam war. 1851 setzte der Kongress eine Kommission ein, die die Gültigkeit der mexikanischen und spanischen Landzuteilungen überprüfen sollte. Obwohl die Kommission ihre Arbeit 1856 abgeschlossen hatte, handelten die Gerichte und das General

Land Office erst zehn Jahre später. Infolgedessen mussten die Siedler zunehmend auf ihr extralegales Recht rekurrieren, um überhaupt eine Ordnung aufrechtzuerhalten. Sie waren dazu gezwungen, denn, wie Pisani sagt, «je länger der Bestätigungsprozess dauerte, desto größer die Wahrscheinlichkeit von Rechtsstreitigkeiten und gewaltsamen Auseinandersetzungen».[187]

Wie die Squatter der Claim-Vereinigungen im Mittleren Westen konnten die Goldsucher auf zwei Präzedenzfälle verweisen: das Vorkaufsrecht und das Recht der Okkupanten auf Entgelt für ihre Wertsteigerungen.[188] Daher gründeten sie Organisationen, um ihre extralegalen Rechte zu regeln und festzusetzen, welche Pflichten die einzelnen Schürfer auf dem von ihnen in Besitz genommenen Land hatten. Diese Siedlungsverträge bezeichnete man als «Mining-Distriktvorschriften». Wenn sie ihre Vorschriften sorgfältig aufsetzten, das wussten die Schürfer, war die Regierung über kurz oder lang gezwungen, sich mit ihnen zu einigen.

Dabei überließen die Schürfer wenig dem Zufall. Die meisten Mining-Distriktvorschriften verlangten ein Verfahren in neun Schritten. Erstens, die Schürfer gaben durch Anschläge oder auf andere Weise bekannt, dass an einem bekannten Ort eine Versammlung zur Gründung eines neuen Distrikts stattfinden würde. Zweitens, stets sah die Geschäftsordnung als Erstes vor, dass die Grenzen und die Rechtsprechung des Distrikts festgelegt wurden und dass er einen Namen erhielt (in der Regel nach einem geographischen Merkmal des Gebietes, nach dem ersten Claim, das abgesteckt worden war, oder zu Ehren des Mannes, der den Distrikt gründete). Drittens, die Schürfer schränkten die Zahl der Claims ein, die jemand durch Besetzung oder Kauf beanspruchen durfte. In den meisten Mining-Distrikten waren dem Entdecker eines neuen Vorkommens zwei Claims gestattet, den anderen nur eines pro Person. Für den Kauf von Claims bestand gewöhnlich keine Beschränkung, vorausgesetzt, der Kauf erfolgte «gutgläubig für rechtserhebliche Gegenleistung und wurde vom Urkundsbeamten beglaubigt und beurkundet».

Viertens, die Mining-Distrikte schränkten die Mitgliedschaft und Rechte ein auf US-Bürger und Personen, die nach geltendem Recht die Staatsbürgerschaft erwerben konnten. Damit waren Mexikaner und Asiaten durch die herrschenden rassischen Vorurteile der Zeit von vornherein ausgeschlossen. Mexikanischen und asiatischen Goldsuchern wurde sogar vorgeworfen, sie hätten «nichts zum Wohlstand der Bevölkerung beigetragen, sondern sich vielmehr ihr schwer verdientes Vermögen angeeignet» und sie gefährdeten die Moral «junger [amerikanischer] Männer ... die dem Einfluss ihrer Familie entzogen sind». Fünftens, die Regelungen legten die Abmessungen des Schürf-Claims fest. Bei großen Claims betrugen sie 45 bis 90 Meter, bei kleinen entsprach sie gerade mal einer Schaufellänge. Zu beiden Seiten des Claims wurde gewöhnlich Wegerecht gewährt, wo der Goldsucher Tunnel und Gesteinsstrecken von beliebiger Länge anlegen konnte, solange sie nicht die Rechte des Nachbarn einschränkten. Sechstens, die Vorschriften legten fest, wie die Schürfer die Grenzen ihrer Claims kenntlich zu machen hatten. Gewöhnlich wurde das Claim dadurch festgelegt, dass man einen datierten Anschlag anbrachte, mit dem der Anspruch auf die Schürfstelle angemeldet wurde. Auf dem Anschlag mussten die Namen des Bewerbers, des Distrikts und des Verwaltungsbezirks vermerkt sein.

Siebtens, die Vorschriften schufen das Büro des Urkundsbeamten, in dem die offiziellen Urkunden des Distrikts aufzubewahren waren, und legten fest, wie die Claims einzutragen waren. Häufig wurden die Urkundsbeamten für die Dauer eines Jahres gewählt. Wichtiger noch, die Schürfer waren gehalten, «binnen fünf bis dreißig Tagen nach dem Anschlag ihres Claims eine beurkundete Eintragung beim Urkundsbeamten vornehmen zu lassen, und dieser musste ein Buch über diese Eintragungen führen, in dem auch die Übertragung von Eigentumstiteln im Distrikt vermerkt wurde». Achtens, die Vorschriften machten Auflagen für die Erschließung von Claims, indem sie «Zeit, Umfang und Charakter» der Arbeit bestimmten, die erbracht werden musste, um ein Claim zu behalten. Die «Nichteinhaltung dieser Auflage beschwor stets die Gefahr herauf, dass das Claim aberkannt wurde». Schließlich legten die Vorschriften noch ein System zur Schlichtung von Streitigkeiten fest.[189]

Angesichts des Rechtsvakuums, das sich im Bergrecht der Bundesgesetzgebung auftat, schufen Goldsucher, die einige Rechtskenntnisse besaßen, eine Art vorläufiges Bergrecht. Untereinander handelten sie Regelungen aus, die ihre Rechte schützten und den Wert ihrer Schürfstellen steigerten, bis der Staat die Lücke füllen und die Berechtigung ihres Anspruchs bestätigen konnte. Dass Eigentumsrechte durch extralegale Mittel geschaffen wurden, war nicht ungewöhnlich. Extralegalität bestand – wie heute in der Dritten Welt – überall. In den Jahren nach dem Goldfund gab es in Kalifornien rund achthundert selbständige Jurisdiktionsbezirke, alle mit eigenen gesetzlichen Regelungen.[190] Jeder Jurisdiktionsbezirk gewann seine Legitimität und Anerkennung aus dem Konsens seiner Mitglieder. Dazu schreibt Charles Howard Shinn: «Kein *Alcalde* [Bürgermeister], kein Gemeinderat, kein Friedensrichter wurde in einem solchen Distrikt von außen eingesetzt. In vielen Gebieten blieb der Distrikt noch lange nach Staatsgründung die Einheit der politischen Organisation. Häufig kamen Abgeordnete verschiedener Distrikte zusammen, um sich über Grenzen oder lokalpolitische Fragen zu beraten. Anschließend erstatteten sie ihren Wählern unter freiem Himmel, auf Hügeln oder an Flussufern Bericht.»[191]

Am Ende unterstützten die meisten Politiker die Forderungen der Schürfer, und die Gerichte bestätigten die extralegalen Regelungen. 1861 führte ein Richter vom Obersten Gericht in Kalifornien zur Rechtmäßigkeit der extralegalen Regelungen in *Gore gegen McBreyer* Folgendes aus: «Es genügt, dass sich die Schürfer – egal, ob in einer öffentlichen Versammlung oder durch entsprechende Mitteilung – über ihre lokalen Gesetze einigen und dass diese in dem Bezirk als verbindlich anerkannt werden, es sei denn, es wird Betrug oder ein anderer Grund für die Ablehnung der Gesetze nachgewiesen.»[192]

Sicherlich wurden die Distriktvorschriften der Schürfer nicht zuletzt deshalb so widerspruchslos übernommen, weil sie häufig auf der Grundlage von Grundsätzen, Ideen und Verfahren entwickelt wurden, die sich von denen des offiziellen Rechts gar nicht so sehr unterschieden. Lacy weist darauf hin, dass die Distriktvorschriften «die gesammelte Weisheit und Erfahrung» vieler Rechtstraditionen widerspiegelten – «die Stannary Convocations, die Stannary-Parlamente der Bergarbeiter in Cornwalls Zinnminen, die Usancen des High Peak District und des Barmote Court von Derbyshire, die Praktiken sächsischer Bürgermeister, die Kolonialverordnungen der Vizekönige von Neuspanien und Peru und einige Rechtsbräuche aus den Bergwerkgebieten des Bleigürtels in Missouri».[193] Wenn beispielsweise ein Schürfer gemäß den geltenden Regeln und Gepflogenheiten den Anspruch auf eine Schürfstelle anmeldete, genügte es, dass er einen Teil des Claims innerhalb bestimmter Grenzen tatsächlich in Besitz nahm, um das Eigentumsrecht am ganzen Claim zu erhalten. Das war augenscheinlich kaum etwas anderes als die Anwendung ... [eines Aspekts] des Law of Adverse Possession (Gesetz des umstrittenen Besitzes).[194] Ein Anwalt, der die Schürfer vertrat, erläuterte, wie sehr ihr Recht dem formalen Eigentumssystem glich und es sogar vereinfachte:

> Nach dem Gesetz der Schürfer ist der Bewerber sein eigenes Exekutivorgan, welches das Land in Besitz nimmt, erteilt er sich selbst das Besitzrecht, legt er die Grenzen fest und erklärt sich selbst zum Eigentümer ... Die Bekanntgabe ersetzt den schriftlichen Antrag; die Markierung der Grenzen entspricht der Vermessung des Grundstücks, das Miner-Gesetz ist die Konzession, und die Registrierung beim örtlichen Beamten entspricht der Grundbucheintragung. Die ausschlaggebende Instanz ist die Öffentlichkeit, die von den anderen Schürfern repräsentiert wird und deren Gesetz unwiderruflich ist.[195]

Diese Verschmelzung von formalen und informellen Rechtsmodellen füllte die Lücke, die das offizielle amerikanische Recht in Bezug auf die riesigen Gebiete mit Erzvorkommen aufwies – Gleiches leisten heute die Squatting-Organisationen in der Dritten Welt. In den fünfziger Jahren des 19. Jahrhunderts machte der Kongress keine Anstalten, die Erzvorkommen im Westen für sich zu beanspruchen. Historiker mutmaßen, die erfolgreiche Selbstverwaltung der Schürfer habe genau in die politische Philosophie der Zeit gepasst. Vielleicht war die Nation auch zu beschäftigt mit der Sklavenfrage und der drohenden Sezession der Südstaaten.[196] Möglicherweise haben die Juristen unter den Gesetzgebern einfach erkannt, dass sie es mit vernünftigen Gesetzen zu tun hatten. Eines jedoch steht außer Zweifel: Die Untätigkeit des Kongresses trug zur Glaubwürdigkeit des Gesellschaftsvertrages bei, den die Schürfer nicht nur entworfen, sondern auch erfolgreich in die Tat umgesetzt hatten.[197]

Doch in den sechziger Jahren des 19. Jahrhunderts zwangen der Bürgerkrieg, die Notwendigkeit, für die Mittel zu sorgen, um ihn führen zu können, sowie die Besorgnis der Investoren mit Eigentum in Kalifornien, Nevada und Colorado den Kongress dazu, nach einer Möglichkeit zu suchen, die vielen tausend Bergordnungen zu einem integrierten System zusammenzufassen. Eine entscheidende Rolle in der Debatte spielte die Sorge der Investoren um ihre Bodenrechte. Ein Zeitgenosse meinte, da es kein Standardsystem von Besitztiteln gegeben habe, «waren die Kapitalisten nicht bereit, ihr Geld in den aufwendigen Bau von Bergwerksstollen, Maschinen und Gebäude zu stecken, um eine Ader zu entdecken, die nach dem dort geltenden Bergrecht je nach Umfang aufgeteilt werden musste».[198] Nun begann die Bundesregierung ernsthaft zu überlegen, wie sie die Schürfrechte auf öffentlichem Land regeln sollte.[199] Laut Lacy war eine der Hauptsorgen der aus dem Westen stammenden Kongressabgeordneten «der Ruf nach Sicherheit der Besitzrechte und nach der Möglichkeit, Land mit Erzvorkommen zu einem vernünftigen Preis zu kaufen».[200]

1866 erklärte der Kongress zum ersten Mal, dass Bodenschätze auf öffentlichem Land von US-Bürgern abgebaut werden dürften – achtzehn Jahre nachdem Hunderttausende von Schürfern damit begonnen hatten, auf Bundesland in Kalifornien nach Gold zu suchen. Das Gesetz von 1866 sah ausdrücklich vor, dass der Abbau von Bodenschätzen «den örtlichen Gepflogenheiten und Vorschriften der verschiedenen Mining-Distrikte» unterworfen sei, die nicht im Widerspruch zu den Gesetzen der Vereinigten Staaten stünden.[201] Der Zweck des Gesetzes bestand nicht darin, Rechte aufzuheben, die sich extralegal herausgebildet hatten, sondern sie zu stärken und zu ergänzen «durch nützliche Vorschriften, wie sie zu verstehen und anzuwenden sind – Vorschriften, die nicht im Widerspruch zu bestehenden Bergordnungen sind, sondern nur für Einheitlichkeit und Schlüssigkeit des ganzen Systems sorgen».[202] Ein weiterer wichtiger Aspekt dieses ersten bundesstaatlichen Berggesetzes war der Umstand, dass «es im Wesentlichen der Bergordnung des Grass Valley Mining District in Nevada County, Kalifornien, ... und dem Gold Mountain Mining District in Storey County, Nevada, entsprach».[203] Bei der Verabschiedung des Gesetzes ging der Kongress so weit, den amerikanischen Geist und seine besondere Begabung zur Schaffung extralegaler Regelungen zu beschwören:

> In seinen entscheidenden Eigenschaften soll dieses große System, das von den Menschen in ihrem ursprünglichen Vermögen geschaffen wurde und das ein wunderbares Zeugnis ablegt von der besonderen Begabung des amerikanischen Volkes zur Schaffung staatlicher Gebilde und Ordnungen, erhalten und bestätigt werden. Hier offenbart sich die Souveränität des Volkes in einer ihrer eindrucksvollsten Erscheinungsformen und gebietet zwingend, sie bestehen zu lassen und ihr das Siegel staatlicher Macht und unstrittiger Autorität zu verleihen.[204]

Damit erkannte das Gesetz von 1866 nicht nur die Legitimität von Gesellschaftsverträgen an, die außerhalb des offiziellen Rechtssystems geschlossen wurden, sondern nahm auch Rechtsgrundsätze auf, welche die Siedler im Zusammenhang mit ihren Vorkaufsrechten und Besitztiteln entwickelt hatten. Das Gesetz erweiterte die Anspruchsberechtigung auch auf Personen oder Vereinigungen, die Arbeit und Wertsteigerungen im Wert von 1000 Dollar in ein – vermessenes oder unvermessenes – Claim investiert hatten. Damit wurde ausdrücklich anerkannt, dass Wertsteigerungen von Liegenschaften und Vermögensgegenständen vom Gesetzgeber unbedingt zu fördern und zu schützen seien.

Am 10. Mai 1872 verabschiedete der Kongress die General Mining Laws, ein allgemeines Bergrecht, das bis auf den heutigen Tag gilt. Dieses Gesetz übernahm zwei sehr wichtige Grundsätze aus dem Gesetz von 1866: die Anerkennung der informellen Bergordnungen und das Recht jedes Bürgers, der den Wert einer Schürfstelle gesteigert hatte, den Eigentumstitel zu einem vernünftigen Preis von der Regierung zu erwerben.[205] In einem Zeitraum von zwanzig Jahren waren die extralegal entstandenen Rechte und Regelungen der Schürfer in ein neues formales Rechtssystem integriert worden. Sogar das Oberste Bundesgericht, dessen harsche Ablehnung informeller Rechte eine Reaktion zugunsten der Squatter ausgelöst hatte, bestätigte die Geltung des bundesstaatlichen Bergrechts von 1866 und 1872 in dem Fall *Jennison gegen Kirk*. Nach Auffassung des Gerichts zeigten die beiden Gesetze, «dass die Regierung die Besitzrechte billigte, die nach örtlichen Gepflogenheiten, Gesetzen und Gerichtsentscheidungen zustande gekommen waren ... und ihre Verpflichtung anerkannte, private Rechte zu berücksichtigen, die sich unter ihrem stillschweigenden und billigenden Einverständnis herausgebildet hatten. Das Gesetz schlägt kein neues System vor, sondern billigt, regelt und institutionalisiert ein bereits bestehendes System, dem die Menschen Folge leisteten».[206] In den achtziger Jahren des 19. Jahrhunderts waren die extralegalen Schürfordnungen und -gepflogenheiten in das geschlossene System des formalen Eigentumsrechtes integriert.[207]

Am Ende des 19. Jahrhunderts hatten die amerikanischen Politiker und Richter einen weiten Weg in Sachen Eigentumsrecht zurückgelegt – einen Weg, auf den sie die Squatter geführt hatten. Das Gleiche galt für die Siedler: 1862, als der Kongress den berühmten Homestead Act verabschiedete, der jedem Siedler 160 Acre zuerkannte, wenn er willens war, fünf Jahre lang auf dem Land zu leben und es zu bestellen, gab der Kongress damit nur einem Regelwerk seine offizielle Zustimmung, das die Siedler schon lange entwickelt hatten und befolgten.[208] Trotz des legendären Ruhms des Homestead Act fand die Besiedelung größtenteils statt, bevor er in Kraft trat. «Zwischen 1862 und 1890 wuchs die Bevölkerung der Vereinigten Staaten um 32 Millionen an – doch nur zwei Millionen von ihnen siedelten auf den 372 649 Farmen, auf die ein Anspruch durch den Homestead Act geltend gemacht wurde.»[209] Als der Kongress ihn endlich verabschiedete, hatten die Siedler bereits viele rechtliche Alternativen, um Eigentumstitel auf öffentliches Land zu erwerben.[210] Historisch betrachtet, hat der Homestead Act jedoch großen symbolischen Wert, markiert er doch das Ende eines langen, frustrierenden und erbitterten Kampfes zwischen elitärem Recht und einer neuen Ordnung, hervorgerufen durch massive Migration und die Bedürfnisse einer offenen und auf ihre Rechte pochenden Gesellschaft. Dadurch, dass das formale Recht am Ende doch die extralegalen Regelungen der Siedler in sich aufnahm, hatte es sich selbst legitimiert und wurde für die Mehrzahl der Menschen in den Vereinigten Staaten die Regel, statt die Ausnahme zu bleiben.

## *Die Bedeutung für die Dritte Welt und die ehemaligen kommunistischen Staaten*

Für die Länder der Dritten Welt und des ehemaligen Ostblocks, die versuchen, den Übergang in den Kapitalismus zu bewerkstelligen, ist die amerikanische Geschichte von außerordentlicher Bedeutung. Die Anerkennung und Integration der extralegalen Eigentumsrechte war ausschlaggebend dafür, dass die Vereinigten Staaten die wichtigste und kapitalkräftigste Volkswirtschaft der Welt wurden. Wie Gordon Wood unterstreicht, ist in dieser Zeit «etwas Bedeutsames in der Gesellschaft und Kultur geschehen, was den Ehrgeiz und die Energie der einfachen Menschen freisetzte wie nie zuvor in der amerikanischen Geschichte».[211]

Dieses «bedeutsame» Etwas war eine Revolution der Eigentumsrechte. Die Amerikaner haben, nicht immer begeistert und nicht immer bewusst, allmählich die extralegalen Eigentumsnormen und -regelungen, die die ärmsten Amerikaner entwickelt hatten, legitimiert und in das offizielle Bodenrecht integriert. Anfang des 19. Jahrhunderts waren die Informationen über die Frage des Eigentums und der maßgeblichen Regelungen, die es bestimmten, verstreut, bruchstückhaft und unverbunden. Es lag vor in primitiven Hauptbüchern, persönlichen Aufzeichnungen, informellen Satzungen, Distriktvorschriften und mündlichen Überlieferungen, die für jede Farm, Mine oder Ortschaft anders waren. Wie heute in den Entwicklungsländern und ehemaligen kommunistischen Staaten galten diese Informationen nur für die engere Nachbarschaft und waren nicht von einem zusammenhängenden Netz systematisierter Repräsentationen erfasst. Obwohl die amerikanischen Politiker und Juristen es wahrscheinlich weder beabsichtigten noch wussten – als sie Bundesgesetze schufen wie das Vorkaufs- und das Bergrecht, konstruierten sie jene Repräsentationsformen, die alle diese losen und isolierten Eigentumsinformationen in ein neues formales Eigentumssystem integrierten.

Die Aufgabe war weder leicht noch rasch getan – noch ging sie ganz ohne Gewalt ab. Doch die amerikanische Erfahrung hat große Ähnlichkeit mit den Ereignissen, die wir heute in der Dritten Welt und dem ehemaligen Ostblock beobachten: Das offizielle Recht ist nicht in der Lage, mit der Initiative des Volkes Schritt zu halten, und die Regierung hat die Kontrolle verloren. Infolgedessen leben die Menschen außerhalb der westlichen Welt heute in einer paradoxen Welt, einer ganz ähnlichen Welt, wie sie G. Edward White beschrieb: «Wenn der Schürfer seine Baracke verließ und zur Arbeit ging, verwendete er die neueste Industrietechnik. Wenn der Farmer aus seiner Grashütte hinaustrat, verwendete er nicht selten die modernsten landwirtschaftlichen Geräte.»[212] Auch die Menschen in der Dritten Welt leben und arbeiten in Hütten und Slums Seite an Seite mit Fernsehgeräten und motorisierten Geräten. Auch sie sind in Claim-Vereinigungen organisiert. Und ihre Regierungen schicken sich an, ihnen Vorkaufsrechte einzuräumen.

Doch was ihnen noch fehlt, sind vernünftig konzipierte Gesetze, die ihr Eigentum in ein formales Rechtssystem integrieren, sodass sie mit seiner Hilfe Kapital erzeugen können. Durch Occupancy Laws, Vorkaufsrecht, Homestead Act, Bergrecht und so fort entwickelten die Amerikaner ein neues Konzept des Eigentums, «eines, das seine dynamischen Aspekte in den Vordergrund rückte und es mit Wirtschaftswachstum verknüpfte». Es ersetzte ein Konzept, «das den statischen Charakter des Eigentums betonte und es mit Sicherheit vor zu rascher Veränderung verband».[213] Der amerikanische Eigentumsbegriff wandelte sich von einem Mittel, das zur Erhaltung der alten Wirtschaftsordnung diente, zu einem leistungsfähigen Instrument, das die Entwicklung einer neuen Ordnung vorantrieb. Der Erfolg waren die erweiterten Märkte und das Kapital, das erforderlich ist, um ein explosives Wirtschaftswachstum anzukurbeln. Das war die «bedeutsame» Veränderung, die das Wirtschaftswachstum der Vereinigten Staaten heute noch antreibt.

Letztlich werden wir die wichtigen Lektionen der US-amerikanischen Entwicklung zu einem formalen Eigentumssystem nicht in den technischen Details finden, sondern in den Veränderungen der politischen Einstellungen und in den generellen Trends der Rechtsauffassung. Mit der Verabschiedung von Gesetzen, die die extralegale Bevölkerung integrierten, brachten die amerikanischen Politiker die revolutionäre Idee zum Ausdruck, dass Rechtsinstitutionen nur überleben können, wenn sie gesellschaftlichen Bedürfnissen Rechnung tragen.[214] Das amerikanische Rechtssystem gewann seine Kraft daraus, dass es die Erfahrungen der einfachen Amerikaner und die von ihnen entwickelten extralegalen Rechtsordnungen berücksichtigte, während es sich von jenen Prinzipien des englischen Common Law befreite, die wenig Bedeutung für die besonderen Probleme der Vereinigten Staaten hatten. In dem langen und mühsamen Prozess der Integration von extralegalen Eigentumsrechten entwickelten die amerikanischen Gesetzgeber und Juristen ein neues System, das einer produktiven und dynamischen Marktwirtschaft sehr viel dienlicher war. Dieser Prozess stellte eine Revolution dar, die aus den normativen Erwartungen der einfachen Menschen erwachsen war, während die Regierung diese Erwartungen zu einer systematischen und rechtsstaatlichen Struktur weiterentwickelte.

Damit will ich nicht sagen, dass die Entwicklungsländer und ehemaligen kommunistischen Staaten diesen US-amerikanischen Übergang sklavisch nachahmen sollen. Das Beispiel der Vereinigten Staaten weist viele negative Aspekte auf, die diese Länder füglich vermeiden sollten. Doch wie gezeigt, lässt sich viel aus ihm lernen. Die wichtigste Lektion ist die Erkenntnis, dass jeder Versuch, die extralegalen Regelungen nicht zur Kenntnis zu nehmen oder sie auszumerzen, ohne eine Strategie, sie ins formale Rechtssystem zu überführen, in einer Sackgasse endet – besonders in der Dritten Welt, wo, wie in Kapitel 2 dargelegt, der extralegale Sektor heute die Mehrheit der Bevölkerung umfasst und Billionen Dollar an totem Kapital darstellt.

Alle Bemühungen, irgendwo in der Dritten Welt oder im ehemaligen Ostblock eine Revolution des Eigentumssystems einzuleiten, werden ihre besonderen Voraussetzungen, Hemmnisse und Chancen haben. Wir müssen mit anderen Revolutionen fertig werden, etwa auf dem Gebiet des Nachrichtenwesens, der Informationstechnologie und der raschen Verstädterung, doch die Grundsituation bleibt die gleiche. Heute hat in vielen Entwicklungs- und ehemaligen Ostblockländern das Eigentumsrecht keine Bedeutung mehr für das Leben und die Arbeit der meisten Menschen. Wie kann ein Rechtssystem Geltung beanspruchen, wenn davon 80 Prozent der Menschen, für die es bestimmt ist, ausgeschlossen bleiben? Es gilt, dieses Versagen des Systems zu korrigieren. Die amerikanische Geschichte zeigt, dass wir es dabei mit einer dreifachen Aufgabe zu tun haben: Wir müssen feststellen, welche eigentumsbezogenen Gesellschaftsverträge tatsächlich bestehen, wir müssen sie in das offizielle Recht integrieren und eine politische Strategie entwickeln, die eine Reform ermöglicht. Wie Staaten diese Aufgaben bewältigen können, ist Gegenstand des nächsten Kapitels.

## Kapitel 6
## Das Geheimnis des Scheiterns gesetzgeberischer Maßnahmen:
### Warum das Eigentumsrecht außerhalb des Westens wirkungslos bleibt

*Das Leben des Rechts ist nicht logisch, es ist Erfahrung.*
OLIVER WENDELL HOLMES
RICHTER AM OBERSTEN BUNDESGERICHT

Fast jedes Land der Dritten Welt und des ehemaligen Ostblocks besitzt ein formales Eigentumssystem. Das Problem liegt darin, dass die meisten Bürger keinen Zugang dazu haben. Sie stoßen gegen Fernand Braudels Glasglocke, dieses unsichtbare Gebilde aus der Vergangenheit der westlichen Welt, das den Kapitalismus auf einen sehr kleinen Sektor der Gesellschaft beschränkt. Wie in Kapitel 2 dargelegt, bleibt für diese Menschen die einzige Alternative, sich mit ihren Vermögensgegenständen in den extralegalen Sektor zurückzuziehen, wo sie leben und ihren Geschäften nachgehen können – doch ohne die Möglichkeit, ihre Vermögenswerte jemals in Kapital umzuwandeln.

Bevor wir uns bemühen, die Glasglocke zu heben, sollten wir uns klar machen, dass wir nicht die Ersten sind, die diesen Versuch unternehmen. Wie wir in diesem Kapitel sehen werden, versuchen die Regierungen der Entwicklungsländer seit 180 Jahren, ihre Eigentumssysteme für die Armen zu öffnen. Warum sind sie gescheitert? Weil sie bei ihren Maßnahmen gewöhnlich von fünf grundsätzlichen Missverständnissen ausgehen. Sie unterstellen nämlich:

- alle Menschen, die in den extralegalen oder Untergrundsektor abwandern, täten es in der Absicht, keine Steuern zu bezahlen;
- Grundbesitz werde dem legalen Eigentumssystem entzogen, wenn er nicht ordnungsgemäß vermessen, kartographisch erfasst und eingetragen werde;

- gesetzliche Eigentumsvorschriften zu erlassen reiche aus, und der Staat könne die Kosten gesetzestreuen Handelns außer Acht lassen;

- bestehende extralegale Regelungen oder «Gesellschaftsverträge» könnten unberücksichtigt bleiben;

- man könne ohne politische Führungsstärke so fundamentale Einstellungen der Menschen wie ihre – legalen und extralegalen – Konventionen im Umgang mit ihren Vermögensgegenständen verändern.

Die Behauptung, die Schattenwirtschaften, in denen 50 bis 80 Prozent der Bevölkerung dieser Länder tätig sind, dienten der Steuerhinterziehung, ist zumindest teilweise falsch. Die meisten Menschen weichen nicht in den extralegalen Sektor aus, weil er eine Steueroase ist, sondern weil das geltende Recht, mag es auch noch so elegant konzipiert sein, ihre Bedürfnisse und Erwartungen nicht berücksichtigt. In Peru, wo meine Arbeitsgruppe ein Programm entwickelte, um kleine, extralegale Unternehmer in das legale System einzugliedern, ließen rund 276 000 dieser Unternehmer ihre Firmen *freiwillig* in den neuen Registrierungsbüros eintragen, die wir eingerichtet hatten – ohne dass man ihnen eine Steuervergünstigung versprochen hatte. Vier Jahre später beliefen sich die Steuereinkünfte aus den ehemals extralegalen Unternehmen auf insgesamt 1,2 Milliarden US-Dollar.

Wir hatten so großen Erfolg, weil wir das Unternehmens- und Eigentumsrecht so abgeändert hatten, dass es den Bedürfnissen von Unternehmern gerecht wurde, die an extralegale Regeln gewöhnt waren. Auch den bürokratischen Aufwand beim Eintragen einer Firma reduzierten wir extrem. Damit soll nicht gesagt sein, dass den Menschen die Höhe ihres Steuerbescheids egal wäre, aber extralegale Produzenten und Kaufleute – die mit winzigsten Gewinnspannen arbeiten, eher in Cent als in Dollar – können sehr gut rechnen. Wir mussten nur dafür sorgen, dass die Kosten der legalen Betriebsführung geringer waren als das Geld, das sie für das Überleben im extralegalen Sektor aufbringen mussten, ferner die bürokratische Umständlichkeit der Legalisierung verringern, nachdrücklich auf die Vorteile des Programms hinweisen und brauchten dann nur noch zu beobachten, wie Hunderttausende von Unternehmen frohgemut die Schattenwirtschaft verließen.

Im Gegensatz zur landläufigen Meinung ist die wirtschaftliche Existenz im Untergrund keineswegs kostenlos. Für die extralegalen Unternehmen ergeben sich finanzielle Belastungen durch das Fehlen eines vernünftigen Eigentumsrechts und die Notwendigkeit, ihre Firmen vor den Behörden zu verstecken. Da extralegale Unternehmer nicht amtlich eingetragen sind, können sie keine Investoren durch den Verkauf von Aktien gewinnen. Sie sind nicht in der Lage, zinsgünstige offizielle Kredite zu bekommen, weil sie noch nicht einmal legale Adressen haben. Risikominderung durch beschränkte Haftung oder Versicherungsschutz ist ihnen nicht möglich. Die einzige «Versicherung», die sie in Anspruch nehmen können, ist diejenige, die ihnen Nachbarn gewähren, und der Schutz, den ihnen örtliche Schlägerbanden oder Mafiaorganisationen verkaufen. Ferner leben extralegale Unternehmer in ständiger Angst vor der Entdeckung durch staatliche Organe und vor der Erpressung durch korrupte Staatsdiener, daher sind sie gezwungen, ihre Produktionseinrichtungen auf mehrere Standorte zu verteilen, wodurch sie kaum in der Lage sind, Größenvorteile zu nutzen. In Peru werden fünfzehn Prozent der Bruttoeinnahmen im produzierenden Gewerbe des extralegalen Sektors für Bestechung ausgegeben, wobei das Spektrum von «Gratismustern» über «Sonderaufwendungen» in Form von Waren bis zu Barzahlungen reicht. Da die Unternehmer in der Schattenwirtschaft ständig vor der Polizei auf der Hut sein müssen, können sie nicht offen werben, um sich einen Kundenstamm zuzulegen, oder preisgünstigere Massenlieferungen anbieten.

Unsere Untersuchungen haben gezeigt, dass in den meisten Ländern die Befreiung von den Kosten und Mühen des extralegalen Sektors für das Zahlen von Steuern entschädigt. Egal, ob Sie sich innerhalb oder außerhalb der Glasglocke befinden, Sie werden zur Kasse gebeten. Was darüber entscheidet, ob sie draußen bleiben, sind die relativen Kosten der Legalität.

Ein weiteres grundlegendes Missverständnis besteht in der Annahme, Grundbesitz könne nicht legal eingetragen werden, wenn er nicht mit modernster Technik vermessen, kartographisch erfasst und registriert worden sei. Auch das ist bestenfalls teilweise richtig. Den Europäern und Amerikanern ist es gelungen, Jahrzehnte bevor Computer und Geo-Informationssysteme (GIS) erfunden waren, all ihren Grund und Boden zu erfassen. Wie wir im letzten Kapitel gesehen haben, hinkte in den Vereinigten Staaten während des ganzen 19. Jahrhunderts die Vermessung neu besiedelten Landes viele Jahre hinter der Verleihung der Eigentumsrechte her. Als ich mir in Japan die verfügbaren Unterlagen in den Grundbuchämtern ansah, stellte ich fest, dass einige Grundstücke, die nach dem Zweiten Weltkrieg eingetragen worden waren, noch Karten aus der Edo-Zeit zugrunde legten – Karten, die drei bis vier Jahrhunderte vor der Erfindung von Luftaufnahmen und modernen Geo-Informationssystemen entstanden sind.

Das heißt nicht, dass moderne Rechner und Informationssysteme nicht von größter Bedeutung für jede Regierung wären, die versucht, ihr Eigentumssystem für die Armen zu öffnen. Vielmehr bedeutet es, dass die verbreitete Unterkapitalisierung, das informelle Squatting und die illegalen Wohnverhältnisse in der gesamten nichtwestlichen Welt kaum durch einen Mangel an moderner Informationstechnologie und Kartographie verursacht sind.

Braudels Glasglocke besteht nicht aus Steuern, Karten und Computern, sondern aus Gesetzen. Die meisten Menschen in der Dritten Welt und im ehemaligen Ostblock sehen sich durch das umständliche Rechts- und Verwaltungssystem an der Nutzung der formalen Eigentumsgesetze gehindert, womit sie Kapital erzeugen könnten. Im Inneren der Glasglocke sitzen Eliten, deren Eigentumstitel auf kodifiziertem Recht nach westlichem Vorbild beruhen. Außerhalb der Glasglocke, wo die meisten Menschen leben, wird Eigentum durch alle möglichen Arten extralegaler Regelungen genutzt und geschützt – Regelungen, die tief verwurzelt sind im Konsens der Bewohner und über größere Gebiete verbreitet sind. Diese lokal geltenden Sozialverträge repräsentieren die kollektiven Vorstellungen davon, welche Form Eigentum und die Beziehung zwischen Eigentümern haben sollten. Um einen landesweit geltenden Gesellschaftsvertrag über Eigentumsregelungen zu schließen, muss man zunächst die psychologischen und gesellschaftlichen Prozesse – die Überzeugungen, Wünsche, Absichten, Gepflogenheiten und Regeln – zur Kenntnis nehmen, die in diesen lokalen Gesellschaftsverträgen enthalten sind, um sie dann mit den Instrumenten des formalen Rechts zu einem formalen nationalen Gesellschaftsvertrag zu verknüpfen. Genau das haben die westlichen Staaten vor nicht allzu langer Zeit getan.

Entscheidend ist die Einsicht, dass Eigentum keine materielle Sache ist, die sich fotografieren und kartieren lässt. Eigentum ist keine primäre Eigenschaft von Vermögensgegenständen, sondern der rechtliche Ausdruck eines wirtschaftlich sinnvollen Konsenses *über* Vermögensgegenstände. Recht ist das Instrument, das Kapital erfasst und realisiert. Im Westen ist das Recht weniger damit beschäftigt, die materielle Wirklichkeit der Gebäude oder Grundstücke zu repräsentieren, als vielmehr ein Verfahren oder Regeln festzulegen, mit deren Hilfe die Gesellschaft Mehrwert aus diesen Vermögenswerten gewinnen kann. Eigentum sind nicht diese Vermögenswerte an sich, sondern ein Konsens darüber, wie diese Vermögensgegenstände besessen, benutzt und ausgetauscht werden sollen. Die Aufgabe der meisten nichtwestlichen Länder besteht heute nicht darin, alle Grundstücke und Gebäude der Nation auf einer einzigen Karte zu erfassen (was im Regelfall schon geschehen sein dürfte), sondern die formalen Rechtskonventionen innerhalb der Glasglocke mit den extralegalen draußen zu vereinigen.

Das wird sich durch keinen noch so großen Aufwand an Vermessungstätigkeit und kartographischer Darstellung bewerkstelligen lassen. Kein noch so großzügiger Einsatz von Computern wird Vermögensgegenstände in eine Form überführen, die ihnen ermöglicht, Zugang zu erweiterten Märkten zu finden und Kapital zu werden. Wie in Kapitel 3 gesehen, haben Vermögensgegenstände selbst keine Auswirkung auf soziales Verhalten: Sie bieten keine Anreize, sie schaffen keine persönliche Verantwortung, sie sorgen nicht für die gerichtliche Durchsetzbarkeit von Verträgen. Vermögensgegenstände an sich sind nicht «fungibel» – sie lassen sich nicht teilen, zusammenfassen oder bewegen. Alle diese Eigenschaften erwachsen aus dem modernen Eigentumsrecht. Das Recht identifiziert und erfasst das wirtschaftliche Potenzial der Vermögensgegenstände als einen Wert, der, losgelöst von den materiellen Vermögensgegenständen selbst, den Menschen ermöglicht, dieses Potenzial zu entdecken und zu realisieren. Das Recht schließt die Vermögensgegenstände auch an die Finanz- und Investitionskreisläufe an. Und die Repräsentation der Vermögensgegenstände, die in legalen Eigentumsurkunden festgelegt sind, verleiht ihnen die Fähigkeit, Mehrwert zu erwirtschaften.

Vor mehr als 60 Jahren schrieb der namhafte Rechtshistoriker Reinold Noyes:

> Heute sind die Einsätze im Wirtschaftsspiel weniger die materiellen Waren und konkreten Dienstleistungen, die fast ausschließlich Gegenstand der wirtschaftswissenschaftlichen Lehrbücher sind, als vielmehr jene Form von Rechtsbeziehungen, die wir Eigentum nennen ... Untersucht man seine Entwicklung, so stellt sich die soziale Wirklichkeit als ein Geflecht von immateriellen Bindungen dar – ein Spinnengewebe von unsichtbaren Fäden –, die den Einzelnen umgeben und verpflichten und dadurch die Gesellschaft *organisieren* ... Und der Prozess, durch den wir uns mit der wirklichen Welt, in der wir leben, auseinander setzen, ist der Prozess, durch den wir diese Beziehungen objektivieren.[215]

Die Glasglocke zu heben, ist im Grunde genommen eine rechtliche Herausforderung. Die offizielle Rechtsordnung muss mit den extralegalen Vereinbarungen außerhalb der Glasglocke zusammenwirken, damit ein umfassender Gesellschaftsvertrag über Eigentum und Kapital entsteht. Diese Integration lässt sich natürlich nur durch die Integration anderer Disziplinen erreichen: Wirtschaftswissenschaftler müssen die Kosten berechnen, Städteplaner und Agrarwissenschaftler Prioritäten setzen, Kartographen, Landvermesser und Computerexperten moderne Informationssysteme nutzen. Letztlich aber wird ein integrierter, nationaler Gesellschaftsvertrag nur in Gesetzen zum Ausdruck kommen. Alle anderen Disziplinen haben lediglich helfende Funktion.

Soll das heißen, dass Juristen für den Integrationsprozess verantwortlich sein müssten? Nein. Wichtige gesetzliche Veränderungen fallen in die Verantwortung der Politik. Dafür gibt es verschiedene Gründe. Erstens, im Allgemeinen dienen Gesetze dazu, Eigentumsrechte zu schützen, doch die wirkliche Aufgabe in den Entwicklungsländern und ehemaligen kommunistischen Staaten besteht weniger darin, vorhandene Gesetze zu vervollkommnen, als vielmehr jedem das Recht auf Eigentumsrechte zu gewähren – «Meta-Rechte» sozusagen. Solche Meta-Rechte zu schaffen, die Menschen von schlechten Gesetzen zu befreien, ist eine politische Aufgabe. Zweitens, eine sehr kleine, aber einflussreiche Gruppe mit Sonderprivilegien – meist durch die besten Wirtschaftsjuristen des Landes vertreten – wird sich solchen Veränderungen widersetzen, wenn es nicht gelingt, sie zu überzeugen. Um die einflussreichen und wohlhabenden Leute für die gute Sache zu gewinnen, braucht man keine Rechtsberater, die bestrebt sind, ihren Klienten zu dienen, sondern fähige Politiker, die bestrebt sind, ihrem Volk zu dienen. Drittens, um ein integriertes System zu schaffen, gilt es nicht, Gesetze und Vorschriften aufzusetzen, die sich gut auf dem Papier machen, sondern Normen zu entwickeln, die in den Überzeugungen der Menschen verwurzelt sind und daher bessere Aussichten haben, befolgt und durchgesetzt zu werden. Mit den Menschen in Kontakt zu bleiben, ist eine politische Aufgabe. Viertens, die Schattenwirtschaft dazu zu bringen, ans Licht zu kommen, verlangt viel politische Überzeugungsarbeit. Regierungen müssen ärmere Bürger – die dem Staat misstrauen und mit Hilfe begrenzter lokaler Regelungen überleben – und einige der Mafiaorganisationen, die sie beschützen, dazu bewegen, sich eine Eintrittskarte zu einem sehr viel größeren und freieren Spiel zu kaufen. Auch einflussreiche Linke, die in vielen Ländern den ärmeren Schichten nahe stehen, müssen von der Regierung davon überzeugt werden, dass ihren Wählern am besten zu helfen ist, indem man ihnen die Möglichkeit verschafft, Kapital zu bilden. Es ist Aufgabe des Staates, den Bürgern innerhalb und außerhalb der Glasglocke klar zu machen, dass ein umstrukturiertes, integriertes Eigentumssystem weniger aufwendig, effizienter und besser für den Staat ist als die vorhandenen anarchischen Regelungen.

Ohne Erfolg an diesen juristischen und politischen Fronten kann keine Nation die gesetzliche Apartheid überwinden zwischen denen, die Kapital bilden, und denen, die kein Kapital bilden können. Ohne formales Eigentum werden die meisten Menschen, egal, wie viele Vermögenswerte sie sammeln oder wie hart sie arbeiten, nicht in der Lage sein, es in einer kapitalistischen Gesellschaft zu Wohlstand zu bringen. Sie werden auch weiterhin nicht im Radar der verantwortlichen Politiker auftauchen, nicht von den offiziellen Statistiken und Registern erfasst werden, mit einem Wort, sie werden wirtschaftlich unsichtbar bleiben.

Den westlichen Staaten ist es gelungen, die Glasglocke zu heben, aber das war ein zufallsgesteuerter, unbewusster Prozess, der einige hundert Jahre dauerte. Meine Kollegen und ich haben Elemente dieses Prozesses, die wir für entscheidend halten, in einer Formel zusammengefasst, die wir «Kapitalisierungsprozess» nennen und mit der wir verschiedenen Regierungen in aller Welt zu helfen versuchen (vgl. Abbildung 6.1). Die Erklärung der Einzelheiten würde den Rahmen des vorliegenden Buches sprengen, doch Leser, die an der technischen Beschreibung des Gesamtplans interessiert sind, können die unveröffentlichte Dokumentation im Archiv des Institute for Liberation and Democracy einsehen.

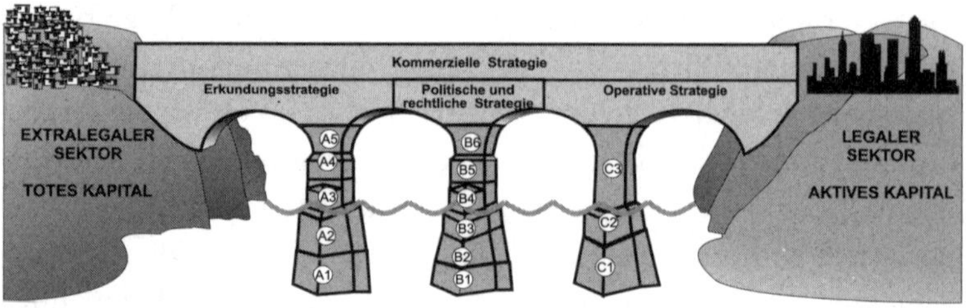


*Abbildung 6.1*
*Der Kapitalisierungsprozess*
*Entwicklung von totem zu aktivem Kapital*

**A ERKUNDUNGSSTRATEGIE**

**A.1 Extralegale Vermögen (totes Kapital) identifizieren, lokalisieren und klassifizieren**

A.1.1 Örtliche Rekrutierungskriterien zur Analyse des extralegalen Sektors entwickeln

A.1.2 Die Ursachen für die Akkumulation extralegalen Vermögens bestimmen, um brauchbare Typologien zu entwickeln

A.1.3 Die Wirtschaftssektoren und geographischen Gebiete lokalisieren, in denen extralegale Aktivitäten verbreitet sind

**A.2 Den aktuellen und potenziellen Wert extralegaler Vermögen (toten Kapitals) quantifizieren**

A.2.1 Geeignete Methodologien entwickeln, um den Wert extralegalen Vermögens unter Verwendung vorhandener Informationen und vor Ort gesammelter Daten zu schätzen

A.2.2 Individuelle Kriterien zur Informationssammlung und -verarbeitung sowie zur Ergebniskontrolle festlegen

A.2.3 Die Bedeutung des Wertes extralegalen Vermögens einschätzen

**A.3 Die Interaktion des extralegalen Sektors mit der übrigen Gesellschaft analysieren**

A.3.1 Die relevanten Verbindungen zwischen Behörden und extralegalen Vermögen erforschen

A.3.2 Die relevanten Verbindungen zwischen legalen Unternehmen und extralegalen Vermögen erforschen

A.3.3 Die Vorgänge identifizieren, in denen Behörden bereits erfolgreich mit extralegalen Vermögenswerten befasst waren

**A.4 Die extralegalen Normen identifizieren, die extralegales Eigentum bestimmen**

A.4.1 Die extralegalen Normen ermitteln und entschlüsseln, die bestimmen, wie Eigentumsansprüche von den verschiedenen extralegalen Gemeinschaften des Landes vertreten und geltend gemacht werden

**A.5 Die Extralegalitätskosten für das Land bestimmen**

A.5.1 Die im extralegalen Sektor anfallenden Kosten

A.5.2 Die im legalen Unternehmenssektor anfallenden Kosten

A.5.3 Die in den Behörden anfallenden Kosten

**B DIE POLITISCHE UND RECHTLICHE STRATEGIE**

**B.1 Sicherstellen, dass sich die höchste politische Ebene für die Kapitalisierung der Armen verantwortlich fühlt**

**B.2 Dienststellen einrichten, die rasche Veränderung erlauben**

B.2.1 Jene Institutionen identifizieren und mit dem Kapitalisierungsprozess verknüpfen, die gegenwärtig für die Eigentumsrechte maßgebend sind, oder auf deren Fähigkeit einwirken, Mehrwert zu erwirtschaften

B.2.2 Behörden planen, genehmigen lassen und in Dienst stellen, die rasche Veränderungen der verschiedenen zur Kapitalisierung erforderlichen Prozesse ermöglichen. Wenn möglich, eine einzige Behörde mit dem alleinigen Mandat zur Kapitalisierung der Vermögen einrichten und sie mit dezentralen Außenstellen überall im Land versehen

B.2.3 Gewährleisten, dass der Kapitalisierungsprozess sowohl die politischen Prioritäten berücksichtigt als auch den Konsens innerhalb der Gesellschaft widerspiegelt, damit er leichter durchzusetzen ist

**B.3 Administrative und rechtliche Engpässe beseitigen**

B.3.1 Die Kosten für die Kapitalisierung extralegaler Vermögen berechnen, darunter:

B.3.1.1 Erfordernisse für Genehmigungen auf allen behördlichen Ebenen

B.3.1.2 Erfordernisse der Zahlungen für diese Genehmigungen und Umfang der Zahlungen

B.3.1.3 Anzahl der Formulare und anderer erforderlicher Dokumente

B.3.1.4 Erfordernisse, denen in der Praxis nicht entsprochen werden kann

B.3.1.5 Alle anderen Kosten der Abwicklung einschließlich zeitlicher Verzögerungen

B.3.2 Administrative und rechtliche Engpässe dadurch beseitigen, dass die Institutionen, Gesetze und Praktiken identifiziert und modifiziert werden, die unnötige bürokratische Hindernisse darstellen

**B.4 Konsens schaffen zwischen legalem und extralegalem Sektor**

B.4.1 Die Punkte bestimmen, in denen sich extralegale Normen mit dem Recht decken, um Gesetze entwerfen zu können, die extralegale Eigentumsnachweise mit Billigung der extralegalen Gemeinschaften anerkennen

B.4.2 Gewährleisten, dass die entworfenen Gesetzesnormen, die extralegales Eigentum miteinbeziehen, dabei nicht die Sicherheit gefährden, die die vorhandene Rechtsordnung gegenwärtig solchem Eigentum bietet, das ordnungsgemäß eingetragen ist und wirksam kontrolliert wird; nur so lässt sich die Einwilligung des legalen Sektors erlangen

**B.5 Gesetze und Verfahren entwerfen, die die Kosten des legalen unter die des extralegalen Vermögensbesitzes senken**

B.5.1 Die nötigen Gesetze verabschieden, damit das gesamte in einem Lande vorhandene Eigentum einer einheitlichen Sammlung von Gesetzen und Verfahrensvorschriften unterliegt

B.5.2 Die Definition von Eigentumsnachweisen so erweitern, dass sie dem neuen Prozess entsprechen, und die Gesetze und Verfahren, die den Kapitalisierungsprozess steuern werden, zu administrativ überschaubaren Paketen schnüren

B.5.3 Zersplitterte Gesetzgebung zu einem einzigen Recht zusammenfassen

B.5.4 Institutionen und Verfahren entwickeln, die bei allen den Kapitalisierungsprozess konstituierenden Aktivitäten die Nutzung von Größenvorteilen zulassen

B.5.5 Eine vorteilhafte und preiswerte Alternative zum Squatting und anderen Formen extralegaler Inbesitznahme entwickeln. Den Prozess und Gesetzestreue dadurch fördern, dass Belohnungen und Strafen geschaffen werden, die das Ziel haben, legale Eigentumsübertragungen zu ermutigen und von illegalen [extralegalen] Eigentumsübertragungen abzuhalten

B.5.6 Administrative oder private Verfahren, um, wenn möglich, Gerichtsverfahren zu ersetzen, mit dem Ziel, zur Beilegung von Streitigkeiten auf dem Boden des offiziellen Rechts zu ermutigen

**B.6 Mechanismen entwickeln, die die mit Privatinvestitionen verbundenen Risiken verringern: unter anderem die Glaubwürdigkeit von Urkunden und der Nichtzahlung für öffentliche Dienstleistungen**

**C DIE OPERATIVE STRATEGIE**

**C.1 Strategien für die Feldarbeit, Personalausstattung, Vorgehensweise, Büros, Schulung und Leitfäden planen und durchführen, mit dem Ziel, den staatlichen Stellen die Möglichkeit zu geben, die einzelnen Eigentumsrechte im extralegalen Sektor zu erkennen und zu verarbeiten**

C.1.1 Mechanismen planen, die die massenhafte Beteiligung von Bewohnern extralegaler Siedlungen sichern, um die Kapitalisierungskosten zu vermindern

C.1.2 Schulungskurse für die Organisation von Kapitalisierungsteams durchführen, in denen die voraussichtlichen Arten von Extralegalität berücksichtigt sind

C.1.3 Leitfäden entwerfen, die Führern und Bewohnern extralegaler Siedlungen erläutern, wie sie sich an der Auswahl und dem Zusammentragen von Besitznachweisen beteiligen können

C.1.4 Die Kapitalisierung extralegaler Gemeinwesen vorbereiten

C.1.4.1 Sympathisanten innerhalb der Gemeinwesen ermitteln und schulen

C.1.4.2 Eine lokale Werbekampagne in jedem Gemeinwesen durchführen

C.1.4.3 Jedes Gemeinwesen über die erforderlichen Besitznachweise informieren

C.1.4.4 Örtliche Führer darin schulen, wie sie eigentumsrelevante Informationen auf Erfassungsvordrucken festhalten

C.1.4.5 Private Prüfer rekrutieren und schulen, damit sie die Informationen, die von der Gemeinschaft zusammengetragen wurden, beglaubigen können

C.1.5 Informationen über Vermögensgegenstände sammeln und verarbeiten

C.1.5.1 Pläne beschaffen oder herstellen, die die Grenzen der einzelnen Parzellen ausweisen (wenn nötig, eine digitale Basiskarte erstellen, auf der Informationen über Grenzverläufe festgehalten werden)

C.1.5.2 Überprüfen, ob die Pläne der einzelnen Parzellen den tatsächlichen Gegebenheiten entsprechen

C.1.5.3 Die Pläne in das Computersystem einspeisen

C.1.6 Eigentumsrelevante Informationen sammeln und verarbeiten

C.1.6.1 Eigentumsbezogene Informationen sammeln und sie in Erfassungsvordrucke eintragen

C.1.6.2 Verifizieren, dass Eigentumsansprüche nach dem neuen Recht gültig sind

C.1.6.3 Die eigentumsrelevanten Informationen in das Computersystem einspeisen

C.1.6.4 Die Eigentumsrechte amtlich registrieren lassen

C.1.6.5 Die Urkunden feierlich und öffentlich an die Nutznießer übergeben

**C.2 Kommunikationsstrategien unter Verwendung geeigneter Medien umsetzen, um den extralegalen Sektor zur Beteiligung zu ermuntern, um die Unterstützung der Geschäftswelt und der Behörden zu erhalten und um die Einwilligung derer zu bekommen, die lieber am Status quo festhalten würden**

C.2.1 Für jede besondere Art Gemeinschaft im extralegalen Sektor eine eigene Kampagne durchführen, um die Menschen für die Beteiligung am Prozess zu gewinnen

C.2.2 Mechanismen planen, die den Nutznießern des Kapitalisierungsprozesses zeigen, dass ihre Vermögenswerte denselben institutionellen Schutz genießen wie die Rechte in- und ausländischer Privatinvestoren. Das wird die Eigentümer veranlassen, Verträge einzuhalten, die der formalen Rechtsordnung unterliegen

C.2.3 Eine Kampagne für jede legale Gemeinschaft durchführen, die sich gefährdet fühlen könnte

C.2.4 Mittel planen, um dem legalen Sektor die Vorzüge einer Kapitalisierung zu vermitteln, wobei die Risikominderung besonders hervorzuheben ist; verdeutlichen, dass Kapitalisierung weder existierende Eigentumsrechte berührt noch die Rechte Dritter beeinträchtigt

C.2.5 Eine Kampagne für Berufsgruppen durchführen, die ein professionelles Interesse an der Eigentumsdefinition haben; ihre künftige Rolle erläutern und darauf hinweisen, dass sie in den nach erfolgter Kapitalisierung erweiterten legalen Sektor stärker einbezogen werden

**C.3 Die Registerbehörden und Grundbuchverfahren so reorganisieren, dass sie alle wirtschaftlich nützlichen Beschreibungen von extralegalen Vermögenswerten eines Landes zusammenfassen und sie in ein daten-/wissensbasiertes Computersystem eingeben können**

C.3.1 Die Registerbehörden und ihre internen Arbeitsabläufe strukturieren, den Registrierungsvorgang vereinfachen, die automatisierte Informationsgewinnung und -verarbeitung spezifizieren, ein System zur Qualitätskontrolle planen und durchführen, Personal auswählen und schulen, Verfahren festlegen, die gewährleisten, dass die Registerbehörden ein umfangreiches staatliches Kapitalisierungsprogramm bewältigen können

C.3.2 GIS-gestützte Systeme entwickeln, die die Möglichkeit einer räumlichen Analyse bieten

C.3.3 Kontrollmechanismen schaffen, die gewährleisten, dass die Registerbehörden effizient und kostengünstig arbeiten, damit ihre Klientel nicht erneut in die Extralegalität abgleitet

C.3.4 Die Merkmale extralegalen Eigentums in sachgerechte, computerfreundliche Erfassungsformulare eintragen, damit sie von einem Computersystem unterschieden, registriert und verwaltet werden können

C.3.5 Die erfahrungsgemäß in Dokumenten enthaltenen Informationen in einfache Kategorien zerlegen, die sich in Computersoftware eingeben und in leicht abrufbarer Form speichern lassen, nachdem die existierenden Informationsgewinnungsverfahren mit gesetzlicher Billigung verschlankt wurden

C.3.6 Die Aktualisierung von computerisierten Eigentumsinformationen dadurch vereinfachen, dass Dateneingabeterminals in der Nähe der Nutznießer eingerichtet werden. Sie sollen die Kosten der Beförderungs- und Transaktionskosten von legalen Eigentumsregistrierungen und eigentumsbezogenen Geschäften senken und dafür sorgen, dass sie legal bleiben

**D DIE KOMMERZIELLE STRATEGIE**

**D.1 Informations-Durchsetzungsmechanismen schaffen, die die Voraussetzung sind für**

D.1.1 **Bankwesen / Hypotheken / Kredit**

D.1.2 **Öffentliche Ver- und Entsorgung** (Energie, Wasser, Kanalisation, Telekommunikationsmittel)

D.1.3 **Inkassosysteme** (Kredit, Gebühren, Steuern)

D.1.4 **Datenbanken / Informationsdienste**

D.1.5 **Produkte der Versicherungswirtschaft** (Haftpflicht, Leben, Kredit, Pfandrecht, Rechtsschutz)

D.1.6 **Staatliches Personenstandswesen**

D.1.7 **Wohnraumbeschaffung und Infrastruktur**

D.1.8 **nationale Sicherheit**

Im Rest dieses Kapitels werde ich mich auf die beiden unerlässlichen Elemente der Formel konzentrieren: die rechtliche Aufgabe (A.4 in Abbildung 6.1) und die politische Aufgabe (B.1 in Abbildung 6.1).

## *TEIL I*
## *Die rechtliche Herausforderung*

In der gegenwärtigen Situation ist in den nichtwestlichen Ländern die Schaffung eines integrierten Eigentumssystems nicht möglich. Eigentumsbezogene Vereinbarungen sind zwischen Dutzenden, manchmal Hunderten von Ortschaften verbreitet; das Recht und andere Informationen sind nur Insidern oder Nachbarn bekannt. All die für Dritte-Welt- und ehemalige kommunistische Nationen charakteristischen separaten eigentumsbezogenen Vereinbarungen müssen zu einem einzigen System verwoben werden, aus dem sich generelle Rechtsgrundsätze herleiten lassen. Kurzum, die vielen sozialen Kontrakte ‹draußen› müssen in einen allumfassenden Gesellschaftsvertrag integriert werden.

Wie lässt sich dies bewerkstelligen? Wie können Regierungen in Erfahrung bringen, welcher Art diese extralegalen Eigentumsvereinbarungen sind? Genau diese Frage stellten mir fünf indonesische Kabinettsmitglieder. Ich war in Indonesien, um für die Übersetzung meines letzten Buches ins Bahasa-Indonesische zu werben, als diese Politiker die Gelegenheit nutzten, mich zu einem Vortrag darüber einzuladen. Ich sollte erläutern, wie herauszufinden sei, wem von den 90 Prozent aller Indonesier, die im außergesetzlichen Sektor leben, was gehört. Aus Furcht, mein Publikum zu langweilen, wenn ich langatmig erklärte, wie zwischen den legalen und extralegalen Sektoren eine Brücke zu schlagen sei, verfiel ich auf eine andere Möglichkeit, eine indonesische Möglichkeit, ihre Frage zu beantworten. Auf der Tournee, die der Vorstellung meines Buches diente, hatte ich mir für einen Besuch Balis, eines der schönsten Flecken dieser Erde, ein paar Tage freigenommen. Als ich durch die Reisfelder schlenderte, konnte ich mir keinerlei Vorstellung vom Verlauf der Grundstücksgrenzen machen. Die Hunde indes kannten ihn. Jedes Mal, wenn ich von den Feldern einer Farm auf die einer anderen hinüberwechselte, bellte ein anderer Hund. Diese indonesischen Hunde mögen das formale Recht nicht gekannt haben, aber welcher Landbesitz in Händen welcher Herren lag, das wussten sie genau.

Ich erklärte den Ministern, dass indonesische Hunde über die elementare Information verfügten, die sie zur Einrichtung eines formalen Eigentumssystems benötigten. Durch Bereisen von Stadt und Land, dabei immer auf das Gebell der Hunde achtend, könnten sie sich nach und nach durch das Gerank der überall verstreuten extralegalen Manifestationen emporarbeiten, bis sie auf den herrschenden Sozialkontrakt stießen. «Ach», reagierte der eine Minister, «Jukum Adat [das Volksrecht]!»

Das Bloßlegen des «Volksrechts» ist die Methode, nach der die Völker des Westens ihre formalen Eigentumssysteme schufen. Jede Regierung, die es mit dem Versuch ernst meint, die herrschenden informellen Vereinbarungen zu einem einzigen landesweit gültigen, formalen eigentumsbezogenen Gesellschaftsvertrag umzustrukturieren, muss auf das Bellen der Hunde horchen. Um alle Eigentumsformen in ein einheitliches System zu integrieren, müssen die Regierungen in Erfahrung bringen, wie und warum die örtlichen Gepflogenheiten funktionieren und wie stark sie sind. Das Scheitern an dieser Aufgabe erklärt, warum frühere Versuche legalen Wandels in den sich entwickelnden und ehemaligen kommunistischen Ländern nicht gegriffen haben. Die Leute neigen dazu, den Gesellschaftsvertrag als eine unsichtbare, gottgleiche Abstraktion aufzufassen, die nur in den Köpfen von Visionären wie Locke, Hume und Rousseau ihren Sitz hat. Meine Kollegen und ich haben indes entdeckt, dass die Gesellschaftsverträge des extralegalen Sektors nicht bloß implizite soziale Verpflichtungen sind, die sich aus gesellschaftlichem Verhalten ableiten lassen, sondern auch Vereinbarungen, die durch real existierende Menschen explizit dokumentiert sind. Infolgedessen sind diese extralegalen Gesellschaftsverträge greifbar und lassen sich auch zur Schaffung eines Eigentums- und Kapitalbildungssystems zusammenfassen, das von der Gesellschaft selbst anerkannt und dem von ihr Geltung verschafft wird.

## *Der Schritt vom vorkapitalistischen zum kapitalistischen Eigentumssystem*

Ohne ein integriertes formales Eigentumssystem ist eine moderne Marktwirtschaft unvorstellbar. Hätten die fortgeschrittenen Staaten des Westens nicht alle Repräsentationen in ein einheitliches Eigentumssystem integriert und es jedermann zugänglich gemacht, hätten sie keine Arbeitsspezialisierung und -teilung realisieren können, dann wäre weder die Entstehung eines erweiterten Netzes von Märkten noch die Erzeugung von Kapital möglich gewesen – zwei Faktoren, die für den gegenwärtigen Wohlstand dieser Länder verantwortlich sind. Die Unzulänglichkeiten nichtwestlicher Märkte sind im Wesentlichen auf den fragmentarischen Charakter ihrer Eigentumsregelungen und das Fehlen standardisierter Repräsentationen zurückzuführen. Dieser Mangel an Integration begrenzt nicht nur die Interaktion zwischen dem legalen und extralegalen Sektor, sondern auch zwischen den Armen selbst. Extralegale Gruppen tauschen zwar untereinander, aber nur unter großen Schwierigkeiten. Sie gleichen Schiffen, die einen Verband bilden, indem sie sich beim Navigieren aneinander orientieren anstatt an einer gemeinsamen und objektiven Norm wie beispielsweise den Gestirnen oder einem Magnetkompass.

Gemeinsame Normen in einem Gesetzeswerk sind zur Schaffung einer modernen Marktwirtschaft unerlässlich.[216] Dazu C. Reinold Noyes:

> Die menschliche Natur verlangt nach Regelmäßigkeit und Gewissheit, und dieses Verlangen macht erforderlich, dass die primitiven Wertungen konsequent und folgerichtig sind und sich mithin zu gewissen Regeln verfestigen können – zu «diesem Bestand an Lehrsätzen, dieser systematisierten Voraussage, die wir Recht nennen» ... Der Wunsch der Öffentlichkeit nach praktischer Anwendbarkeit ... führt zu immer wiederkehrenden Bemühungen um Systematisierung des Gesetzeswerks. Das Verlangen nach Kodifizierung ist ein Verlangen der Menschen nach Befreiung von dem unberechenbaren Charakter des ungeschriebenen oder auch des Fallrechts.[217]

Der Schritt von Verhältnissen, unter denen sich die Leute bereits auf eine Vielfalt von extralegalen, durch wechselseitigen Konsens etablierte Praktiken verlassen, zu einem kodifizierten Rechtssystem ist eine schwierige Aufgabe. Wie wir gesehen haben, mussten die westlichen Nationen ebendies tun, um von vorkapitalistischen ‹primitiven Rechtsetzungen› zu einer systematischen Gesetzessammlung zu gelangen. Auf diese Weise lüfteten sie die Glasglocke.

Indes, so erfolgreich diese Nationen auch gewesen sein mögen, so waren sie sich ihres Tuns doch nicht immer bewusst und hinterließen keine eindeutige Beschreibung des Vorgangs. Selbst in Großbritannien, das immer bestrebt war, den Nutzen der industriellen Revolution zu mehren, zogen sich die Reformbemühungen über beinahe ein ganzes Jahrhundert (von 1829 bis 1925) hin, ehe die Regierung gewährleisten konnte, dass Grundeigentum zentral erfasst und problemlos übertragen werden konnte. John C. Payne fasst zusammen, wie kompliziert und zufallsbestimmt die Reform des Eigentumsrechts in England war:

> Viele Gesetze wurden verabschiedet, und das englische Eigentumsrecht wurde gründlich umgearbeitet. Bei einem Großteil dieser Reform handelte es sich um Ad-hoc-Improvisationen, und man gewinnt den Eindruck, dass die Wortführer der Bewegung nicht immer eine klare Vorstellung davon hatten, was sie oder warum sie es taten. Das englische Bodenrecht war so kompliziert geworden und hatte im Laufe der Jahr-

hunderte so viele Ergänzungen erfahren, dass die Aufgabe ursprünglich wohl fast unlösbar erschien. Es waren so viele Details zu berücksichtigen – darin lag die Schwierigkeit –, dass man nur sehr mühsam zum Kern der Dinge vordrang. Trotzdem machten sich die englischen Reformer mit viel gutem Willen ans Werk, wenn auch mit mehr Begeisterung als klaren Vorstellungen. Auf lange Sicht leisteten sie gute Arbeit, doch benötigten sie ein ganzes Jahrhundert dazu, machten viele erfolglose Versuche und wurden letztlich zu zahlreichen Kompromissen gezwungen.[218]

## *Das Scheitern gesetzlicher Vorschriften*

Man möchte annehmen, dass es heutzutage in den Ländern der Dritten Welt und des ehemaligen Ostblocks relativ leicht sein müsste, die Glasglocke zu heben. Letztlich ist das allgemeine Recht auf Eigentum mittlerweile in beinahe jeder Staatsverfassung der Welt und von vielen internationalen Abkommen anerkannt. Programme, die Armen mit Eigentum auszustatten, gibt es in fast allen Entwicklungsländern und ehemaligen kommunistischen Staaten. Während die Reformen des Westens und ihre Versuche, das Eigentumssystem zu öffnen, im 18. und 19. Jahrhundert auf weit verbreiteten geistigen und moralischen Widerstand stießen, betrachtet man heute den Zugang zu Eigentum als festen Bestandteil der elementaren Menschenrechte. Heute wird in vielen internationalen Verträgen – von der Allgemeinen Erklärung der Menschenrechte von 1948 über die Katechese der katholischen Kirche bis hin zur «ILO-Konvention zum Schutz indigener Völker» von 1989 – Eigentum als elementares und unveräußerliches Menschenrecht definiert. Weltweit legen Gerichtshöfe und Gesetze dieses Recht in unterschiedlichem Maße als wichtiges Rechtsprinzip zugrunde. Das uralte «Recht» aller Eroberungsheere auf Plünderung ist seit der Internationalen Haager Konvention von 1899 ausdrücklich verboten. Das internationale Recht stellt die individuellen Eigentumsrechte über die Souveränitätsrechte der Staaten, das heißt, auch wenn Regierungen Land abzutreten haben, darf den Bewohnern dieser Gebiete ihr Grundeigentum nicht verloren gehen.

Die Vereinigten Staaten, Kanada, Japan und Europa – die 25 fortgeschrittensten Länder der Welt – haben es zu weit größerem Wohlstand gebracht als die Länder ohne frei zugängliches, integriertes und formales Eigentumssystem, sodass niemand heutzutage im Ernst wirtschaftliche Problemlösungen vorschlagen würde, die die Notwendigkeit formalen Eigentums außer Acht ließen. Aus diesem Grunde erkennen die meisten Entwicklungsländer und ehemals kommunistischen Staaten heute das Prinzip eines allgemeinen Eigentumszugangs als politische Notwendigkeit und als impliziten Bestandteil ihrer makroökonomischen und marktorientierten Reformprogramme an.

Die politische Absicht, die Vermögenswerte der Armen zu legalisieren, wird vom lateinamerikanischen Recht seit annähernd zwei Jahrhunderten beteuert. Die erste peruanische Verfassung von 1824, gerade einmal zwei Jahre nach der Unabhängigkeit von Spanien, bestimmte eindeutig, dass die Armen, seinerzeit zumeist eingeborener Abkunft, die legitimen Eigentümer ihres Landes seien.

Als dennoch augenfällig wurde, dass die Eliten Perus nach und nach die eingeborenen Armen enteigneten, setzte die Regierung im Laufe der Jahre eine Reihe von Gesetzen in Kraft, die dieser Absicht der peruanischen Verfassung Nachdruck verleihen sollten. Keines dieser Gesetze zeigte Wirkung. Die Eingeborenen bekamen Gesetze, die generell bestätigten, dass ihre Vermögenswerte von Rechts wegen ihnen gehörten. Was sie nicht bekamen, das waren Mechanismen, die es gestattet hätten, das wirtschaftliche Verfügungsrecht über ihre Besitztümer in gesetzlich geschützter Form zu fixieren.

Der Grund liegt jetzt klar auf der Hand: In Peru (und in vielen anderen Ländern außerhalb des Westens) sehen die meisten gesetzlichen Verfahren zur Schaffung formalen Eigentums nicht vor, extralegale Eigentumsnachweise, d. h. Nachweise ohne vorzeigbare Urkunden über die Eigentumsübertragung zu akzeptieren – die einzige Form von Nachweisen, über die die Armen verfügen. Auch kann das geltende Recht weitere Änderungen eines Eigentumstitels weder verfolgen noch registrieren, da Transaktionen mit der Zeit die Eigentumsbeziehungen verändern. Wie wir in Kapitel 2 gesehen haben, können gerichtliche Verfahren zur Registrierung von Eigentumstiteln unter den günstigsten Umständen – heute mit neuestem Kartenmaterial, Computern, Menschenrechtsorganisationen, die den Prozess verfolgen, und den besten Absichten der Welt – durchaus zwanzig Jahre dauern. Nach unseren Erkenntnissen hat es den Anschein, als hätten die peruanischen Eingeborenen im 19. Jahrhundert Verzögerungen zu gewärtigen gehabt, die nicht geringer, sondern eher noch schlimmer waren. Angesichts solcher Hindernisse blieb den Leuten nichts anderes übrig, als zum Schutz ihrer Vermögenswerte extralegale Regeln zu schaffen.

Als deutlich wurde, dass gesetzliche Vorschriften den Eingeborenen Perus nicht halfen, ihre Rechte geltend zu machen, schritten die wirtschaftlichen Eliten wieder zur Tat und ließen sich neue Tricks zur Umgehung der Verfassungsabsicht einfallen. Wo keine amtlichen Titel existierten, begannen einflussreiche Leute und ihre Anwälte solche Titel zu erfinden, die Beweisdokumente zu fabrizieren und die lokalen Behörden und Notare zur Ausstellung entsprechender Rechtstitel (*títulos supletorios*, wie sie genannt wurden) zu ihren Gunsten zu bewegen. Erneut enteignete die peruanische Elite die Eingeborenen oder zwang sie, ihr Land für ein Butterbrot zu verkaufen. Statt nun der Frage nachzugehen, warum die Armen nicht imstande waren, das Recht zu ihrem Vorteil zu nutzen, unterstellte die Regierung, dass nicht das Recht das Problem sei, sondern dass die Armen von Natur aus die Unterlegenen seien. Anstatt das Recht zu verbessern, nahmen sie einige der Armen von dem geltenden Recht und dessen Anwendung aus und errichteten Schutzmauern um das Land der Armen. 1924 setzte Peru ein bedeutendes Gesetz in Kraft, das die Eingeborenen vor weiteren rechtlichen Tricks schützen sollte, und organisierte Tausende von ihnen in ländlich-bäuerlichen Gemeinschaften, wo die Übertragung aller Bodenrechte ausdrücklich untersagt war. Indem man die Eingeborenen auf diese Weise vor den Machenschaften und Betrügereien der Eliten schützte, beraubte man sie, wenngleich unabsichtlich, auch der elementaren Möglichkeiten der Kapitalbildung.

Diese ländlichen Enklaven konnten indes nur einen kleinen Prozentsatz der eingeborenen Bevölkerung aufnehmen. In den späten sechziger und frühen siebziger Jahren des 20. Jahrhunderts war die verbleibende Mehrheit immer noch schutzlos und unzufrieden und folglich eine potenziell instabile Klasse, vor allem als plötzlich starke und gut organisierte linke Bewegungen entstanden. Um diese neue Bedrohung zu entschärfen, leitete die peruanische Regierung, wie viele Dritte-Welt-Länder, Agrarreformprogramme ein, enteignete gewaltige Flächen der Ackerbau- und Viehzuchtbetriebe (*haciendas*) und richtete mehr als sechshundert von der Regierung geleitete ländliche Bauernkooperativen ein. Wiederum ein hehres Ziel: Auf diese Weise sollten die Eingeborenen Zugang zu Grundeigentum erhalten. Doch selbst diese Bemühungen scheiterten, weil vielen Eingeborenen die Arbeit unter einer aufgezwungenen Bürokratie missfiel. Sie lösten die Kooperativen in private Parzellen auf und trafen erneut ihre vertrauteren und flexibleren extralegalen Absprachen zum Schutz ihrer jüngst erworbenen Rechte. Die Regierung hatte eben nicht in Betracht gezogen, dass die Menschen, sobald sie Eigentum erwerben, ihre eigenen Vorstellungen von der Nutzung und vom Tausch dieses Eigentums haben. Wenn das Rechtssystem den Bedürfnissen und Wünschen der Bevölkerung nicht Rechnung trägt, dann wird sie sich massenhaft diesem System entziehen.

Die peruanische Geschichte hält für Reformer aller politischen Schattierungen eine wichtige Lektion bereit. Regierungsprogramme, die Grundeigentum an die Armen vergeben, haben in den letzten hundertfünfzig Jahren versagt, egal, ob sie nach der Vorstellung der Rechten konzipiert waren (private Eigentumsrechte mittels zwingendem Recht) oder nach der Linken (Schutz des Grundeigentums der Armen in Form von Kollektiven unter staatlicher Leitung). Die politischen Auseinandersetzungen «Rechts gegen Links» sind für die Bedürfnisse der meisten Menschen in den Entwicklungsländern weitgehend bedeutungslos. Diese Leute entziehen sich dem geltenden Recht nicht etwa deswegen, weil sie von ihm privatisiert oder kollektiviert wurden, sondern schlicht deswegen, weil es nicht berücksichtigt, was sie wollen. Diese Wünsche mögen unterschiedlich sein. Manchmal bedarf es einer Zusammenlegung des Grundeigentums, manchmal einer Teilung. Wenn das Recht den Leuten nicht hilft, werden sie sich außerhalb des Rechts selbst helfen. Die Feinde der Eigentums- und Kapitalbildung in den Ländern der Dritten Welt und des ehemaligen Ostblocks sind nicht Linke oder Rechte, sondern die Freunde des Status quo. Die Regierungen der Entwicklungsländer müssen aufhören, sich an den Vorurteilen der westlichen Welt zu orientieren, die ausgehen vom brutalen Prinzip der Einzäunung, der Eigentumsbildung, wie sie vor Jahrhunderten in Großbritannien erfolgt ist, oder von der blutigen Enteignung der Indianer auf dem gesamten amerikanischen Kontinent. Diese moralische Schuld muss im Westen beglichen werden, nicht anderswo. Für die Staaten außerhalb der westlichen Welt gilt, auf das Bellen der eigenen Hunde zu hören und herauszufinden, wie das Recht aussehen sollte. Nur dann werden die Menschen aufhören, außerhalb seiner zu leben.

Da die Leute weiterhin Eigentum außerhalb des formalen Rechts schaffen, verliert dieses Recht in zunehmendem Maße seine Legitimität. Die Daten, die wir im Ausland erhoben hatten, ließen erkennen, dass sich zwischen den sechziger und neunziger Jahren der extralegale Sektor nicht nur in Peru, sondern auch in anderen Entwicklungsländern und ehemaligen kommunistischen Staaten vergrößert hatte. In der Annahme, dass zwingendes Recht nicht nur in Peru versagt hatte, stellte ich 1994 eine besondere Forschergruppe zusammen, um herauszufinden, ob in den letzten dreißig Jahren internationale Finanzinstitutionen je über die Durchführung eines erfolgreichen und breitenwirksamen «Formalisierungs»programms in der Dritten Welt berichtet hätten – ein Programm, in dem alle Vermögenswerte korrekt dargestellt und in ein System zur Kapitalerzeugung eingebunden werden. Obwohl wir die Unterlagen des US-Finanzministeriums und internationaler Organisationen monatelang systematisch sichteten, fanden wir nichts, was auch nur entfernt dem Erfolg entwickelter Länder geähnelt hätte.

Wir entdeckten jedoch, dass in den vergangenen vier Jahrzehnten verschiedene Regierungen viele solcher Programme initiiert hatten, indem sie Milliarden Dollar für eine Vielzahl von eigentumsbezogenen Maßnahmen ausgegeben hatten, wie etwa Vermessung, Kartierung und computerunterstützte Erfassungssysteme. Diese Programme besaßen zwei gemeinsame Merkmale: eine außergewöhnlich große Zahl von ihnen war wegen dürftiger Resultate frühzeitig abgebrochen worden («Unmengen von neuen Karten und Computern, doch nur wenige neue formale Grundeigentümer», berichtete der Leiter eines Regierungsprogramms in Brasilien). Mit Ausnahme einiger thailändischer Programme zur Beurkundung von Grundeigentum im ländlichen Raum gelang es keinem dieser Projekte, extralegale Vermögenswerte in legale umzuwandeln. Erst recht fanden wir keinen Hinweis, dass Vermögenswerte in Kapital umgewandelt worden wären.

Lag es daran, dass es die Regierungen nicht wirklich kümmerte? Sicherlich nicht. In Peru beispielsweise hatte die Regierung in den 400 Jahren seit der spanischen Eroberung mindestens zweiundzwanzigmal eine Formalisierung des Grundeigentums versucht. Erfolg gleich null. Wir besuchten die Grundbuchämter anderer Entwicklungsländer und erhielten ähnliche Antworten: Groß angelegte Programme hatten versagt oder nur geringfügige Erfolge gehabt. Wiederum, und bezeichnenderweise, konnte niemand, mit dem wir in jenen Ländern sprachen, behaupten, dass eine nennenswerte Anzahl der erteilten Titel fungibel gewesen wäre und sich für ein integriertes System geeignet hätte, in dem Kapitalbildung hätte stattfinden können.

Die Ergebnisse sind eindeutig: Egal, wie intensiv sich die Länder der Dritten Welt und des ehemaligen Ostblocks bemühen, wie gut ihre Absichten sind, es bleibt eine gewaltige Kluft zwischen dem, was zwingendes Recht gebietet, und dem, was zur Durchsetzung dieses Rechts getan wird. Zwingendes Recht reicht nicht. Dazu schreibt Andrzej Rapaczynski:

> Die Vorstellung, durch die bloße Einrichtung eines entsprechenden Rechtsregimes ließe sich ein Komplex von Eigentumsrechten einführen, auf die sich ein modernes Wirtschaftssystem stützen könnte, ist wenig plausibel, weil das Rechtssystem die meisten Eigentumsrechte kaum durchzusetzen vermag. Die Institution des Eigentums beruht im Wesentlichen auf unbestrittenen und weitgehend unbewussten gesellschaftlichen und wirtschaftlichen Praktiken, die in nichtrechtlichen Entwicklungen wurzeln müssen. Hier haben wir das alte Hobbes'sche Problem: Sind die meisten Leute gesetzestreu, kann die Regierung Recht und Gesetz wirksam und [vergleichsweise] kostengünstig gegen die wenigen Rechtsbrecher durchsetzen. Aber wenn die Gesetzestreue gründlich genug verloren geht, ist keine Behörde in der Lage, alle zu überwachen. Wenn sich unter diesen Verhältnissen den Gesetzen immer weniger Geltung verschaffen lässt, ist es für den Einzelnen lohnender, seinen eigenen Interessen zu folgen, egal, was auf dem Papier steht.[219]

In der jüngsten Geschichte hat es in den Ländern der Dritten Welt und des ehemaligen Ostblocks nicht an gutem Willen gefehlt oder an Haushaltsmitteln, internationalen Beschlüssen oder gesetzlichen Vorschriften, die den ausdrücklichen Zweck hatten, der Mehrheit der Bürger Rechte an ihren Vermögenswerten zu geben. Leider verhalten sich Regierungen, die sich anschicken, die Eigentumsrechte der Armen zu sichern, als ob sie sich an einen Ort begäben, an dem ein eigentumsrechtliches Vakuum herrscht, als ob sie auf dem Mond landeten. Sie glauben, sie müssten nicht mehr tun, als dieses Vakuum mit zwingendem Recht zu füllen. In den meisten Fällen gibt es allerdings gar kein Vakuum. Die Menschen verfügen bereits über beträchtliches Eigentum auf der Grundlage extralegaler Vereinbarungen. Zwar mögen die Vermögensgegenstände der Armen außerhalb des formalen Rechts bleiben, trotzdem werden die Rechte an diesen Vermögenswerten durch Gesellschaftsverträge bestimmt, die die Betroffenen selbst entwickelt haben. Stimmen nun die gesetzlichen Vorschriften nicht mit den extralegalen Konventionen überein, so werden die Parteien, die sich auf diese Konventionen verpflichtet haben, die gesetzlichen Vorschriften als Einmischung empfinden und ablehnen.

## *Das Recht im Gesellschaftsvertrag verankern*

Grundeigentum betreffende extralegale Gesellschaftsverträge liegen nahezu allen Eigentumssystemen zugrunde und gehören zur Realität aller Länder, auch der heutigen Vereinigten Staaten.[220] Wie Richard Posner erläutert, ist Eigentum ein soziales Konstrukt.[221] Dies bedeutet, dass Eigentumsregelungen am wirksamsten sind, wenn die Leute sich einig sind über die Eigentumsrechte an Vermögensgegenständen und die Regeln, die die Verwendung und den Tausch dieser Gegenstände festlegen. Außerhalb des Westens überwiegen die extralegalen Gesellschaftsverträge aus gutem Grund: Sie stützen sich in viel höherem Maße als das formale Recht auf einen Konsens der Menschen über den Umgang mit ihren Vermögenswerten. Jeder Versuch, ein einheitliches Eigentumssystem zu schaffen, das die Kollektivverträge außer Acht lässt, auf die sich die bestehenden Eigentumsregelungen stützen, kommt mit den Wurzeln der Rechte in Konflikt, aus denen die meisten Menschen den Eigentumsanspruch an ihre Vermögenswerte ableiten. Anstrengungen zur Reform des Eigentumsrechts scheitern, weil die für den Entwurf neuer Gesetze zuständigen Politiker und Beamten nicht erkennen, dass die meisten Bürger ihre eigenen Regeln durch Gesellschaftsverträge festgelegt haben.

Die Vorstellung, dass erfolgreichen Gesetzen Gesellschaftsverträge zugrunde liegen, lässt sich bis zu Platon zurückverfolgen, der glaubte, dass Legitimität auf eine Art Gesellschaftsvertrag gegründet sein müsse. Selbst Immanuel Kant schrieb in seinen Ausführungen gegen Locke, dass ein Gesellschaftsvertrag wahrem Eigentum vorangehen müsse; alle Eigentumsrechte würden sich darauf gründen, dass die Legitimität eines Anspruchs gesellschaftlich anerkannt werde. Um legitim zu sein, muss ein Recht nicht notwendig durch ein formales Gesetz definiert sein; dass eine Gruppe von Menschen eine bestimmte Konvention energisch unterstützt, reicht aus, um diese als ein Recht zu hüten und gegen formales Recht zu verteidigen.

Aus diesem Grund sind Eigentumsgesetze und -titel, die ohne Berücksichtigung vorhandener Gesellschaftsverträge erlassen werden, zwangsläufig zum Scheitern verurteilt: Ihnen fehlt die Legitimität. Um Legitimität zu erlangen, müssen sie mit den extralegalen Gesellschaftsverträgen verknüpft werden, die die bestehenden Eigentumsrechte festlegen. Das Problem besteht natürlich darin, dass diese Gesellschaftsverträge über viele hundert extralegale Jurisdiktionsbezirke in einzelnen Dörfern und Stadtvierteln verteilt sind. Die Integration dieser Gesellschaftsverträge in ein formales Eigentumssystem lässt sich auf geordnete Weise nur erreichen, indem man eine juristische und politische Struktur entwickelt, gewissermaßen eine Brücke, die in den extralegalen Regelungen der Menschen so fest verankert ist, dass sie sie vertrauensvoll in Richtung des neuen, allumfassenden und formalen Gesellschaftsvertrages überqueren. Diese Brücke muss so stabil sein, dass sie keine Risse bekommt und nicht jedermann, von Panik getrieben, sich wieder in die extralegalen Regelungen flüchtet, eine Brücke, die so breit ist, dass niemand von ihr herunterfällt. Auf diese Weise hat der Westen im Laufe von mehreren Jahrhunderten den Übergang geschafft. Harold Berman erinnert daran:

> Die Systematisierung des Rechts innerhalb verschiedener Gemeinschaften war nur möglich, weil sich dort zuvor eine informelle Struktur der Rechtsbeziehungen entwickelt hatte ... In der Vergangenheit erwuchs die Rechtstradition des Westens aus dem Geflecht der sozialen und ökonomischen Wechselbeziehungen innerhalb und zwischen den Gruppen vor Ort. Verhaltensmuster im Rahmen dieser Wechselbeziehungen gewannen normative Bedeutung: Brauch wandelte sich zu Gewohnheit ... und aus Gewohnheit wurde Recht.[222]

Der Bau einer juristischen und politischen Brücke von «vor Ort» verstreuten Gesellschaftsverträgen hinüber zu einem die ganze Nation einbeziehenden Recht gelang Eugen Huber in der Schweiz an der Wende zum 20. Jahrhundert. Huber passte die römischen Grundsätze des schweizerischen Gesetzesrechts den weit über die Städte und Dörfer seiner Heimat verstreuten Bräuchen, Regeln und Verhaltensweisen an. Er führte alle Konventionen in einem kodifizierten Recht zusammen, das die Rechte und Pflichten der Menschen in Übereinstimmung mit den örtlichen Normen sicherte, die ihnen vertraut waren. Huber zitierte gern die alte deutsche Redensart: *«Das Gesetz muss aus dem Gedanken des Volkes gesprochen sein.»* Wie wir in Kapitel 5 gesehen haben, erwies das amerikanische Recht bestehenden Gesellschaftsverträgen dieselbe Achtung. Dessen Stärke war nicht seine doktrinäre oder juristische Schlüssigkeit, sondern seine Nützlichkeit in den Händen von Behörden, die unerschlossene Vermögenswerte in produktive verwandeln wollten.

Die Übergänge von extralegalen Beziehungen zu einem einheitlichen formalen Eigentumssystem waren in den entwickelten Nationen keine Erfindungen aus dem luftleeren Raum. Die Systematisierung der Gesetze, die das Fundament der modernen eigentumsrechtlichen Strukturen bilden, war nur möglich, weil die Behörden zuließen, dass die bereits vorhandenen extralegalen Beziehungen zwischen den Gruppen vor Ort an die Stelle des offiziellen Rechts traten: «Das Recht wächst einerseits aus den Strukturen und Bräuchen der ganzen Gesellschaft empor», schrieb Berman, «und bewegt sich anderseits abwärts von den Grundsätzen und Werten derer, die über die Gesellschaft herrschen. Das Recht hilft beides zu integrieren.»[223]

Durch die Verwurzelung des formalen Eigentumsrechts in Gesellschaftsverträgen, denen die Menschen bereits verpflichtet waren, erreichten die Regierungen des Westens jene breite Akzeptanz im Volk, die nötig war, um jeden Widerstand zu überwinden. Das Resultat war ein einziges System des Eigentumsrechts. Als das stand, konnten sie damit beginnen, die vielen verstreuten Konventionen in einen nationalen Gesellschaftsvertrag zu integrieren. Während einst nur der Eigentümer und seine Nachbarn bestätigen konnten, dass ihm ein Haus gehörte, wusste nach Einführung des formalen Eigentumsrechts die ganze Nation, wer der Eigentümer war. Formale Eigentumstitel gestatteten es den Menschen, die Früchte ihrer Arbeit aus dem kleinen Sektor der Beweisbarkeit auf einen erweiterten Markt zu bringen. Damit hatten die westlichen Staaten das Kraftwerk errichtet, das die moderne Marktwirtschaft und das kapitalistische System mit der erforderlichen Energie versorgte.

Als sich die Anerkennung des Eigentums von örtlichen Übereinkünften hin zu einer größeren Ordnung wirtschaftlicher und sozialer Beziehungen verlagerte, wurden Leben und Geschäft erheblich leichter. Es bedurfte keiner mühsamen lokalen Verhandlungen mehr, um das Recht an seinem Eigentum zu beweisen. Das formale Eigentumsrecht befreite von den zeitraubenden lokalen Vereinbarungen, die für geschlossene Gesellschaften charakteristisch sind. Jetzt hatten die Eigentümer die Kontrolle über ihre Vermögensgegenstände. Noch besser, dank angemessener Repräsentationen konnten sie sich auf das wirtschaftliche Potenzial ihres Besitzes konzentrieren. Und weil Liegenschaften und Betriebe nun mühelos lokalisiert und landesweit festgestellt werden konnten, traten die Eigentümer aus ihrer Anonymität heraus und konnten verantwortlich gemacht werden. Diese Mechanismen des formalen Eigentumssystems schufen die Voraussetzung dafür, dass ausgedehnte Märkte entstanden und Kapital unter Beteiligung einer großen Anzahl von Mitspielern erzeugt werden konnte.

### *Die Zuverlässigkeit vorkapitalistischer Gesellschaftsverträge*

Sind die extralegalen Gesellschaftsverträge, die heute in den Entwicklungsländern vorherrschen, eine hinreichende Grundlage für die Schaffung eines offiziellen Rechts? Zweifellos. Es gibt eine Fülle von Belegen dafür, dass sich die staatlichen Stellen implizit und explizit um Übereinstimmung mit den extralegalen Gesellschaftsverträgen bemühen. Berichte internationaler Spenderorganisationen verweisen fortwährend, wenngleich versteckt, auf extralegale Konventionen. Wie hätten Regierungen landwirtschaftliche und urbane Erneuerungsprojekte in den ärmsten Regionen ihrer Länder wohl entwickeln können, wenn nicht durch Absprachen mit den extralegalen Organisationen der Begünstigten? Die Tatsache, dass Regierungen und internationale Finanzinstitutionen Squatter-Siedlungen unter Missachtung des Eigentumsrechts mit öffentlichen Dienstleistungen versorgen (Straßen, Elektrizität, Wasser, Schulen), bedeutet die implizite Anerkennung extralegaler Eigentumsregelungen. Wie Robert Cooter und Thomas Ulen anmerkten, sind «die Bestimmungen [des Eigentumsrechts] oft wirksamer, wenn die Leute sich darauf einigen, als wenn ein Gesetzgeber sie ihnen auferlegt».[224]

Extralegale Gesellschaftsverträge stützen sich auf eine Kombination von Gepflogenheiten, spontanen Improvisationen und Regeln, die dem staatlichen Rechtssystem selektiv entlehnt wurden. In Ermangelung des staatlichen Rechtsschutzes werden in den meisten Entwicklungsländern die Eigentumsverhältnisse der Mehrzahl der Bürger von extralegalem Recht geregelt. Für westliche Leser, die zu der Überzeugung gelangt sind, man könne nur einem Recht gehorchen, mag das widersinnig oder gar subversiv klingen. Doch ich habe Dutzende Entwicklungsländer besucht, in ihnen gearbeitet und dabei die Erkenntnis gewonnen, dass in ihnen allen offizielles und extralegales Recht zugleich gilt. Margaret Gruter bringt es auf den Punkt:

> Recht ist nicht nur einfach ein Komplex mündlich und schriftlich ausgedrückter oder formalisierter Regeln, denen die Menschen blindlings folgen. Vielmehr stellt das Recht die Formalisierung von Verhaltensregeln dar, auf die sich ein hoher Prozentsatz der Menschen verständigt hat. Diese Regeln spiegeln bestimmte Verhaltensneigungen wider und bieten jenen Menschen potenzielle Vorteile, die diesen Neigungen folgen. (Wenn die Leute diese potenziellen Vorteile nicht erkennen oder nicht an sie glauben, werden Gesetze oftmals missachtet oder übertreten ...)[225]

Ein anderer Rechtswissenschaftler hat angemerkt, dass «das gegenwärtige Vertrauen, das der Westen in den Staat als Gesetzgeber und Ordnungsstifter setzt, historisch gesehen nicht die Norm ist».[226] Unterschiedliche Gesetze in einer Nation sind nichts Neues. In Kontinentaleuropa herrschte Rechtspluralismus, bis im 13. und 14. Jahrhundert das römische Recht wieder entdeckt und alle Rechtsströmungen nach und nach in einem koordinierten System zusammengeführt wurden.

Wir sollten also nicht überrascht sein über die Feststellung, dass in den Ländern der Dritten Welt und des einstigen Ostblocks extralegale Aktivitäten selten der Willkür entspringen. Im Zuge der Ausfertigung von Rechtstiteln für Hunderttausende peruanischer Haus- und Geschäftseigentümer hat meine Organisation zu keiner Zeit eine extralegale Gruppe angetroffen, die nicht mit wohldefinierten, auf gegenseitiger Absprache beruhenden Regeln einverstanden gewesen wäre. Immer wenn wir eine unterkapitalisierte Region besuchten, ob in Asien, Amerika oder im Nahen Osten, nie betraten wir eine Wildnis. Bei aufmerksamem Hinsehen konnten wir immer Muster eines Regelwerks ausmachen. In den schlimmsten Fällen fanden wir einen verwilderten Garten vor, aber niemals einen Dschungel.

Wie ihre Vorläufer im Westen haben auch die unterkapitalisierten Sektoren der Dritten Welt und der ehemaligen kommunistischen Staaten hinsichtlich ihrer Eigentumssysteme eigene Spielregeln. Um die Ansätze ihrer Eigentumsrechte vor anderen zu schützen, mussten sie ihre eigenen extralegalen Institutionen zwangsläufig untereinander ausbilden. Man bedenke, dass es nicht der eigene Verstand ist, der einem gewisse ausschließliche Rechte über einen bestimmten Vermögensgegenstand gibt; man erhält diese Rechte, weil andere Köpfe darüber nicht anders denken als man selbst. Diese Köpfe sind entscheidend aufeinander angewiesen, um ihre Vermögensgegenstände zu schützen und zu kontrollieren. Zudem müssen die Leute ihre Gesellschaftsverträge noch strenger abfassen, als es das formale Recht tut, um Störenfriede, insbesondere die Regierung, abzuwehren. Wer die Kraft solcher Gesellschaftsverträge bezweifelt, der braucht bloß den Versuch zu unternehmen, sich über einige dieser extralegalen Rechte hinwegzusetzen. Der Widerstand wird höchst beeindruckend sein.

Extralegale Regelungen haben in den vergangenen vierzig Jahren eine erstaunliche Verbreitung gefunden. Berichte über «den sprunghaft wachsenden extralegalen Sektor» scheinen in den Zeitungen fast aller Städte der Dritten Welt so alltäglich zu sein wie die Fußballergebnisse. Der Grund liegt darin, dass das formale Recht nicht fähig war, die rasch entstehenden extralegalen Übereinkünfte in sich aufzunehmen. Auf dem Immobiliensektor zum Beispiel entstehen extralegale Gesellschaftsverträge nicht nur, weil sich Migranten einfach als Squatter betätigen, sondern auch, weil die Wohnungsbauprojekte und städtischen oder ländlichen Reformprogramme unzulänglich sind, weil die Programme zur Mietpreisbindung allmählich verkommen und weil Bauland und industrielle Nutzflächen illegal verkauft oder verpachtet werden. Die meisten Gesellschaftsverträge kommen durch die Vermittlung von Agenten zustande: kommerziell, politisch oder religiös motivierte «Immobilienmakler», die bei diesen Transaktionen entweder selbst profitieren oder im Interesse einer Wählerschaft handeln.

Der gemeinsame Nenner ihrer Klientel ist der Umstand, dass sie die Kosten eines legalen Eigentumserwerbs nicht aufbringen kann. In manchen Ländern, die ich besuchte, haben Teile der Streitkräfte Offiziere abgestellt, um extralegale Immobilien als Wohnquartiere für Unteroffiziere zu beschaffen. Und was noch mehr überrascht, ich habe erlebt, dass Kommunalbeamte, die für die Titelerteilung und Grundbucheintragung zuständig waren, ein informelles Squatting organisierten, um Mitgliedern ihrer Gewerkschaft ein hübsches Stück Bauland zukommen zu lassen. Eine der großen Squatter-Siedlungen, die ich unlängst besuchte, ging auf die Initiative des Stadtrats zurück, der Wohngelegenheiten für gut siebentausend Familien von Regierungsangestellten suchte. Die Lokalzeitung eines anderen Landes, die durch unsere Daten über umfangreichen extralegalen Immobilienbesitz neugierig geworden war, überprüfte, ob für den Amtssitz des Staatsoberhaupts ein eingetragener Eigentumstitel existierte. Es gab keinen. Die Zeitung stellte scherzhaft fest, dass die Gesetze des Landes von einem extralegalen Ort aus in Kraft gesetzt würden.

Sind einmal extralegale Bodenrechte entstanden, bilden die Beteiligten Institutionen, um den von ihnen geschaffenen Gesellschaftsvertrag umzusetzen: Informelle Unternehmer- und Siedlerorganisationen tagen regelmäßig, treffen Entscheidungen, erhalten und überwachen Investitionen in die Infrastruktur, führen Verwaltungsverfahren durch und stellen Beglaubigungsschreiben aus. Gemeinhin haben sie einen Hauptsitz, wo es Pläne und ein Hauptbuch mit den Eintragungen der Eigentumsverhältnisse gibt. Das auffälligste Merkmal all dieser Organisationen überall in der Welt ist ihr Wunsch, in den formellen Sektor integriert zu werden. In städtischen Gebieten führt die Entwicklung der extralegalen Gebäude und Betriebe mit der Zeit dazu, dass sie von vollkommen legalem Immobilienbesitz kaum noch zu unterscheiden sind. In allen Entwicklungsländern und ehemals kommunistischen Staaten, die ich besucht habe, ist der legale Sektor vom extralegalen durch eine lange Grenzlinie getrennt. Entlang dieser Grenze finden sich

Kontrollpunkte, wo extralegale Organisationen mit Regierungsstellen in Verbindung stehen, wo Erstere um offizielle Anerkennung kämpfen und Letztere den Anschein der Ordnung zu wahren suchen.[227] Gewöhnlich haben extralegale Organisationen eine Möglichkeit der Koexistenz mit gewissen Ebenen des Staates, wahrscheinlich der kommunalen oder örtlichen, entwickelt. Die meisten Gruppen versuchen zum Schutz ihrer Rechte eine rechtliche Nische auszuhandeln, während andere bereits eine Art Übereinkunft erzielt haben, die ihre Situation außerhalb des vorherrschenden Rechts stabilisiert. Es gibt noch einen weiteren Hinweis, der darauf schließen lässt, dass die Extralegalen in die Legalität streben: Die freundlichen und diplomatischen Verhandlungsführer, die sie sich zur Wahrnehmung ihrer Interessen wählen, entsprechen kaum dem Klischee, das man vom Anführer einer Streetgang hat.

### *Den bellenden Hunden zuhören*

Die meisten Regierungen der Entwicklungsländer und der ehemaligen kommunistischen Staaten sind vermutlich bereit anzuerkennen, dass der Grund für das exponentielle Wachstum des extralegalen Sektors nicht darin zu sehen ist, dass die Leute plötzlich die Achtung vor dem Gesetz verloren haben – sondern dass sie keine Alternative hatten, um ihr Eigentum zu schützen und ihren Lebensunterhalt zu verdienen. Sobald die Regierungen sich mit diesem Aspekt des modernen Lebens abgefunden haben, müssen sie sich auf einen Handel einlassen. Obgleich die Extralegalen bereit sind, die Brücke zu überqueren, die in die rechtliche Anerkennung führt, werden sie diesen Gang nur antreten, wenn ihre Regierungen dafür sorgen, dass der Weg einfach, sicher und preiswert ist. Die Eigentümer der Vermögenswerte im extralegalen Sektor sind bereits relativ gut organisiert; sie sind auch «gesetzestreu», obschon die Gesetze, an die sie sich halten, nicht die Gesetze des

Staates sind. Die Regierungen müssen herausfinden, welcher Art diese extralegalen Regelungen sind, und dann nach Möglichkeiten suchen, um sie in das formale Eigentumssystem zu integrieren. Das wird ihnen aber nicht gelingen, wenn sie in den Bürotürmen von Delhi, Jakarta oder Moskau Juristen engagieren und sie mit dem Entwurf neuer Gesetze beauftragen. Die Regierung muss sich auf die Straßen und Gassen begeben und den bellenden Hunden zuhören.

Das heute im Westen geltende Recht stammt nicht aus verstaubten Wälzern oder staatlichen Gesetzbüchern. Es ist ein lebendiges Ganzes, das in eine reale Welt hineingeboren und von gewöhnlichen Leuten großgezogen wurde, lange bevor es professionellen Juristen in die Hände fiel. Das Recht musste entdeckt werden, bevor es systematisiert werden konnte. Hierzu meint der Rechtswissenschaftler Bruno Leoni:

> Römer und Engländer waren übereinstimmend der Auffassung, das Recht müsse eher *entdeckt* als *erlassen* werden, und niemand in einer Gesellschaft sei mächtig genug, um seinen eigenen Willen mit dem Recht des ganzen Landes gleichsetzen zu können. Mit dem Auftrag, das Recht zu «entdecken», wurden in diesen beiden Ländern die Rechtsberater beziehungsweise die Richter betraut – zwei Kategorien, die zumindest bis zu einem gewissen Grade mit den wissenschaftlichen Fachleuten unserer Tage zu vergleichen sind.[228]

«Entdeckung des Rechts» – das trifft genau das, was meine Kollegen und ich in den letzten fünfzehn Jahren in verschiedenen Ländern getan haben, als erste Maßnahme, um den Regierungen der Entwicklungsländer zu helfen, formale Eigentumssysteme zu entwickeln, die alle Bürger umfassen. Lässt man einmal die Hollywood-Klischees von Drittweltlern und Exkommunisten beiseite – dieses bunte Sammelsurium von Straßenhändlern, schnurrbärtigen Guerilleros und Banditen mit slawischen Gesichtszügen –, so wird man, soweit es um den Schutz der Vermögenswerte und die Geschäftspraktiken geht, nur wenige Unterschiede zwischen den

Kulturen des Westens und denen anderer Länder bemerken. Nach jahrelangen Studien in vielen Ländern bin ich zu der Überzeugung gelangt, dass die meisten extralegalen Gesellschaftsverträge über Eigentum den nationalen Gesellschaftsverträgen der westlichen Länder im Grunde sehr ähnlich sind. Die einen wie die anderen enthalten in der Regel einige ausdrückliche oder stillschweigende Vorschriften, die regeln, wer woran welche Rechte hat, wo diese Rechte aufhören und welche Transaktionen zulässig sind. Weiterhin gibt es Bestimmungen darüber, wie das Eigentum an Vermögenswerten registriert wird, wie Eigentumsrechte und -ansprüche durchgesetzt werden, durch welche Symbole Grundstücksgrenzen kenntlich gemacht werden, welchen Normen Transaktionen unterliegen, nach welchen Kriterien zu entscheiden ist, was einer Amtshandlung bedarf und was nicht, nach welchen Richtlinien über die Gültigkeit von Repräsentationen entschieden wird, durch welche Vorkehrungen die Menschen dazu angehalten werden sollen, ihre Verträge zu erfüllen und das Gesetz zu achten, und schließlich, wie viel Anonymität bei einzelnen Transaktionen zulässig ist.

Man darf also annehmen, dass alle Menschen eine ähnliche Einstellung zu Eigentumsrechten haben. Das sollte nicht überraschen – Konventionen dieser Art haben sich schon immer spontan von Ort zu Ort verbreitet. Zudem hat die Massenmigration der letzten vierzig Jahre, ganz zu schweigen von der weltweiten Revolution des Kommunikationswesens, dazu geführt, dass wir mehr und mehr Werte und Ziele miteinander teilen. (Die Menschen der Dritten Welt sehen auch fern, sie gehen auch ins Kino, haben Telefon und möchten, dass ihre Kinder eine gute Bildung genießen und den Umgang mit Computern lernen.) So kann es gar nicht ausbleiben, dass die einzelnen Gesellschaftsverträge in ein und demselben Land mehr Ähnlichkeiten als Unterschiede aufweisen.[229]

Die Problematik extralegaler Gesellschaftsverträge liegt darin, dass deren Eigentumsrepräsentationen nicht hinreichend kodifiziert und fungibel sind, um außerhalb ihres engeren geographischen Rahmens Verwendung zu finden. Extralegale Eigentumssysteme sind für die Angehörigen der Gruppe beständig und bedeutsam, aber sie sind Systeme von begrenzterer Geltung und verfügen über keine Repräsentationen, die ihnen eine mühelose Interaktion untereinander gestatten würden. Nochmals: Im Westen war es ähnlich, als es dort noch keine offiziellen Eigentumstitel gab. Abgesehen von ein paar vereinzelten Registern im heutigen Deutschland waren in Europa zum Beispiel bis zum 15. Jahrhundert die meisten amtlichen Richtlinien zur Eigentumsübertragung nicht schriftlich fixiert und nur durch mündliche Überlieferung bekannt.

Viele begreifen diese Rituale und Symbole als Vorläufer unserer heutigen amtlichen Titel, Wertpapiere und Dokumente. Laut David Hume, dem britischen Philosophen und Historiker des 18. Jahrhunderts, war es zu seinen Lebzeiten in manchen Teilen Europas üblich, dass ein Grundeigentümer dem anderen anlässlich eines Landtauschs Steinchen und Erde übergab; Bauern symbolisierten den Verkauf ihres Weizens durch Übergabe des Scheunenschlüssels. Pergamente, auf denen Landübertragungen dokumentiert waren, wurden zur Repräsentation der Übereinkunft rituell auf die Erde gedrückt. Ganz ähnlich war es Jahrhunderte früher im kaiserlichen Rom. Das römische Recht verlangte, dass Gras und Zweige von Hand zu Hand gingen, um so die legale Übertragung von Eigentumsrechten darzustellen. Auch die Japaner hatten ihre Riten zur Besiegelung geschäftlicher Transaktionen. Als beispielsweise während der Tokugawa-Ära vom 17. bis zum 19. Jahrhundert in der Region Gamma Kodzuke der Verkauf von Ackerland gesetzlich untersagt war, veräußerten die Grundeigentümer ihr Land trotzdem. Diese extralegalen Geschäfte wurden urkundlich bestätigt und von der Verwandtschaft des Verkäufers und dem Dorfältesten besiegelt. Nach und nach sammelte man die Dokumente dann in örtlichen Registern. Es dauerte lange, bis diese Urkunden in Buchform gebracht wurden. Erst im Laufe des 19. Jahrhunderts wurden diese verschiedenen Register und übergeordneten Gesellschaftsverträge standardisiert und miteinander vereinigt, sodass jenes formale Eigentumssystem entstand, über das der Westen heute verfügt.

Die ehemaligen kommunistischen Länder und die Dritte Welt stehen heute genau dort, wo Europa, Japan und die Vereinigten Staaten ein paar hundert Jahre früher waren. Nicht anders als der Westen müssen sie die vorhandenen Repräsentationen, die über ihre Länder verstreut sind, suchen, sammeln und in ein integriertes System bringen, um den Vermögensgegenständen aller Bürger die Fungibilität, den bürokratischen Apparat und das System zur Verfügung zu stellen, die zur Kapitalerzeugung erforderlich sind.

## *Entschlüsselung des extralegalen Rechts*

Als meine Kollegen und ich zum ersten Mal vor der Aufgabe standen, vorkapitalistische Eigentumsregelungen in ein formales kapitalistisches Eigentumssystem zu integrieren, hatten wir westliche Vorstellungen im Kopf. Doch als wir nach Informationen suchten, denen wir hätten entnehmen können, wie die entwickelten Länder ihre extralegalen Regelungen ins Recht integriert hatten, gab es keine solchen Berichte und Aufzeichnungen. Wie die westlichen Nationen herausfanden, welche Kategorien extralegaler Eigentumsnachweise sich als gemeinsamer Nenner eines standardisierten formalen Eigentumssystems eigneten, ist leider nur unzulänglich dokumentiert. John Payne erläutert die Situation in England:

> Die formale Beweiskraft eines Titels als Teil wirtschaftlicher Landübertragungen ist im englischen Recht offenbar eine späte Entwicklung, aber die Anhaltspunkte sind heute so spärlich, dass eine solche Hypothese nur als vorläufig gelten kann. Für den Historiker ist es ein Quell steter Verzweiflung, dass Menschen weltbewegende Ereignisse in allen Einzelheiten aufzeichnen, es aber nur selten für nötig befinden, einen Bericht über ihre häuslichen, alltäglichen Beschäftigungen abzufassen. Das erscheint überflüssig und banal, denn niemand möchte an Selbstverständliches erinnert werden. So ist das, was in der einen Epoche von

> jedermann als gegeben hingenommen wird, in der nächsten schon nicht mehr bekannt. Die Rekonstruktion alltäglicher Prozesse verlangt also von uns, Quellen mühselig zusammenzustückeln, die zu einem gänzlich anderen Zweck erhalten blieben. Dies gilt ganz gewiss für die Praktiken der *Conveyancers*, der Notare, die für Grundstücksübertragungen zuständig waren, denn bis zum 19. Jahrhundert ist uns kaum bekannt, wie sie tatsächlich verfuhren.[230]

Wir ließen uns von den wenigen historischen Zeugnissen leiten, die wir finden konnten, und füllten die Lücken mit den Ergebnissen unserer empirischen Forschungen. So ertasteten wir uns unseren Weg durch die extralegalen Welten und lernten am Ende, wie sich eine Vorstellung von den Gesellschaftsverträgen gewinnen lässt, die den dortigen Eigentumsrechten zugrunde liegen. Diese Regelungen zu entdecken, ist nicht mit der Suche nach Eigentumsnachweisen in einem formalen Rechtssystem zu vergleichen. Dort kann man sich auf ein Dokumentationssystem verlassen, das über die Jahre eine Papierspur gelegt hat, eine ‹Titelkette›, die die Suche nach dem Ausgangspunkt ermöglicht. Im unterkapitalisierten Sektor ist diese Titelkette für den Außenseiter bestenfalls verschwommen zu erkennen. Neben anderen Dingen fehlt dem unterkapitalisierten Sektor die zentralisierte Erfassungsbehörde, die im Mittelpunkt einer formalen Gesellschaft steht. Was die Leute im unterkapitalisierten Sektor haben, das sind stabile, klare und detaillierte Abmachungen darüber, wem heute was gehört.

Die einzige Möglichkeit, in einem bestimmten Gebiet den eigentumsbezogenen Gesellschaftsvertrag zu finden, besteht infolgedessen darin, mit den Menschen Verbindung aufzunehmen, die auf der Grundlage dieses Vertrags leben und arbeiten. Wenn das Eigentum einem Baum gleicht, so lässt sich im formalen Rechtssystem der Ursprung jedes Blattes über Zweig, Ast und Stamm letztlich zu den Wurzeln zurückverfolgen. Dem extralegalen Eigentum muss man sich synchron nähern: Die einzige Möglichkeit des Außenseiters, zu bestimmen, welche Rechte zu wem gehören, besteht darin, die Baumkrone rechtwinklig zum Stamm in Scheiben zu schneiden, um so die Position eines jeden Astes und Blattes in Beziehung zu seinen Nachbarn zu definieren.

Die Sammlung synchroner Informationen setzt Feldarbeit voraus. Man muss sich direkt in jene Gebiete begeben, wo Grundeigentum nicht (oder nur unzulänglich) amtlich registriert ist, und den Kontakt mit den legalen und extralegalen Instanzen vor Ort suchen, um herauszufinden, welcher Art die Eigentumsregelungen sind. Das ist nicht so schwierig, wie es sich anhört. Wenngleich in der ländlichen Abgeschiedenheit mancher Länder die mündliche Überlieferung vorherrschen mag, so haben doch die meisten Leute im unterkapitalisierten städtischen Sektor Möglichkeiten gefunden, ihr Grundeigentum in schriftlich fixierter Form zu repräsentieren, und zwar gemäß den Regeln, die sie selbst respektieren und die die unteren Behörden gezwungenermaßen akzeptieren.

In Haiti zum Beispiel glaubte niemand, dass wir Dokumente mit Repräsentationen von Eigentumsrechten finden würden. Haiti ist eines der ärmsten Länder; 55 Prozent der Bevölkerung sind Analphabeten. Und doch, nach einer intensiven Erhebung in den urbanen Gebieten Haitis hatten wir nicht ein einziges extralegales Grundstück, nicht eine Hütte und kein Gebäude gefunden, deren Eigentümer nicht zumindest ein Dokument zum Schutz seiner Rechte hätte vorweisen können – und wenn es nur seine «Squatting-Rechte» waren (vgl. Abb. 6.2 zu einer Auswahl informeller haitianischer Eigentumstitel). Egal, wo wir waren, die meisten Informellen besaßen irgendeinen materiellen Beleg, mit dem sie ihren Eigentumsanspruch repräsentierten und untermauerten. Mit Hilfe solcher extralegalen Repräsentationen sowie unserer Aufzeichnungen und Interviews können wir überall herausfinden, welche Gesellschaftsverträge dem Eigentum zugrunde liegen.

Während extralegale Informationsquellen wichtig sind, um Eigentumskonventionen zu identifizieren, gibt es auch amtliche und rechtliche Quellen. Spitzenpolitiker sind sich nur selten bewusst, in welchem Ausmaß die Vertreter niedrigerer administrativer Ebenen fortwährend mit dem extralegalen Sektor Berührung haben.

Kommunalbehörden, Städteplaner, Beamte des Gesundheitsamtes, die Polizei und viele andere müssen in amtlichen Gutachten festhalten, wie illegal die informellen Ansiedlungen oder Geschäftsbetriebe sind, die in ihren Bezirken überall und unablässig aus dem Boden schießen. Wir haben gelernt, wie man offizielle Dokumentationen zu lesen hat, um die Gebiete zu finden, in denen extralegale Gesellschaftsverträge tonangebend sind.

Sobald die Regierungen wissen, wo extralegale Repräsentationen zu finden sind, haben sie den Ariadnefaden, der sie zum Gesellschaftsvertrag führt. Repräsentationen kommen zustande, wenn eine bestimmte Gruppe zu einem allseits respektierten Konsens darüber gelangt ist, welches Eigentum wem gehört und was der Eigentümer damit machen darf. Um Repräsentationen lesen und ihren Sinn erkennen zu können, braucht man keinen Universitätsabschluss in Archäologie. Sie enthalten keinen geheimnisvollen Code, der erst zu dechiffrieren wäre. Diese Dokumente wurden von Menschen mit klaren, geschäftsmäßigen Absichten verfasst, um allen Betroffenen unmissverständlich klar zu machen, welche Rechte sie an den Vermögenswerten beanspruchen, die sie kontrollieren. Sie *wollen* die Legitimität ihrer Rechte mitteilen und sind bereit, dies durch so viele Beweise wie möglich zu untermauern. Ihre Repräsentationen haben nichts zu verbergen, sie wurden abgefasst, um als das erkannt zu werden, was sie sind. Bedauerlicherweise ist das nicht immer allen Beteiligten klar, denn im Umgang mit den Armen neigen wir dazu, das Fehlen einer zentralen Registerbehörde mit Unwissenheit zu verwechseln. Wie denn John P. Powelson in *The Story of Land* ganz richtig zu dem Schluss kommt, dass sogar in den primitivsten ländlichen Gegenden von Entwicklungsländern die Leute selbst ihre geschicktesten Anwälte waren und jederzeit die Fähigkeit besaßen, sich intelligent zu vertreten.[231]

Wenn die Behörden Beispiele für solche Repräsentationen erhalten, können sie diese «dekonstruieren», um die Prinzipien und Regeln zu finden, die den zugrunde liegenden Gesellschaftsvertrag

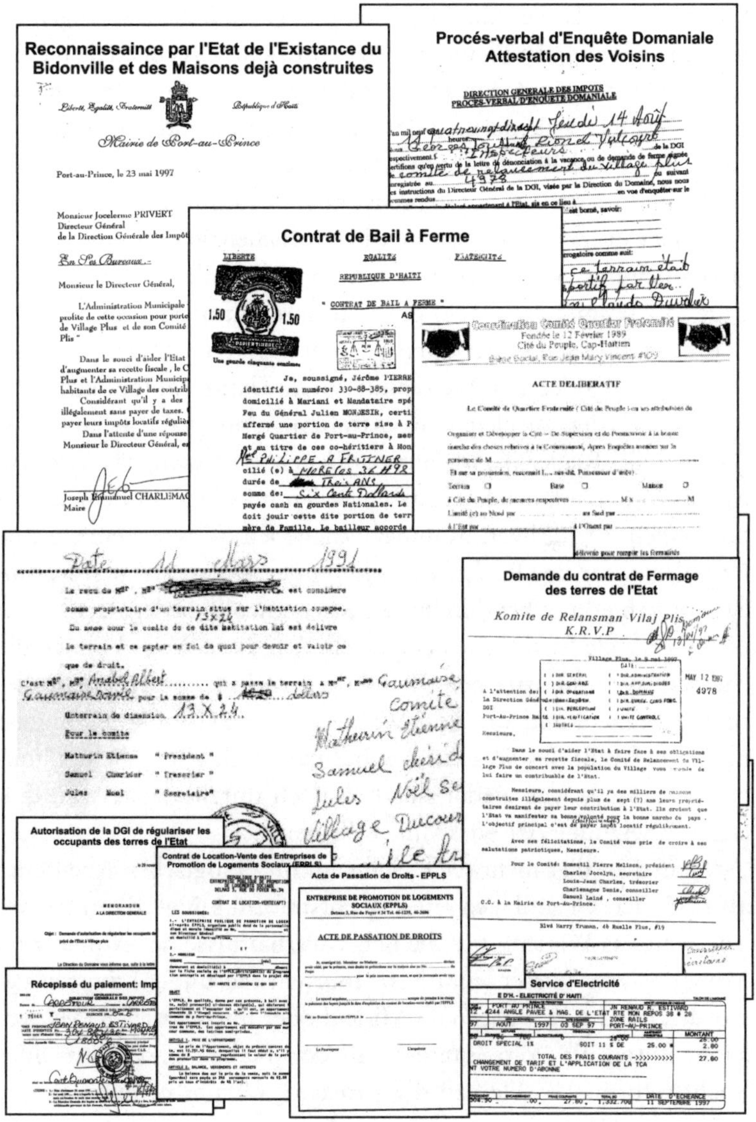


*Abbildung 6.2*
*Eigentumsnachweise, wie sie von Informellen in Haiti verwendet werden*

konstituieren. Sobald die Reformer dies getan haben, verfügen sie über die wichtigsten Elemente des extralegalen Rechts. Die nächste Aufgabe besteht darin, sie zu kodifizieren – sie in vorläufige formale Regeln zu gliedern, sodass sie überprüft und mit dem vorhandenen formellen Recht verglichen werden können. Auch das Kodieren lose gefügter Systeme ist kein Problem; es unterscheidet sich nicht grundlegend von den behördlichen Verfahren zur Vereinheitlichung von Gesetzestexten auf nationaler (etwa dem US Unified Commercial Code) oder auf internationaler Ebene (zum Beispiel den vielen integrierten Vorschriften, die von der Europäischen Union oder der Welthandelsorganisation aufgestellt wurden). Durch den Vergleich der extralegalen mit den legalen Codes können die Regierungsverantwortlichen erkennen, in welchem Maße beide einander angepasst werden müssen, um dem Eigentum einen regulativen Rahmen zu geben – eine gemeinsame Grundstruktur des Rechts für alle Bürger –, der wirklich legitim ist und sich von selbst durchsetzt, da er sowohl die legale als auch die extralegale Realität widerspiegelt. Auf diese Weise können die ehemals kommunistischen Staaten der rechtlichen Herausforderung begegnen, und auf diese Weise wurde im Grunde genommen auch das Recht des Westens geschaffen: durch allmähliche Elimination dessen, was weder nützlich noch durchsetzbar war, und durch Aneignung der wirksamen Elemente.

Wenn dies alles mehr nach einem anthropologischen Abenteuer als nach den Grundlagen einer Rechtsreform klingt, dann deswegen, weil das Wissen über die Lebensverhältnisse der Armen zum Monopol von Wissenschaftlern, Journalisten und Aktivisten geworden ist, die sich eher von Mitleid oder intellektueller Neugier leiten lassen als vom Interesse an den Haken und Ösen einer Rechtsreform. Wo bleiben die Juristen? Warum nehmen sie die Gesetze und Verordnungen, die ihre Landsleute produzieren, nicht einmal genauer unter die Lupe? Nun, um die Wahrheit zu sagen, die Juristen in diesen Ländern sind im Allgemeinen viel zu sehr damit beschäftigt, das westliche Recht zu studieren und anzupassen. Man hat sie gelehrt, lokale Praktiken seien kein echtes Recht, sondern ein romantisches Forschungsgebiet, das am besten den Volkskundlern überlassen bleibt. Aber wenn Juristen bei der Schaffung guter Gesetze eine Rolle spielen wollen, dann müssen sie ihre juristischen Bibliotheken verlassen und sich in den extralegalen Sektor begeben, der die einzige Informationsquelle darstellt, die sie benötigen, um ein wahrhaft legitimes formales Rechtssystem errichten zu können. Wenn die Reformer sich mit diesem ‹Volksrecht› beschäftigen und seine Logik verstehen, bekommen sie ein Gefühl dafür, was sie zur Schaffung eines Rechtssystems tun müssen, das auf breite Anerkennung stößt.

Sobald dies geschehen ist, sind sie mit dem Gesellschaftsvertrag buchstäblich in Berührung. Sie verfügen über die erforderlichen Informationen, um die Armen und deren Besitz in einen gesetzlichen Rahmen zu integrieren, sodass diese vielleicht am kapitalistischen System teilhaben können. Aber zur Durchführung einer Rechtsreform wird man den Status quo antasten müssen. Und das macht sie zu einer wichtigen *politischen* Aufgabe.

## *TEIL II*
## *Die politische Herausforderung*

Niemand hat die Umwandlung der Feudal- und Patrimonialsysteme in die modernen Eigentumssysteme, die es heute im Westen gibt, gezielt geplant. Im Zuge der langen Entwicklung gab es jedoch Zeiten, da entwickelten Reformer Programme, um das Eigentumsrecht einer breiteren Schicht von Bürgern zugänglich zu machen. Diese Programme waren erfolgreich, weil sie von wohl durchdachten politischen Strategien flankiert waren. Das tat Thomas Jefferson am Ende des 18. Jahrhunderts in Virginia, als er die Fungibilität des Grundeigentums erweiterte, indem er unter anderem die Praxis des Fideikommisses (im Erbfall bleibt der Grundbesitz der Familie erhalten) abschaffte. Als Stein und Hardenberg zu Beginn des 19. Jahrhunderts in Deutschland ein allgemeines Eigentumsrecht vorbereiteten und als der Schweizer Eugen Huber Anfang des 20. Jahrhunderts die über seine Heimat verteilten Eigentumssysteme zu integrieren begann, bedienten sich auch diese Reformer sorgfältig ausgearbeiteter Strategien, um die Barrikaden des Status quo zu stürmen. Sie bewaffneten sich mit einer scharfsinnigen, maßgeschneiderten Gesetzgebung, die es dem Staat gestattete, vom Volk getragene, unblutige und unaufhaltsame Revolutionen zu inszenieren.

Weshalb braucht man heutzutage eine politische Strategie? Wer sollte etwas dagegen haben, dass eine so offensichtlich ungerechte Gesetzesapartheid beseitigt wird? In der Tat, kaum einer würde die Notwendigkeit einer Reform bestreiten. Doch eine winzige, einflussreiche Minderheit wird ahnen, dass eine solche Reform Unruhe in ihre kleine Nischen tragen muss, und daher stillschweigenden und versteckten Widerstand leisten. Und es gibt noch ein verwandtes Problem: Viele der Gesetze, die die Mehrheit der Bürger vom Kapital fern halten, umfassen auch Bestimmungen, die die vitalen Interessen dieser einflussreichen Gruppen schützen. Den Armen die Tür zum Kapitalismus aufzustoßen, wird schwieriger sein, als Bulldozer durch Müll fahren zu lassen. Eher lässt es sich mit dem Versuch vergleichen, die vielen tausend Äste und Zweige eines riesigen Adlerhorstes neu zu ordnen – ohne dabei den Adler zu reizen. Zwar wird die Neuordnung für diese winzige Minderheit nur eine geringe Unbequemlichkeit bedeuten, verglichen mit den umfassenden Vorteilen, die daraus erwachsen, dass die Armen Zugang zur Kapitalbildung erhalten – trotzdem wird die Minderheit das nicht einsehen, wenn sich die Reform nicht auf eine kraftvolle politische Initiative, eine überzeugende Botschaft und ausreichende Mehrheiten stützen kann.

Kein Zweifel, das ist eine Aufgabe für erfahrene Politiker, die geschickt genug sind, um den Adlerhorst umzubauen, ohne von dem Vogel angegriffen zu werden. Sie sind als Einzige in der Lage, den Wandel für die Mehrheit und die nötige Stabilität für die argwöhnischen Minderheiten aufeinander abzustimmen. Eine Strategie zur Kapitalisierung der Armen muss zwei scheinbar widersprüchliche Eigentumssysteme in eine Gesetzessammlung integrieren. Das kann nur gelingen, wenn ein Präsident oder Ministerpräsident, der mehr ist als ein bloßer Technokrat, die Verantwortung an sich zieht und die Formalisierung zu einem zentralen Punkt seines Regierungsprogramms macht. Nur auf höchster politischer Ebene kann eine Reform die nötige Unterstützung mobilisieren und die vorsätzliche Trägheit des Status quo überwinden. Allein die höchste Regierungsspitze kann verhindern, dass Machtkämpfe innerhalb der Bürokratie und politische Konflikte die Reform lahm legen. Immer wenn ein Volk sich anschickt, einen tief greifenden Wandel herbeizuführen, egal, ob es sich um Geldwertstabilisierung, Privatisierung von Regierungsbeteiligungen oder Rassenintegration an Schulen handelt, übernimmt der Regierungschef die Verantwortung und Führung. Die Emanzipation der Armen gehört ganz gewiss zu den Pflichten und Verantwortlichkeiten eines Staatsoberhaupts.

Geschichte und persönliche Erfahrung lehren uns, dass der Verantwortliche einer solchen Eigentumsrevolution mindestens drei Dinge tun muss: sich die Perspektive der Armen zu Eigen machen, die Elite einbeziehen und mit den Rechts- und Verwaltungsbürokratien, den Hütern der Glasglocke, in geeigneter Form umgehen.

## *Sich die Perspektive der Armen zu Eigen machen*

Von der Öffnung des Kapitalismus für ein ganzes Land profitieren alle, am stärksten jedoch die Armen. Mit den Armen an seiner Seite hat ein reformwilliger politischer Führer die Schlacht bereits zur Hälfte gewonnen. Jegliche Opposition, die sich gegen das Staatsoberhaupt und die Mehrheit der Bevölkerung stellt, wird es sehr schwer haben. Um zu siegen, muss er sich mit den Fakten vertraut machen, aus denen sich überzeugende Argumente gewinnen lassen. Dazu ist erforderlich, dass er sich Erfahrungen aus erster Hand verschafft: Der Reformer muss sich in die Viertel der Armen begeben und die Welt aus ihrer Perspektive sehen. Die Informationen, die er braucht, findet er nicht in amtlichen Statistiken. Der wahre Sachverhalt wird nur außerhalb der Glasglocke erkennbar.

Als ich in den achtziger Jahren in Peru untersuchte, wie man den Armen den Zugang zum formalen Eigentumssystem eröffnen könnte, versicherte mir jede größere Anwaltskanzlei, die ich konsultierte, eine formelle Unternehmensgründung zur Kapitalbeschaffung sei eine Sache von ein paar Tagen. Ich wusste, dass dies für mich und meine Juristen galt, ahnte aber dunkel, dass die Mehrheit der Peruaner wohl größere Schwierigkeiten haben würde. Also beschlossen meine Kollegen und ich, in einem der Elendsviertel von Lima eine Textilfabrik mit zwei Nähmaschinen zu gründen. Um das Geschehen aus dem Blickwinkel der Armen kennen zu lernen, nahmen wir mit der Stoppuhr die Zeit, die ein Unternehmer in Lima üblicherweise brauchte, um alle bürokratischen Hindernisse zu überwinden. Wir stellten fest, dass der Weg in die Legalität, bei täglich sechs Arbeitsstunden, mehr als dreihundert Tage dauerte. Und die Kosten: das 32fache des monatlichen Mindestlohns. Durch ein ähnliches Experiment versuchten wir herauszufinden, was der Bewohner einer extralegalen Wohnsiedlung, die von den Behörden bereits genehmigt war, auf sich nehmen musste, um für sein Haus einen amtlichen Rechtstitel zu bekommen. Allein um die Zustimmung der Stadtverwaltung von Lima zu erhalten – einer von insgesamt elf beteiligten Behörden und Dienststellen –, waren 728 bürokratische Schritte nötig (vgl. Abb. 6.3). Damit bestätigte sich, was ich von Anfang an vermutet hatte: Die meisten vorliegenden Daten spiegelten die Interessen der Leute, etwa der von mir konsultierten Anwälte, wider, die bereits unter der Glasglocke saßen. Deswegen ist diese nur von außen zu sehen – aus dem Blickwinkel der Armen.

Sobald eine Regierung solche Informationen erhält, ist sie in der Lage, ihre Absichten so zu erläutern, dass die Armen sie verstehen

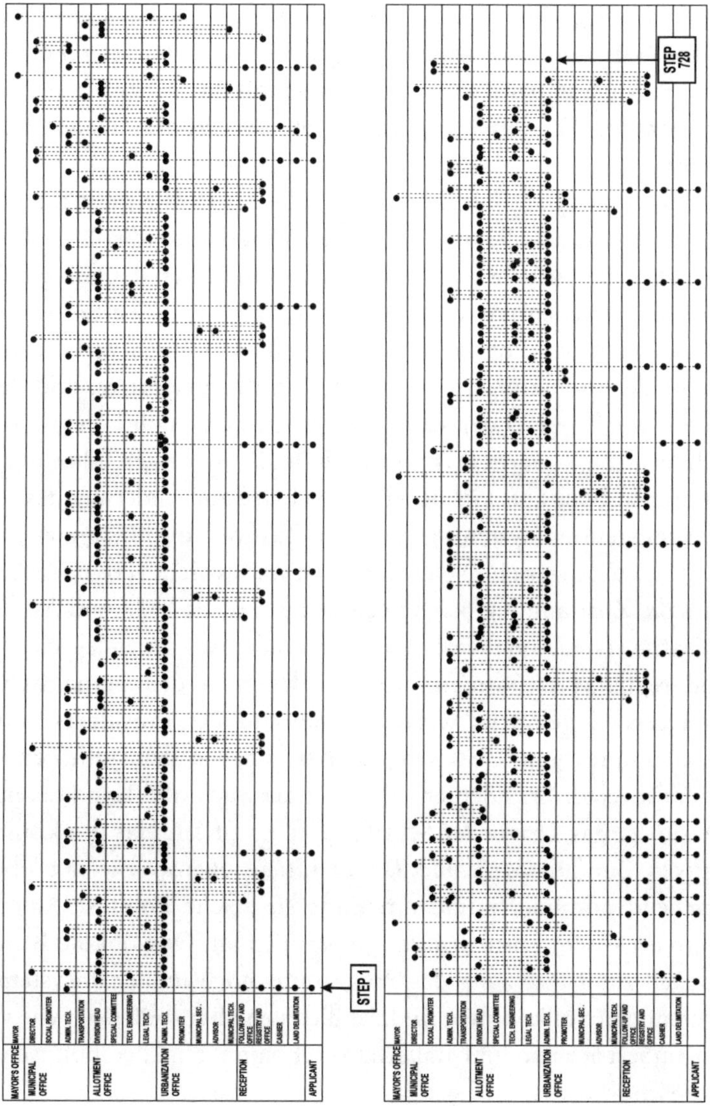


*Abbildung 6.3*
*Die 728 Schritte, die erforderlich sind, um von der Stadtverwaltung Lima für ein Haus in einer genehmigten Wohnsiedlung einen amtlichen Rechtstitel zu erhalten*

und beherzigen können. Infolgedessen werden sie das Reformvorhaben begeistert unterstützen. Die Armen werden zum wirksamsten PR-Apparat der Reform und sorgen für die Rückmeldung von der Straße, die notwendig ist, damit das Programm auf Kurs bleibt.

In Peru geschah Folgendes: Von 1984 bis 1994 richteten meine Kollegen und ich alle unsere Bemühungen darauf, die Öffentlichkeit über die Vorteile aufzuklären, die vom Heben der Glasglocke (damals sprachen wir von ‹Formalisierung›) zu erwarten waren. Wir wollten den Politikern beweisen, dass es einen verborgenen nationalen Konsens gab, der die Reform befürwortete, und dass eine Formalisierung der Vermögensgegenstände politisch nur Vorteile bringen konnte. Das wurde Ende der achtziger Jahre durch Umfragen bestätigt: Für unsere Vorschläge zur Änderung des formalen Eigentumssystems gab es eine Zustimmung von annähernd 90 Prozent. Angesichts solcher Zahlen war es nicht verwunderlich, dass die Zustimmung beinahe einhellig war, als 1988 und Anfang 1990 die ersten von meiner Organisation entworfenen legislativen und regulativen Formalisierungsvorlagen in den peruanischen Kongress eingebracht wurden. Während des Präsidentschaftswahlkampfes von 1990 schlossen sich neben dem scheidenden sozialistischen Präsidenten Alan Garcia auch alle Kandidaten – Mario Vargas Llosa, der Schriftsteller und Kandidat des konservativen Bündnisses *Frente Democrático*, ebenso wie der überraschend nominierte und am Ende siegreiche Populist Alberto Fujimori – dem Formalisierungsvorhaben an. Obwohl die Bemühungen zur Umsetzung des Programms noch immer unsystematisch und unvollkommen sind, ist die Formalisierung nach wie vor ein unbestrittener und dauerhafter Fixpunkt in der politischen Landschaft Perus.

Wenn die Fakten und die öffentliche Meinung für eine Reform sprechen, ist die Regierung in der Lage, das Armutsproblem in den Mittelpunkt seiner Wachstumsprogramme zu stellen. Die Bekämpfung der Armut wird fortan nicht mehr als karitative Aufgabe gelten, deren man sich annimmt, wenn und falls man es sich leisten kann. Im Gegenteil, die Zukunft der Armen hat nun vorrangige Bedeutung für die Wirtschaftspolitik der Regierung.

### *Die Eliten einbeziehen*

Sobald sich herausstellt, wie groß das wirtschaftliche Potenzial der Armen ist – immerhin der größten Wählergruppe des Landes – und dass sie die Reformen unterstützen, ist den Reformern die Aufmerksamkeit der Eliten gewiss. Dann ist der Augenblick gekommen, wo man ihnen klar machen sollte, dass sie irren, wenn sie meinen, nur die Armen hätten Vorteile, wenn die Glasglocke gehoben würde. Den Graben zwischen den Klassen zu überbrücken, nützt nicht nur den Armen. Eine solche Integration des Rechts hilft beinahe jeder Interessengruppe eines Landes. Wie die Reformer Daten und Fakten sammelten, um sich die Unterstützung der Armen zu sichern, so müssen sie ähnliches Material nutzen, um auch andere Gruppen auf ihre Seite zu ziehen. Die Eliten sollten Reformen nicht aus Patriotismus oder Altruismus unterstützen, sondern weil sie auch ihnen finanzielle Vorteile bringen.

Gliedert man zum Beispiel den extralegalen Sektor dem formalen Rechtssystem ein, dann lassen sich unter Umständen umfangreiche Wohnungsbauprogramme kostengünstig auflegen, durch die den Armen Wohnraum zur Verfügung gestellt werden kann, der nicht nur solider gebaut, sondern auch viel billiger ist als das, was sie sich selbst im extralegalen Sektor zurechtgezimmert haben. Wenn Sie sich in der verkehrten Welt des extralegalen Sektors ein Haus bauen, ähneln Sie einem Menschen, der versucht, sich zunächst die Schuhe und dann die Socken anzuziehen. Man überlege einmal, was es für einen Migranten aus einer ländlichen Gegend bedeutet, für seine Familie in einem Elendsviertel am Rande einer Großstadt eine Unterkunft zu schaffen. Zunächst einmal muss er nicht nur einen Platz für die Hütte finden, er muss das

Land auch *persönlich*, mit seiner Familie, besetzen. Dann muss er zusehen, dass er ein Zelt aufschlägt oder sich ein Schutzdach errichtet – je nach örtlichen Verhältnissen aus Strohmatten, Schlammziegeln, Pappkarton, Sperrholz, Wellblech oder Blechkanistern. So nimmt er seine Parzelle physisch in Besitz (denn rechtlich ist sie für ihn nicht zu haben). Nun schaffen der Migrant und seine Familie nach und nach Mobiliar und anderen Hausrat heran. Natürlich brauchen sie ein wohnlicheres und haltbareres Domizil. Aber wie sollen sie bauen ohne Kredit? Also tun sie, was alle tun – sie tragen festes Baumaterial zusammen und bauen sich ein besseres Haus, Stück um Stück, je nachdem, was für Material sie auftreiben können.

Wenn sich die Bewohner dieses Viertels hinreichend organisiert haben, um ihr Hab und Gut zu schützen, oder wenn sich die örtlichen Behörden von der Not der Bewohner rühren lassen, sind diese in der Lage, für Gehsteige, Wasserleitungen, Abfallbeseitigung und Elektrizität zu sorgen – in der Regel um den Preis, dass Teile ihrer Behausungen zerstört werden müssen, damit ein Versorgungsanschluss gelegt werden kann. Jahrelang sind diese Hauseigentümer gezwungen, zu bauen, umzubauen und Baustoffe zu sammeln, bis endlich eine bequeme Wohnung entsteht.

Wer im Westen ein Haus baut, zieht sich erst die Socken und dann die Schuhe an; das ist lange nicht so riskant, teuer und entwürdigend. Normalerweise besitzt die Erschließungsgesellschaft die Eigentumsurkunde für das Bauland und damit die Sicherheiten, die sie braucht, um die Infrastruktur (befestigte Straßen, Versorgungseinrichtungen und so fort) anzulegen. Dann verkauft sie das Haus, das nach den Vorstellungen des Käufers errichtet wird. Die neuen Eigentümer, die wahrscheinlich den größten Teil der Kaufsumme von einer Bank geliehen haben, statten das Haus erst mit Möbeln aus, dann mit den Kindern und der Katze.

In dem Augenblick, da die Armen unter dem neuen formalen Recht verantwortlich gemacht werden können, können sie sich billigen Wohnraum leisten und so der verkehrten Welt des außergesetzlichen Sektors entkommen. Auch die Eliten profitieren: Bauunternehmen und Baustoffhersteller sehen ihre Märkte expandieren, desgleichen Banken, Hypothekengesellschaften, Kanzleien und Versicherungen. Die Formalisierung hilft auch den öffentlichen Versorgungsunternehmen, aus bloßen Adressen haftbare Endabnehmer zu machen. Sie versorgt die Verwaltung und Geschäftswelt mit Informationen und Adressen, die der Verkaufsförderung, Zinssicherung und Einziehung von Schulden, Abgaben und Steuern dienen. Zudem liefert ein formales Eigentumssystem eine Datenbank, die sich für Investitionsentscheidungen im Bereich von Gesundheitswesen, Bildung, Steuerveranlagung und Umweltplanung nutzen lässt.

Breit gestreutes legales Grundeigentum kann sogar eine der lautesten Klagen über die wachsenden Armenviertel in den städtischen Regionen verstummen lassen – den Wunsch nach mehr «Recht und Ordnung». Die bürgerliche Gesellschaft in den Marktwirtschaften ist nicht einfach größerem Wohlstand zu verdanken. Das Recht auf Eigentum erzeugt Achtung vor dem Gesetz. Diesen Aspekt hebt der namhafte Historiker Richard Pipes in seinem Buch über die Russische Revolution hervor:

> Das Privateigentum ist wohl mit Abstand die wichtigste Institution der gesellschaftlichen und politischen Integration. Privates Eigentum erzeugt eine Bindung an die politische und rechtliche Ordnung, da die Letztere Eigentumsrechte garantiert; sie macht den Bürger sozusagen zu einem Mitsouverän. Insofern ist das wichtigste Medium, um der Masse der Bevölkerung Achtung für das Gesetz und ein Interesse an der Erhaltung des Status quo einzupflanzen. Wie die Geschichte gezeigt hat, sind Gesellschaften mit breiter Streuung des Eigentums, insbesondere des Haus- und Grundbesitzes, konservativer und stabiler und deshalb widerstandsfähiger gegen Umwälzungen unterschiedlichster Art. So wurde der französische Bauer, von dem im 18. Jahrhundert ständig Unruhen ausgingen, aufgrund der Errungenschaften der Französischen Revolution im 19. Jahrhundert zu einem Stützpfeiler des Konservatismus.[232]

Sobald die Armen darauf vertrauen, dass Land und Geschäft ihr rechtmäßiges Eigentum sind, wächst ihre Achtung vor dem Eigentum anderer.

Aktualisierte Grundbuchregister liefern der Polizei die Informationen, die sie braucht, um ihre Aufgaben auf rechtsstaatliche Weise zu erfüllen. In den Entwicklungsländern und ehemaligen kommunistischen Staaten haben Straftäter in der Regel keine Meldeadresse. Wird eine Straftat begangen, verfügt die Polizei weder über Eintragungen noch sonstige eigentumsrelevante Informationen, die sie benötigt, um die Hauptverdächtigen aufzuspüren. Daher können die Strafverfolgungsbehörden dort nicht so gezielt gegen Verdächtige vorgehen wie im Westen, mit dem Erfolg, dass es in diesen Ländern sehr viel leichter zu Grundrechtsverletzungen durch die staatlichen Organe kommt.

In der Regel wirkt formales Eigentum auch unrechtmäßigem Verhalten entgegen. Wenn die Leute gezwungen sind, ihren Grundbesitz in immer kleinere Parzellen aufzuteilen, ist die Wahrscheinlichkeit größer, dass sich die Erben ihrer Erben, vom Familienland verdrängt, irgendwo als Squatter niederlassen. Kann jemand nicht beweisen, dass ihm irgendetwas gehört, wird er unter Umständen versuchen, sich die Bürokratie durch Bestechung gewogen zu machen, oder das Gesetz gemeinsam mit seinen Nachbarn in die eigenen Hände nehmen. Schlimmer noch, ohne ein vernünftiges Gesetz, das die Einhaltung von Verpflichtungen erzwingt, fordert die Gesellschaft Gangster und Terroristen geradezu auf, diese Aufgabe zu übernehmen. Meine Kollegen und ich haben Kampagnen zum Erwerb formaler Eigentumstitel durchgeführt und so die Terroristen in diesen Gebieten verdrängt, weil wir deren Rolle übernahmen, das heißt, Schutz vor der realen oder vermeintlichen Gefahr einer Bodenenteignung boten.

Des weiteren schafft Grundeigentum eine legale Alternative zum Drogenhandel. Solange die Bauern illegale Besitzer ihres Landes bleiben, sind Ernten wie Koka oder Schlafmohn, die sich kurzfristig in Bargeld umsetzen lassen, ihre einzige Option. Für Kleinbauern in manchen Regionen der Dritten Welt bedeutet das Geld, das ihnen Drogenhändler vorstrecken, praktisch die einzige Möglichkeit der Kreditbeschaffung. Da sich Eigentumsverhältnisse dieser Bauern in keinem Grundbuch finden lassen, sind sie für die Justiz unauffindbar, ganz abgesehen davon, dass sich bei solchen Gegebenheiten auch kein durchsetzbares Abkommen über eine Änderung des Nutzpflanzenanbaus erzielen lässt. Aus diesem Mangel an rechtlichem Schutz ergibt sich auch, dass sich die Bauern, die Pflanzen für den Drogenhandel anbauen, zusammenschließen, um ihren Besitz zu verteidigen, oder die Drogenhändler darum bitten. Ohne ein formales Eigentumsrecht, das diese Landbesitzer einschließt, ist es praktisch unmöglich, den Pflanzenanbau zu kontrollieren, Drogenhändler zu verfolgen und Umweltsünder haftbar zu machen. Die Behörden haben keine Möglichkeit, das dichte Geflecht extralegaler Vereinbarungen zu durchdringen, welche die Leute zum Schutz ihrer Interessen getroffen haben.

Die Legalisierung des Grundeigentums ist nicht nur karitatives Handeln, das den Armen zugute kommt. Durch die Schaffung eines geordneten Marktes macht man Grundeigentümer verantwortlich und verschafft ihnen beleihbare Eigentumsurkunden für ihre Häuser. Dadurch entsteht ein erweiterter Markt, werden Recht und Ordnung gestärkt und kommt Geld in die Taschen der Eliten.

### *Umgang mit den Hütern der Glasglocke*

Sobald die Reformer die Armen und zumindest einen Teil der Elite auf ihre Seite gezogen haben, ist es an der Zeit, sich der öffentlichen und privaten Bürokratien – hauptsächlich der Juristen und der Techniker – anzunehmen, die den Status quo regeln und bewahren.

### *Die Juristen*

Theoretisch sollten die Juristen Reformen unterstützen, denn dadurch wird die Herrschaft des Rechts erweitert. Doch die meisten Juristen in den Entwicklungsländern und den ehemaligen kommunistischen Staaten haben in ihrer Ausbildung gelernt, nicht etwa die Herrschaft des Rechts zu erweitern, sondern es in der vorgefundenen Form zu verteidigen. Die Juristen bilden den Berufsstand, der sich am meisten mit alltäglichen Eigentumsfragen zu beschäftigen hat. Sie sitzen in Schlüsselpositionen der Regierungsbürokratien und können von dort aus alle wichtigen Entscheidungen entscheidend beeinflussen. Keine andere Gruppe – von Terroristen abgesehen – ist besser in der Lage, die Ausbreitung des Kapitalismus zu hintertreiben. Und im Unterschied zu den Terroristen wissen die Juristen, wie man dies auf legale Art tut.

Obgleich es Unternehmer und gewöhnliche Leute sind, die Kapital bilden und den Kapitalismus entwickeln, obliegt es den Juristen, Eigentumsbegriffe in greifbarer und repräsentativer Form zu fixieren und sie in Gesetze zu fassen. Die Sicherheit des Besitzes, die Verantwortlichkeit des Eigentümers und die Durchführbarkeit von Transaktionen müssen letzten Endes in Verfahren und Regeln niedergelegt sein, die von Juristen entworfen wurden. Die Juristen sind es, die allen Aspekten des formalen Eigentums ihre rechtliche Form geben: Eigentumsurkunden, Protokolle, Warenzeichen, Urheberrechte, Schuldscheine, Wechsel, Patentrechte, Aktien. Ob man Juristen nun mag oder nicht, weder die Änderung des Eigentumsregimes noch der Kapitalbildungsprozess wird sich in die Wege leiten lassen, ohne dass wenigstens einige von ihnen beteiligt sind.

Die Schwierigkeit liegt darin, dass nur wenige Juristen die ökonomischen Auswirkungen ihrer Tätigkeit begreifen und dass sie extralegalem Verhalten und tief greifendem Wandel im Großen und Ganzen feindselig gegenüberstehen. Alle Reformer, die sich darum bemühen, den Armen Eigentum zugänglicher zu machen, gehen, soweit ich sie kennen gelernt habe, von der Annahme aus, die Juristen seien ihre natürlichen Feinde. Für manche Wirtschaftswissenschaftler, die an Reformen mitwirkten, war der juristische Konservatismus ein solches Ärgernis, dass sie Zeit und Geld investiert haben, um den ganzen Berufsstand in Verruf zu bringen. Mit Wirtschaftsdaten, die in dem Zeitraum von 1960 bis 1980 in 52 Ländern erhoben wurden, haben Samar K. Datta und Jeffrey B. Nugent nachgewiesen, dass mit jedem Prozent, um das der Anteil der Juristen an der arbeitenden Bevölkerung wuchs (nehmen wir an, von 0,5 Prozent auf 1,5 Prozent), das Wirtschaftswachstum um 4,75 bis 3,68 Prozent zurückging – womit bewiesen werden sollte, dass sich wirtschaftliches Wachstum und juristischer Sachverstand umgekehrt proportional verhalten.[233]

Viele Reformer ärgert es besonders, dass Juristen die Schuld an schlechten Eigentumssystemen anderen in die Schuhe schieben. Oft habe ich gehört, wie Juristen das bestehende Eigentumsrecht priesen, während sie im selben Atemzug einräumten, dass legal ausgestellte Eigentumstitel nur unter Schwierigkeiten oder gar nicht zu verwenden seien. Ein Jurist kann nicht ein Gesetz und die zu seiner Umsetzung erforderlichen Verwaltungsakte entwerfen und dann die Schuld am Versagen dieses Gesetzes den nachgeordneten Technokraten oder der ungebildeten Bevölkerung geben. Es reicht nicht aus, elegante Gesetze zu entwerfen. Sie müssen auch in der administrativen und gesellschaftlichen Realität, für die sie entworfen wurden, funktionieren.

Interessanterweise stammt die schärfste Kritik an den Bemühungen der Juristen, eine Eigentumsreform zu verzögern oder abzuwürgen, von einem ihrer Berufskollegen. S. Rowton Simpson, Anwalt und weltweit anerkannte Autorität auf dem Gebiet der grundbuchmäßigen Erfassung von Landbesitz, schreibt über seine Kollegen:

> Anwälte sind weltweit berüchtigt, weil es ihnen widerstrebt, auch nur kleinste Änderungen ihrer herkömmlichen Verfahrensweisen zu akzeptieren ... Torrens [der australische Schöpfer eines der sichersten Registrierungssysteme der Welt], dem sich die Juristen mit Zähnen und

Klauen widersetzten, hat schließlich den Widerstand der Juristen in Südaustralien überwunden, aber seine Geschichte ist die Ausnahme. Man braucht Diamanten, um Diamanten zu schleifen, und das Grundbuchsystem verdankt in den meisten Ländern seine Einführung den Bemühungen eines Juristen, sosehr dieser auch durch den aktiven Widerstand seiner praktizierenden Berufskollegen behindert worden sein mag; und passiver Widerstand ist vielleicht sogar noch schlimmer als aktiver, denn dieser trägt entweder den Sieg davon oder wird überwunden. Passiver Widerstand dagegen ist heimtückischer; er kann den Fortschritt lähmen. Nicht wenige Gesetze sind nach dem Willkommensgruß der Juristen an den Reben verdorrt, womit sich das Willkommen als Lippenbekenntnis oder gar als ‹Todeskuss› erwies. Andere Gesetze sind verfahrenstechnisch so langwierig angelegt, dass der Fortschritt, den sie bringen, kaum noch erkennbar ist. Solche Gesetze sind der gängigen Praxis natürlich nicht gefährlich und für die Juristen in der Regel akzeptabel, aber zum Ziel führen sie in Wirklichkeit nicht, sie verlängern bloß die Liste der wenn nicht gescheiterten, so doch zumindest «erfolglosen» Änderungsvorhaben.[234]

Obwohl Anwälte oftmals einräumen, dass auf anderen Gebieten mehr Flexibilität herrschen müsse, behaupten sie, das Recht müsse beständig sein. Diese Ehrfurcht vor der Herrschaft des Rechts, die blind für alle Konsequenzen ist, kann so weit gehen, dass Anwälte, wenn sie Reformen unterstützen, Gefahr laufen, von ihrer Zunft geächtet zu werden. Im 19. und zu Anfang des 20. Jahrhunderts war in den deutschsprachigen Ländern die Ablehnung der Eigentumsreform unter Juristen so groß, dass sie reformwillige Zunftkollegen als *Nestbeschmutzer* beschimpften.

Die gute Nachricht für Reformer lautet, dass die besten (aber nicht unbedingt erfolgreichsten) Anwälte der Überzeugung sind, das Recht habe dem Menschen zu dienen und nicht umgekehrt. Am Ende setzten sich im Westen die vorausschauenden Juristen gegen die reaktionären Tendenzen ihres Berufsstandes durch, sogar im Kontext des römischen Rechts. Gewiss, es war ein harter Kampf; wie Peter Stein anmerkte, wurde «der Beitrag, den die Anwälte zu einem angemessenen Verständnis gesetzlicher Institutionen leisteten, vor allem dadurch geschmälert, dass sie das römische Recht über die Maßen verehrten und nicht antasten wollten».[235] Dennoch, im Laufe der Zeit überwanden bedeutende europäische Juristen die übertriebene Starrheit, weil sie sich, wie Stein hervorhebt, «alle Feinheiten des römischen Rechts aneigneten und dafür sorgten, dass es mit der Zeit Schritt hielt».[236] Gegen die weit verbreitete Tatenlosigkeit der Kollegen trat in allen europäischen Ländern eine elitäre Gruppe von Anwälten in Erscheinung, die mithalf, die Glasglocke zu heben.

Jede Regierung, die bestrebt ist, ein integriertes Eigentumssystem zu schaffen, muss sich daher sorgfältig ihre Strategie für den Umgang mit den Juristen zurechtlegen. Entscheidend ist die Auswahl der richtigen Juristen. Nur ein kluger und geschickter politischer Führer kann sich die Juristen vom Leibe halten, die es darauf anlegen, Politiker zur Untätigkeit zu treiben. Stattdessen wird sich ein solcher Führer Juristen suchen, die bereit sind, das Reformprogramm auf eine gesetzliche Grundlage zu stellen, notfalls auch gegen den Widerstand des Systems. Falls unser reformwilliger Politiker es versäumt, sich mit handverlesenen juristischen Beratern zu umgeben, wäre er auf Gedeih oder Verderb den herrschenden Rechtstechnokraten ausgeliefert, die mit Lippenbekenntnissen die Reform befürworten, während sie sie insgeheim hintertreiben.

Couragierte, reformwillige Juristen gibt es in jedem Land, und wenn Klarheit über die Auswahlkriterien herrscht, lassen sich auch die richtigen Leute finden. Vielen ist klar, dass die wichtigsten Bestimmungsfaktoren der Veränderung außerhalb des Rechts liegen. In jedem Land, das ich besuchte, habe ich Gruppen von Regierungsjuristen getroffen, die mit dem extralegalen Sektor höchst vertraut waren und sich täglich um einen Ausgleich zwischen dem formalen System und den extralegalen Regelungen bemühten. Einige Rechtswissenschaftler sind sich auch darüber im Klaren, dass die parallelen Rechtsordnungen – hier formales, da extralegales Recht – gleichzeitig in Kraft sind. Aber ihre Arbeiten landen meist unbeachtet ganz weit hinten in den Regalen der Regierungsbehörden, und sie selbst finden ebenfalls keine Beachtung. In der Tat, es ist beinahe der Regelfall, dass reformwillige Juristen, die über die Existenz zweier Rechtsordnungen voll im Bilde sind, an den politischen Entscheidungsprozessen kaum oder gar nicht beteiligt werden.

Diese Leute aber sind es, die die politische Führung mobilisieren muss, bevor sie zum Sturm auf den Status quo bläst und sich gegen alle Widerstände anschickt, ein staatliches Programm zur Formalisierung des Eigentums in die Tat umzusetzen. Ein solches Heer bildet sich jedoch nicht von selbst. Jeder Anwalt muss ausfindig gemacht und angeworben werden. Gemeinsam bilden sie die Vorhut und liefern den Kollegen die Argumente, die zwingend für eine Reform sprechen. Sie sind in der Lage, den hartleibigen Konservativen Kontra zu geben und den Berufskollegen in der Sprache ihrer Zunft zu erläutern, wie wichtig es für ihre eigene Zukunft und die der ganzen Nation ist, das gesamte Eigentum in ein vereinheitlichtes Rechtssystem zu integrieren, das allen Menschen offen steht. Sie allein können dem Rest ihres Berufsstandes klar machen, dass die vorhandenen rechtlichen Verfahrensregeln nicht bloß lästig geworden sind, sondern *das* unüberwindliche Hindernis darstellen, das die meisten Menschen dieser Erde davon abhält, Kapital zu bilden. Auch Juristen sind Menschen. Sobald sie begriffen haben, dass das System, das sie vertreten, hoffnungslos überholt ist, werden sie positiv reagieren.

### *Die Techniker*

Die Entwicklungsländer und die ehemals kommunistischen Staaten geben viele hundert Millionen Dollar für kartographische Erfassung und computergestützte Aktenverwahrung aus, um ihre Eigentumssysteme zu modernisieren – und können ihre extralegalen Sektoren trotzdem nicht integrieren. Dies dürfte niemanden überraschen, der eingehend über die Prioritäten einer Eigentumsreform nachgedacht hat. Ein Experte der Weltbank gab 1993 zu bedenken: «Manche sind geneigt, die Beurkundung von Grundeigentum für ein technisches Problem zu halten. Oft werden Pläne angefertigt und Vermessungsarbeiten vorgenommen, doch dann gibt es Hindernisse im System oder rechtliche Probleme, und die Titel werden nicht erstellt oder herausgegeben.»[237]

Selbst die Techniker befürchten, sie könnten sich von den neuen Technologien zu sehr beeindrucken lassen. In Kanada hat sich einer der führenden Fachleute auf dem Gebiet der Vermessungs- und Informationssysteme besorgt darüber geäußert, dass manche Regierungen die Vermessung nach wie vor für das Fundament des Grundeigentums halten:

> Wir sind gegenwärtig in Gefahr, diesen Mythos zu verewigen, indem wir versuchen, das Ressourcenmanagement auf Probleme des Geo-Informationssystems (GIS) zu reduzieren. Die moderne Technik ist verführerisch; sie produziert greifbare Ergebnisse. Aber sie ist nur ein Teil der Lösung ... Berater und Hilfsorganisationen exportieren häufig Systeme, mit denen sie vertraut sind (gewöhnlich die eigenen oder solche, mit denen sie gearbeitet haben), ohne die Bedürfnisse und Zwänge der Empfängerländer hinreichend zu berücksichtigen ... Den berufsmäßigen Beratern fehlt es an der nötigen Bescheidenheit. Sie sollten sich gelegentlich eingestehen, dass sie nicht immer die richtige Antwort parat haben oder dass ihre Systeme vielleicht nicht geeignet sind.[238]

Programme zur Bildung von Eigentum werden so lange fehlschlagen, wie Regierungen die Auffassung vertreten, dazu brauche man sich nur mit den konkreten Gegebenheiten vertraut zu machen – sobald die physischen Vermögensgegenstände fotografiert, vermessen, bewertet und per Computer inventarisiert seien, stünden ihnen alle erforderlichen Informationen zur Verfügung, um Eigentumstitel auszugeben. Das ist nicht der Fall. Fotografien und Register informieren die Behörden nur über die physische Beschaffenheit der Vermögensgegenstände; sie sagen nichts darüber aus, wem sie in Wirklichkeit gehören oder wie die Leute die Rechte geregelt haben, denen dieser Besitz unterliegt. Alle Fotografien und Computerverzeichnisse der Welt können keine Auskunft darüber geben, welche örtlichen Regeln diesen Rechten zur Geltung verhelfen oder welches Beziehungsgeflecht sie trägt. Egal, wie wichtig Karten und Register zur Vermessung und Lokalisierung der Vermögensgegenstände sind, an denen Eigentum festgemacht ist, sie informieren Regierungen nicht darüber, wie der nationale Gesellschaftsvertrag abzufassen ist, mit dem sie breit gestreutes legales Eigentum schaffen können.

Die Neigung mancher Länder, eigentumsrelevante Probleme in die Behörden abzuschieben, die für Vermessungs- und Informationstechnologien zuständig sind, verschleiert den wahren Charakter des Eigentums. Eigentum ist in Wirklichkeit kein Teil der materiellen Welt. Seine angestammte Heimat ist das Recht und die Wirtschaft. Eigentum betrifft unsichtbare Dinge, während Karten die physischen Verhältnisse vor Ort abbilden. Karten erfassen die physischen Eigenschaften von Vermögenswerten, lassen aber das Gesamtbild vermissen. Ohne entsprechende institutionelle und wirtschaftliche Informationen über extralegale Regelungen können sie die Realität außerhalb der Glasglocke nicht erfassen. Daher sind sie ungeeignet zur Erfüllung ihrer wahren Aufgabe – daran mitzuwirken, die eigentumsrelevanten Aspekte von Vermögensgegenständen in der Wirklichkeit zu verankern und so Virtualität und Realität in Einklang zu bringen.

Ehe nicht die Hindernisse aus dem Weg geräumt sind, die der Nutzung formaler Eigentumssysteme entgegenstehen, und ehe die extralegalen Regelungen nicht durch geltendes Recht ersetzt worden sind, verspüren die Menschen wenig Anreiz, die nötigen Informationen zu liefern, um Karten und Datenbanken auf dem neuesten Stand zu halten. Die Leute wollen nicht in das formale Eigentumssystem eingegliedert werden, weil sie unbedingt vermessen, erfasst oder besteuert werden möchten; sie werden sich diesem System anschließen, wenn ihnen dessen wirtschaftliche Vorteile deutlich geworden sind und wenn sie sicher sind, dass ihre Rechte weiterhin geschützt werden.

Solange ein extralegaler Gesellschaftsvertrag diese Rechte schützt, werden die Leute keinen Grund sehen, die Behörden von irgendwelchen Änderungen in Kenntnis zu setzen, die die Verwendung ihrer Vermögenswerte betrifft. Nur wenn formales Recht die extralegalen Regelungen als Grundlage des Schutzes ablöst, werden die Leute dessen Legitimität anerkennen und ein Interesse daran haben, die Behörden mit den nötigen Informationen zu versorgen, damit die Karten und Register aktualisiert werden können.

Dieser Punkt ist keinesfalls belanglos. Technisch motivierte Eigentumsprojekte neigen zu Entartungserscheinungen, sie degenerieren zu Systemen, die nur noch die physische Beschaffenheit der Vermögenswerte erfassen, zu längst überholten Domesday Books oder historischen Relikten. Darunter leiden alle Stellen, die mit Kartographie und Computerdokumentation befasst sind. Ihre Budgets werden von Politikern genehmigt, die von der Erwartung ausgehen, diese neuen Methoden würden auch den Besitz der Armen erfassen. Sobald die politisch Verantwortlichen jedoch erkennen, dass sie sich falschen Hoffnungen hingegeben haben, werden die kartographischen Projekte heruntergefahren oder beendet. Mein Team und ich haben diesen Vorgang immer wieder beobachtet.

In den fortgeschrittenen Nationen bewähren sich diese Technologien so gut, ohne dass rechtliche oder politische Verbesserungen an ihnen vorgenommen werden müssten, weil diese Verbesserungen und Ergänzungen schon vor mehr als hundert Jahren stattgefunden haben. Der allumfassende Gesellschaftsvertrag über Eigentum ist längst fest etabliert. Als während der letzten dreißig Jahre Datenbanksysteme, Geo-Informationssysteme, Fernerkundung, Globales Positionierungssystem und all die wunderbaren Instrumente der Informationstechnologie verfügbar wurden, konnten sie bruchlos in eine vollkommen integrierte informationstechnische und rechtliche Infrastruktur eingegliedert werden. Daher ließen sich Geräte zur schriftlichen und graphischen Darstellung und Anlagen zur besseren Speicherung, Wiedergabe und Bearbeitung von Informationen sinnvoll nutzen.

Ich behaupte nicht, dass Technik, Systemintegration, Computerunternehmen, Gerätehandel, Grundbuchexperten und all die anderen Spezialisten für Vermessung, kartographische Erfassung und Aktualisierung der Register für Eigentumsbildung ohne Bedeutung wären – ganz im Gegenteil. Wenn sie so eingesetzt werden, dass sie sich zur großflächigen Registrierung und zur Arbeit in einer extralegalen Umgebung eignen, sind sie zur exakten Lokalisierung und zur Verarbeitung und Integration der erhobenen Daten unentbehrlich. Sie werden den größten Teil der Mittel aufzehren, die für die Eigentumsreform zur Verfügung stehen, aber erst, nachdem die rechtlichen und politischen Probleme gelöst sind, die die Eingliederung des extralegalen Sektors aufwirft.

Nur eine starke politische Führung kann dafür sorgen, dass das Eigentumsrecht aus seiner Vergangenheitsfixierung befreit und für die Gegenwart und ihre Probleme geöffnet wird, dass die einseitige Betonung der technischen Aspekte aufgegeben und das Wohl der Gesellschaft stärker berücksichtigt wird. Politiker sind nötig, weil die vorhandenen Institutionen dazu neigen, den Status quo zu begünstigen und zu verteidigen. Die Technokraten davon zu überzeugen, dass sie ihr Verhalten ändern und den Wandel unterstützen müssen, ist eine politische Aufgabe.

Die Intervention der Politik ist auch deshalb erforderlich, weil die Regierungsorganisationen im Inneren der Glasglocke im Allgemeinen nicht darauf vorbereitet sind, rasche, breit angelegte Reformprogramme durchzuführen. Meist sind sie als spezialisierte Abteilungen organisiert, eine Struktur, die in den fortgeschrittenen Ländern durchaus sinnvoll ist, denn dort sind nur graduelle Veränderungen nötig, weil Recht und formales Grundeigentum bereits für alle Bürger gelten. Eigentumsbildung ist etwas gänzlich anderes als ein Privatisierungsprogramm, bei dem nur eine bestimmte Anzahl von Vermögenswerten pro Jahr verkauft wird. Das Ziel einer Eigentumsreform ist es, Millionen von Menschen in kurzer Zeit mit Eigentumsrechten an Millionen von Vermögensgegenständen auszustatten. Deshalb besteht diese Aufgabe mindestens zur Hälfte aus Kommunikation. Die Wortführer einer Eigentumsreform müssen darlegen, wie sich ein kapitalistisches System, an dem alle teilhaben können, auf die vielen verschiedenen Interessengruppen auswirkt, sie müssen zeigen, welche Vorteile daraus erwachsen, und überzeugend beweisen, dass alle Segmente der Gesellschaft dabei gewinnen können. Im extralegalen Sektor müssen die politischen Wortführer an die aufgestaute unternehmerische Energie appellieren und deutlich machen, welche Vorteile die Integration ins neue formale Recht hat. Dem legalen Sektor müssen sie erläutern, dass die beabsichtigten Reformen legitime und durchsetzbare Rechte nicht verletzen und insgesamt ein Gewinn für alle Interessengruppen sein werden.

Die Schaffung eines Eigentumssystems, das allen offen steht, ist in erster Linie eine politische Aufgabe, denn dieser Prozess muss von Menschen auf dem richtigen Kurs gehalten werden, die begriffen haben, dass eine Eigentumsreform letztlich nicht das Ziel hat, wohlklingende Gesetze zu verabschieden, glänzende Computer zu vernetzen oder bunte Flurkarten zu drucken – sondern darin, einer ganzen Nation den Zugang zum Kapital zu eröffnen.

## Kapitel 7
## Eine Art Schlussfolgerung

*Wo blieb die Weisheit, die uns in Beschlagenheit entglitt?*
*Wo die Beschlagenheit, die uns in Nachrichten entglitt?*

T. S. ELIOT, Chöre aus «The Rock»

### Der private Globalisierungsklub

Der Kapitalismus befindet sich außerhalb des Westens nicht deshalb in der Krise, weil die internationale Globalisierung versagt hat, sondern weil die Länder der Dritten Welt und des einstigen Ostblocks nicht in der Lage sind, in ihren eigenen Ländern das Kapital zu «globalisieren». Die meisten Menschen in diesen Ländern betrachten den Kapitalismus als Privatklub, als ein ausgrenzendes System, das nur dem Westen und den Eliten, die in den armen Ländern unter der Glasglocke leben, Vorteile bietet.

Wahrscheinlich gibt es weltweit immer mehr Menschen, die Nike-Schuhe tragen oder mit ihren Digitaluhren prahlen, aber während sie die westlichen Waren konsumieren, ist ihnen durchaus bewusst, dass sie noch immer nicht richtig zum kapitalistischen Spiel dazugehören. Sie sind nicht beteiligt. Globalisierung sollte nicht bedeuten, dass nur die Glasglocken der wenigen Privilegierten miteinander verbunden werden. Diese Art der Globalisierung hat es schon einmal gegeben: Im 19. Jahrhundert waren die Herrscherhäuser Europas buchstäblich eine große Familie, blutsverwandt und mit den Vettern in England, Frankreich, Holland, Spanien und Russland über Politik und Handelsverkehr in ständigem Kontakt. Der Kapitalismus setzte sich im 19. Jahrhundert endgültig durch und herrschte bis zur Russischen Revolution und zur Großen Depression überall in der industrialisierten Welt. Doch wie der Spanier Ortega y Gasset und der amerikanische Experte Walter Lippman betonten, blieb das kapitalistische System trotz seiner Dominanz und Komplexität immer anfällig. Noch 1941, so der amerikanische Ökonom Lester Thurow,

> waren die Vereinigten Staaten und Großbritannien im Prinzip die einzigen [bedeutenden] kapitalistischen Länder, die übrig blieben ... Alle anderen Staaten der Welt waren Faschisten, Kommunisten oder feudale Kolonien in der Dritten Welt. Die letzte Krise der zwanziger Jahre und die Große Depression der dreißiger Jahre haben den Kapitalismus beinahe aussterben lassen. Der Kapitalismus, der gegenwärtig so unverwüstlich zu sein scheint, hätte damals durchaus verschwinden können, wenn nur einige falsche Schritte getan worden wären.[239]

Lateinamerikaner braucht man nicht daran zu erinnern. Mindestens vier Mal seit ihrer Unabhängigkeit von Spanien in den zwanziger Jahren des 19. Jahrhunderts versuchten sie, sich am globalen Kapitalismus zu beteiligen, stets ohne Erfolg. Sie nahmen Umschuldungen vor, stabilisierten die Wirtschaft durch Bekämpfung der Inflation, liberalisierten den Handel, privatisierten Staatsvermögen (etwa durch den Verkauf von Eisenbahnen an die Engländer), führten Debt-Equity-Swaps (Umtausch von Altschulden in Beteiligungen) und Steuerreformen durch. Auf dem Konsumsektor importierten die Südamerikaner Güter aller Art, angefangen bei englischen Tweedanzügen und Church shoes bis hin zu Ford T-Autos; sie lernten Englisch und Französisch am Radio und von Schallplatten, tanzten Charleston und Lambeth Walk und kauten Kaugummi. Aber zu keiner Zeit erzeugten sie viel lebendiges Kapital.

Heute können wir alle von der Kommunikationsrevolution profitieren, und manch einer mag einen Fortschritt darin sehen, dass die ägyptische Sphinx nun direkt auf die Neonreklame eines Lizenznehmers von Kentucky Fried Chicken starrt. Dennoch produzieren nur 25 Prozent der 200 Staaten der Erde Kapital in ausreichender Menge, um von der Arbeitsteilung auf expandierenden Weltmärkten wirklich zu profitieren. Das Herzblut des Kapitalismus sind nicht das Internet oder Fast-Food-Ketten. Es ist das *Ka-*

*pital.* Nur Kapital stellt die Mittel bereit, die erforderlich sind, um von der Spezialisierung, der Produktion und dem Austausch von Vermögenswerten auf dem erweiterten Markt zu profitieren. Das Kapital ist der Motor wachsender Produktivität und damit des Wohlstands der Nationen.

Doch nur die westlichen Nationen und die kleinen Enklaven von Reichen in der Dritten Welt und dem ehemaligen Ostblock sind in der Lage, Vermögenswerte und ihr Potenzial durch Repräsentationen zu erfassen. Das verleiht ihnen die Fähigkeit, Kapital zu erzeugen und effizient zu nutzen. Außerhalb der westlichen Welt stößt der Kapitalismus auf wachsende Feindschaft; er ist ein Apartheid-System, das die meisten Menschen ausgrenzt. Selbst in manchen Eliten setzt sich langsam die Erkenntnis durch, dass sie niemals produktive Mitspieler im globalen kapitalistischen Spiel werden können, solange sie ausschließlich und dauerhaft vom Wohlwollen auswärtigen Kapitals abhängen. Mit wachsender Unzufriedenheit nehmen sie zur Kenntnis, dass sie nicht Herren über das eigene Schicksal sind. Seit sie sich auf die Globalisierung eingelassen haben, ohne das eigene Volk mit den Mitteln der Kapitalerzeugung auszustatten, haben sie weniger Ähnlichkeit mit den Vereinigten Staaten als mit dem merkantilistischen Lateinamerika und seiner unübersichtlichen Fülle von extralegalen Aktivitäten.[240] Vor zehn Jahren hätte kaum einer die Länder des ehemaligen Sowjetblocks mit Lateinamerika verglichen. Aber heute sehen sie sich erstaunlich ähnlich: ausgedehnte Schattenwirtschaften, krasse Ungleichheit, weit verzweigte Mafia-Organisationen, politische Instabilität, Kapitalflucht und offene Rechtsbrüche.

Daher fühlen sich außerhalb des Westens die Befürworter des Kapitalismus in der Defensive. Vor zehn Jahren noch im Trend, gelten sie heute zunehmend als Apologeten des Elends und der Ungerechtigkeit, unter denen die Mehrheit der Bevölkerung noch immer leidet. 1999 zum Beispiel warnte das beratende Oberhaus Ägyptens die Regierung, «sich nicht länger von dem Ruf nach Kapitalismus und Globalisierung täuschen zu lassen».[241] Weil die Befürworter des Kapitalismus die entscheidende Eigentumsfrage außer Acht ließen, haben sie sich selbst in den Ruf gebracht, den Status quo zu verteidigen und das offizielle Recht unter allen Umständen durchsetzen zu wollen, egal, ob es diskriminierend ist oder nicht.

Und in diesen Ländern führt das Recht tatsächlich zu Ausgrenzung. Wie in Kapitel 2 dargelegt, können mindestens 80 Prozent der Bevölkerung dieser Länder ihren Vermögensgegenständen kein Leben einhauchen und mit ihnen Kapital erzeugen, weil das Recht sie aus dem formalen Eigentumssystem ausschließt. Sie besitzen Billionen Dollar an totem Kapital, doch die sind wie isolierte Tümpel, deren Wasser in einem sterilen Sandstreifen versickern, statt eine gewaltige Wassermasse zu bilden, die man in einem vereinheitlichten Eigentumssystem auffangen könnte, um ihr die Form zu geben, die zur Bildung von Kapital erforderlich ist. Die Menschen besitzen und verwenden ihre Vermögensgegenstände auf der Grundlage von unzähligen isolierten und informellen Vereinbarungen, wobei die Verantwortlichkeit örtlich verschieden gehandhabt wird. Ohne die gemeinsamen Normen, die gesetzliches Eigentum mit sich bringt, fehlt diesen Vermögenswerten die Sprache, die sie brauchen, um miteinander kommunizieren zu können. Es hat keinen Sinn, ihnen Geduld anzuraten, bis die Wohltaten des Kapitalismus auf sie niederregnen. Das wird nicht geschehen, bevor das Eigentum nicht ein formales Fundament erhalten hat.

Die Vertreter des Kapitalismus, noch immer trunken vom Sieg über den Kommunismus, werden sich der Erkenntnis nicht verschließen können, dass ihre makroökonomischen Reformen allein nicht ausreichen. Wir dürfen nicht vergessen, dass die Globalisierung stattfindet, weil die Länder der Dritten Welt und des ehemaligen Ostblocks ihre einst abgeschirmten Volkswirtschaften öffnen, den Geldwert stabilisieren und die rechtlichen Rahmenbedingungen schaffen, um den zwischenstaatlichen Handel und private Investitionen zu fördern. Alles gut und schön. Weniger schön ist allerdings, dass bei diesen Reformen unterstellt wird, die Bevölkerungen dieser Länder seien bereits ins Rechtssystem integriert und hätten die gleichen Möglichkeiten, ihre Ressourcen auf dem offenen Markt zu nutzen. Das ist nicht der Fall.

Wie ich in Kapitel 3 dargelegt habe, können die meisten Menschen an einem erweiterten Markt nicht teilnehmen, weil sie keinen Zugang zu einem Eigentumssystem haben, das ihre Vermögenswerte so repräsentiert, dass sie weitgehend übertragbar, fungibel und beleihbar sind, und das die Eigentümer verantwortlich macht. Solange die Vermögenswerte der Mehrheit nicht in geeigneter Weise von einer Registerbehörde dokumentiert und aktualisiert werden, sind sie unsichtbar und ohne Nutzen auf dem Markt.

Die Globalisierer haben durch ihre makroökonomischen Programme – durch Stabilisierung und Anpassung nach dem Lehrbuch – die Wirtschaft in den Entwicklungsländern erheblich rationalisiert. Aber da ihr «Lehrbuch» die Tatsache außer Acht lässt, dass die meisten Leute über keine Eigentumsrechte verfügen, haben sie nur einen Bruchteil dessen getan, was erforderlich ist, um ein umfassendes kapitalistisches System und eine Marktwirtschaft zu schaffen. Ihre Werkzeuge sind für Länder gedacht, in denen ein systematisiertes Recht bereits intern «globalisiert» wurde, in denen es bereits umfassende Eigentumssysteme gibt, die ihrerseits zu effizienten Geldpolitik- und Investitionsinstrumenten verkoppelt sind – Dinge, die in diesen Ländern erst entwickelt werden müssen.

Zu viele Politiker haben den Globalisierungsprozess aus olympischer Perspektive betrachtet. Sobald die Stabilisierung und Anpassung auf makroökonomischer Ebene vollzogen war, mit dem Erfolg, dass die legale Geschäftswelt und die ausländischen Investoren gute Gewinne machten und die Finanzpolitik in den Händen orthodoxer Ökonomen lag, glaubten die Verantwortlichen, ihre Schuldigkeit getan zu haben. Weil sie sich nur mit den gesamtwirtschaftlichen Aspekten befassten, brauchten sie sich nicht zu fragen, ob die Menschen in der Lage waren, an einem erweiterten

Marktsystem teilzunehmen. Sie vergaßen, dass die Menschen die eigentlichen Urheber des Wandels sind, und sie vergaßen, ihr Augenmerk auf die Armen zu richten. Das war ein schweres Versäumnis, und es unterlief ihnen, weil sie bei ihren Maßnahmen den Begriff der *Klasse* nicht berücksichtigten. Einer ihrer namhaftesten Experten meint dazu: «Sie haben nicht die geringste Ahnung, wie andere Menschen leben.»[242]

Wirtschaftsreformer haben die Frage des Eigentums für die Armen einem konservativen juristischen Establishment überlassen, das an einer Änderung des Status quo nicht interessiert ist. Infolgedessen sind die Vermögensgegenstände der Mehrzahl ihrer Bürger auch weiterhin totes Kapital, das im extralegalen Sektor stecken geblieben ist. Daher wird den Befürwortern von Globalisierung und marktwirtschaftlichen Reformen immer häufiger unterstellt, sie würden nur noch satt und selbstzufrieden die Interessen derer verteidigen, die die Glasglocke beherrschen.

## Sich dem Marx'schen Geist stellen

Die meisten wirtschaftlichen Reformprogramme in den armen Ländern könnten in die Falle tappen, die Karl Marx vorausgesehen hat: Der große innere Widerspruch des kapitalistischen Systems liegt darin, dass es seinen eigenen Untergang heraufbeschwört, weil es die Konzentration des Kapitals in wenigen Händen nicht vermeiden kann. Da diese Reformen der Mehrheit der Bevölkerung keinen Zugang zu den erweiterten Märkten gewähren, schaffen sie die Voraussetzung für Klassenkonflikte – eine kapitalistische und freie Marktwirtschaft für die wenigen Privilegierten, die ihre Eigentumsrechte legalisieren können, und relative Armut für einen großen, unterkapitalisierten Sektor, der nicht in der Lage ist, die eigenen Vermögensgegenstände für Kredite zu nutzen.

Klassenkämpfe heute und in dieser Zeit? Ist diese Idee nicht mit der Berliner Mauer gefallen? Leider nicht. Das mag dem Bürger eines entwickelten Landes kaum glaubhaft erscheinen, weil im Westen die Menschen, die mit dem System unzufrieden sind, in kleinen «Armutsnestern» leben. Doch in den Ländern der Dritten Welt und des ehemaligen Ostblocks ist die Armut nicht in einzelnen Nestern zu finden, sondern verteilt sich über die ganze Gesellschaft. Soweit hier von Nestern die Rede sein kann, handelt es sich um Nester des Reichtums. Was der Westen die «Unterschicht» oder «Unterklasse» nennt, ist hier die breite Mehrheit. Und wenn in der Vergangenheit die wachsenden Erwartungen dieser zornigen Armen nicht erfüllt wurden, zwang ihre Masse anscheinend fest etablierte Eliten in die Knie (siehe Iran, Venezuela und Indonesien). In den meisten nichtwestlichen Ländern verlassen sich die Regierungen auf mächtige Geheimdienste, und die dortigen Eliten leben aus gutem Grund hinter festungsartigen Mauern.

Der Unterschied zwischen den fortgeschrittenen Ländern und dem Rest der Welt besteht heute weitgehend zwischen Ländern, in denen das formale Eigentum breit gestreut ist, und Ländern, die in Klassen gespalten sind – in Klassen, die Eigentumsrechte geltend machen und Kapitel schaffen können, und solche, die nicht dazu in der Lage sind. Wenn den extralegalen Eigentumsrechten nicht Rechnung getragen wird, können diese Gesellschaften vielleicht mit ihren dualen Wirtschaftssystemen weiter vor sich hinwursteln – mit dem so genannten gesetzestreuen Sektor einerseits und dem verarmten extralegalen Sektor andererseits. Doch angesichts ständig verbesserter Informations- und Kommunikationsmöglichkeiten erfahren die Armen natürlich sehr viel genauer, was ihnen fehlt, daher muss ihre Erbitterung über die rechtliche Apartheid wachsen. Irgendwann werden die Menschen außerhalb der Glasglocke von Leuten, die sich diese Unzufriedenheit politisch zunutze machen, gegen den Status quo mobilisiert. «Falls wir keine Möglichkeit finden, mehr Menschen an der Globalisierung zu beteiligen», sagt Klaus Schwab vom Weltwirtschaftsforum, «müssen wir damit rechnen, dass die heftigen sozialen Konfrontationen der

Vergangenheit wieder aufleben, und zwar im Weltmaßstab vergrößert.»[243]

Der Kalte Krieg mag Geschichte sein, nicht aber die alten klassenkämpferischen Argumente. Subversive Aktivitäten und die weltweite Eskalation ethnischer und kultureller Konflikte beweisen, dass Menschen, die extrem unzufrieden sind, sich auf der Grundlage gemeinsam erlittenen Unrechts auch weiterhin als Klassen konstituieren. *Newsweek* schreibt, auf dem amerikanischen Kontinent habe seit den achtziger Jahren «jeder dieser Kämpfe seine eigene und besondere Geschichte, aber die Kämpfer beschwören alle denselben Feind: das neue Gesicht des lateinamerikanischen Kapitalismus.»[244] In solchen Situationen ist das Instrumentarium der Marxisten besser geeignet, Klassenkonflikte zu erklären, als die kapitalistischen Ideen, die keine vergleichbare Analyse oder auch nur ernsthafte Strategie vorzuweisen haben, mit der sie die Armen im extralegalen Sektor erreichen könnten. Kapitalisten haben im Allgemeinen keine Theorie, die erklärt, wie die Leute der Unterklasse dorthin gelangt sind, wo sie sind, und wie das System zu verändern ist, um sie aus dieser Lage zu befreien.

In einer Zeit, in der sehr viele Menschen mit wenig Hoffnung nach einem geschlossenen Weltbild suchen, das ihnen Besserung in ihrer wirtschaftlichen Not verspricht, dürfen wir die latente Kraft dieser kompakten marxistischen Theorie nicht unterschätzen. In Zeiten wirtschaftlichen Wohlergehens ist meist keine Zeit zu gründlichem Nachdenken. In der Krise kann sich jedoch das Verlangen des menschlichen Verstandes nach Ordnung und Erklärung bis zur Besessenheit steigern. Das marxistische Gedankengut, egal, in welcher Weise es wieder aufersteht – und es wird auferstehen –, liefert eine Reihe von Begriffen, mit denen sich die Probleme des Kapitalismus außerhalb des Westens sehr viel schärfer fassen lassen als mit kapitalistischem Gedankengut.

Marx' Einsichten in das Wesen des Kapitals sind, wie George Soros unlängst feststellte, oftmals komplexer als Adam Smiths

Ideen.[245] Marx sah das Problem sehr klar: «Geld und Ware sind nicht von vornherein Kapital, so wenig wie Produktions- und Lebensmittel. Sie bedürfen der Verwandlung in Kapital.»[246] Er begriff auch, dass Vermögenswerte, wenn sie in Waren umgewandelt und zur Interaktion auf die Märkte gebracht werden, Werte ausdrücken können, die sinnlich nicht fassbar, aber genutzt werden können, um einen Gewinn zu erzielen. Für Marx war Eigentum ein wichtiger Aspekt, denn ihm war klar, dass die Menschen, die sich Vermögenswerte aneignen, dadurch weit mehr erhalten als nur die physischen Eigenschaften dieser Werte. Daher gibt das geistige Rüstzeug des Marxismus den linken Antikapitalisten Argumente an die Hand, mit denen sie überzeugend erklären können, warum Privateigentum immer dazu führen muss, dass die Reichen Vermögen auf Kosten der Armen anhäufen.

Für alle, die es noch nicht bemerkt haben: Die Gegner des Kapitalismus und der Globalisierung gewinnen an Boden. Heute gibt es seriöse Statistiken, die die Kapitalismusgegner mit genau der Munition versorgen, die sie brauchen, um überzeugend zu behaupten, Kapitalismus sei die Überführung von Eigentum aus den ärmeren in die reicheren Länder; Privatinvestitionen des Westens in Entwicklungsländern liefen letztlich darauf hinaus, dass sich multinationale Konzerne die Rohstoffe dieser Länder in großen Mengen aneigneten. In den letzten zehn Jahren mag die Anzahl teurer Autos, luxuriöser Häuser und kalifornisch gehaltener Einkaufszentren in den Entwicklungsländern und ehemaligen kommunistischen Staaten gestiegen sein, die der Armen aber auch. Die Forschungsarbeiten von Nancy Birdsall und Luis Londoño zeigen, dass in diesem Zeitraum die Armut schneller wuchs und die Einkommensverteilung ungleicher wurde.[247] Nach dem «Human Development Report» der Vereinten Nationen von 1999 fiel das Bruttoinlandsprodukt in der Russischen Föderation zwischen 1990 und 1997 um 41 Prozent, wodurch Millionen Menschen in den extralegalen Sektor gedrängt wurden. Die Lebenserwartung russischer Männer ist um volle vier Jahre auf 58 Jahre gesunken.

Der Bericht macht dafür den Übergang zum Kapitalismus und die Auswirkungen der Globalisierung verantwortlich.

Diese Forschungsergebnisse sind nützliche Warnsignale, stellen aber auch die geistigen Waffen bereit, mit denen sich Privatisierungsprogramme und globaler Kapitalismus verhindern lassen. Daher müssen wir uns die latenten marxistischen Paradigmen bewusst machen und sie dann durch die Erfahrungen ergänzen, die wir in den hundert Jahren seit Marx' Tod gemacht haben. Wie wir heute zeigen können, hat Marx zwar deutlich erkannt, dass neben den physischen Vermögensgegenständen ein paralleles Wirtschaftsleben erweckt werden kann – «Hier scheinen die Produkte des menschlichen Kopfes mit eignem Leben begabte ... selbständige Gestalten»[248] –, aber er hat nicht recht verstanden, dass formales Eigentum nicht einfach ein Instrument der Aneignung ist, sondern auch ein Mittel, die Menschen zur Schaffung eines realen, zusätzlichen und nutzbaren Wertes zu motivieren. Überdies hat er nicht erkannt, dass die Vermögensgegenstände und die in sie investierte Arbeit durch die im Eigentumssystem selbst enthaltenen Mechanismen die Form gewinnen, die zur Kapitalbildung erforderlich ist. Obschon Marx' Erklärung, wie Vermögenswerte transzendent werden und größeren gesellschaftlichen Nutzen bringen, wenn sie tauschbar werden, für das Verständnis des Wohlstands von fundamentaler Bedeutung ist, so konnte er doch nicht vorhersehen, in welch entscheidendem Maße legale Eigentumssysteme eines Tages zur Erhöhung des Tauschwertes beitragen würden.

Besser als jeder andere Zeitgenosse begriff Marx, dass die Fixierung auf die physischen Eigenschaften von Ressourcen ein Höchstmaß an Blindheit bedeutet. Für ihn ist Kapital «eine selbständige Form ... [eine] sich selbst bewegende Substanz, für welche Ware und Geld beide bloße Formen» sind.[249] Aber zu seinen Lebzeiten konnte er wahrscheinlich noch nicht erkennen, wie formales Eigentum durch Repräsentation diese selben Ressourcen dazu bringt, zusätzliche Aufgaben zu übernehmen und Mehrwert zu erwirtschaften. So blieb Marx verschlossen, wie sehr es im Interesse aller Menschen läge, den Kreis derer zu erweitern, die vom Eigentum begünstigt sind. Eigentumstitel waren nur die sichtbare Spitze des wachsenden Eisbergs, der aus formalem Eigentum gebildet war. Der Rest des Eisbergs ist heute eine gewaltige, von Menschenhand geschaffene Einrichtung, deren Zweck es ist, das wirtschaftliche Potenzial der Vermögensgegenstände zu erschließen. Deshalb hat Marx nicht ganz verstanden, dass legale Eigentumsbildung ein unerlässlicher Prozess ist, um Kapital zu erfassen und nutzbar zu machen, dass die Menschheit ohne Eigentum nicht in der Lage ist, die Früchte ihrer Arbeit in fungible, liquide Formen umzuwandeln, die sich differenzieren, kombinieren, teilen und investieren lassen, um Mehrwert zu erwirtschaften. Ihm war nicht klar, dass ein gutes legales Eigentumssystem wie ein Schweizer Offiziersmesser ist und viel mehr Mechanismen besitzt als nur die elementare «Besitz»-Klinge.

Ein Großteil des Marx'schen Gedankenguts ist überholt, weil wir heute eine andere Situation haben als im Europa seiner Epoche. Potenzielles Kapital ist nicht mehr das Privileg einiger weniger. Nach Marx' Tod gelang es dem Westen schließlich, Rahmengesetze zu schaffen, die den meisten Menschen Zugang zu Eigentum und Produktionsmitteln gewährten. Marx würde heute wahrscheinlich schockiert zur Kenntnis nehmen, dass in den Entwicklungsländern ein Großteil der Massen nicht aus unterdrückten Proletariern besteht, die sich innerhalb des Rechtssystems befinden, sondern aus Kleinunternehmern, die sich außerhalb des Rechts bewegen und über beträchtliche Vermögenswerte verfügen.

Sosehr wir auch gute Eigentumssysteme bewundern, wir sollten dabei nicht vergessen, dass sich diese Systeme, wie Marx sehr richtig beobachtet hat, auch zum Diebstahl nutzen lassen. Die Welt wird immer voller Haie sein, die es meisterhaft verstehen, arglose Opfer mit Hilfe von Eigentumspapieren um ihr Vermögen zu bringen. Doch deswegen kann man formale Eigentumssysteme nicht in Bausch und Bogen verurteilen, ebenso wenig wie man Computer oder Automobile abschaffen kann, weil es Menschen gibt, die sie für Straftaten benutzen. Würde Marx heute leben und sehen, in welchem Umfang zu beiden Seiten des ehemaligen Eisernen Vorhangs Ressourcen veruntreut wurden, so wäre er wahrscheinlich auch der Auffassung, dass schamloser Raub mit und ohne Eigentum möglich ist und dass die Bekämpfung von Diebstählen mehr mit Machtausübung als mit Eigentum zu tun hat. Hinzu kommt, dass die Bedeutung des Mehrwerts, wenngleich als Begriff von Marx genau definiert, nicht an die Marx'sche Definition gebunden ist. Mehrwert wurde schon immer erwirtschaftet – zum Bau von Pyramiden und Kathedralen und zur Aufstellung teurer Heere, um nur einige Beispiele zu nennen. Ein großer Teil des heute im Westen erwirtschafteten Mehrwerts erwächst eindeutig nicht aus der skandalösen Expropriation der Arbeitszeit, sondern aus der Fähigkeit des Eigentums, dem menschlichen Verstand Mechanismen zu liefern, mit deren Hilfe sich aus Gütern zusätzliche Arbeit gewinnen lässt.

Wie wir alle, so war auch Marx von den gesellschaftlichen Verhältnissen und Technologien seiner Zeit beeinflusst. Die Expropriation kleiner freier Landeigner von ihren «Subsistenzmitteln», die Ableitung privater Eigentumsansprüche aus dem Feudalrecht, die «Usurpation von Gemeindeweiden», die Versklavung der eingeborenen Bevölkerung, die Plünderung der Eroberten und die «kommerzielle Jagd auf Schwarzhäute» durch das Kolonialsystem mögen allesamt wesentliche Voraussetzungen dessen gewesen sein, was Marx die «ursprüngliche Akkumulation» von Kapital nannte. Diese Bedingungen sind heute schwerlich wiederherstellbar. Die Einstellungen haben sich gewandelt – nicht zuletzt durch Marx' Schriften. Plünderungen, Sklaverei und Kolonialismus werden von keiner Regierung mehr gebilligt. Die meisten Länder sind heute Unterzeichner von Verträgen wie der Allgemeinen Erklärung der Menschenrechte und haben sich Verfassungen gegeben, die gleichen Zugang zu Eigentumsrechten als Grundrecht festschreiben.

Im Übrigen haben die Behörden der Entwicklungsländer, wie

Kapitel 6 gezeigt hat, den Armen durchaus Zugang zu Vermögenswerten gewährt. Die Mehrzahl der Gebäude, die überall in den Städten der Zweiten und Dritten Welt aus dem Boden geschossen sind, mag zwar keine formalen Eigentumstitel haben, aber die Behörden haben (und wenn auch nur stillschweigend) ihre Existenz und Besitzregelungen akzeptiert. In vielen Entwicklungsländern wurden während dieses Jahrhunderts im Rahmen von Agrarreformprogrammen große Landflächen an arme Bauern übergeben (allerdings ohne die zur Kapitalbildung erforderlichen Eigentumsrepräsentationen). Die Behörden dieser Länder haben auch erhebliche Mittel für die Klärung von Eigentumsfragen bereitgestellt. Man hat Milliarden Dollar ausgegeben, um Landbesitz grundbuchmäßig zu erfassen.

## *Eigentum macht Kapital «denk-freundlich»*

In allen Teilen dieses Buches habe ich versucht zu zeigen, dass wir heute Ansatzpunkte genug haben, um erhebliche Entwicklungsfortschritte zu erzielen. Diese neuen Erkenntnisse sollten uns gestatten, die lähmende Links-Rechts-Debatte zu überwinden, damit wir die alten Schlachten nicht immer wieder neu schlagen müssen. Formales Eigentum ist mehr als bloßer Besitz. Wie in Kapitel 3 gezeigt, ist Eigentum der unverzichtbare Prozess, der den Menschen die Möglichkeit gibt, sich in ihren Überlegungen auf die Aspekte ihrer Ressourcen zu konzentrieren, aus denen sie Kapital gewinnen können. Formales Eigentum ist mehr als ein System zur Beurkundung, Erfassung und Vermessung von Besitz – es ist ein gedankliches Instrument, das Vermögenswerte so repräsentiert, dass der menschliche Verstand mit ihnen Mehrwert erwirtschaften kann. Deshalb muss formales Eigentum universell zugänglich sein: Alle Bürger müssen an einem einzigen Gesellschaftsvertrag beteiligt sein, in dessen Rahmen sie kooperieren und die Produktivität der Gesellschaft steigern können.

Ein gutes legales Eigentumssystem zeichnet sich durch «Denk-Freundlichkeit» aus. Es speichert und organisiert Wissen über dokumentierte Vermögenswerte in überschaubarer Form. Zu den Daten, die es sammelt, integriert und koordiniert, gehören nicht nur Informationen über Vermögensgegenstände und deren Potenzial, sondern auch über die Gedanken, die wir uns dazu machen. Kurzum, Kapital erwächst aus der Fähigkeit des Westens, mit Hilfe von Eigentumssystemen ihre Ressourcen in einem virtuellen Kontext zu repräsentieren. Nur dort können sich die Gedanken vieler treffen, um herauszufinden, welche Bedeutung Vermögenswerte für die Menschheit haben.

Die außerordentliche Bedeutung eines integrierten Eigentumssystems liegt darin, dass es ein elementares Erkenntnisproblem löst. Unsere fünf Sinne reichen nicht aus, um die komplexe Realität eines erweiterten, geschweige denn eines globalisierten Marktes zu verarbeiten. Wir brauchen die ökonomischen Daten über uns und unsere Ressourcen in einer Form, die auf die wesentlichen Aspekte reduziert ist, sodass unser Verstand sie leichter begreifen kann. Ein gutes Eigentumssystem leistet dies – es bringt Vermögensgegenstände in eine Form, die uns erlaubt, ihre Ähnlichkeit, Unterschiede und Berührungspunkte mit anderen Vermögensgegenständen deutlich zu erkennen. Es erfasst sie als Repräsentationen, die es auf ihrer Reise durch Zeit und Raum verfolgen kann. Obendrein verleiht das System ihnen Fungibilität, indem es sie unserem Verstand als Repräsentationen darstellt, die er ohne Mühe kombinieren, teilen und mobilisieren kann, um höherwertige Mischungen zu erzielen. Diese Fähigkeit des Eigentums, Aspekte von Vermögensgegenständen so zu repräsentieren, dass wir sie reorganisieren können, um größeren Nutzen aus ihnen zu ziehen, ist die Hauptquelle wirtschaftlichen Wachstums, denn Wachstum bedeutet, mit Input von geringerem Wert Output von höherem Wert zu erzielen.

Ein gutes legales Eigentumssystem ist ein Medium, das uns gestattet, einander zu verstehen, Beziehungen herzustellen und das

Wissen über unsere Vermögenswerte so zu organisieren, dass es unsere Produktivität steigert. Es ist eine Repräsentationsform der Realität, die uns über die Grenzen unserer Sinne hinausführt. Durchdachte Eigentumsrepräsentationen ermöglichen uns, das wirtschaftliche Potenzial unserer Ressourcen so zu bestimmen, dass wir die Möglichkeit dessen, was wir mit ihnen tun können, erweitern. Sie sind nicht «bloß Papier»: Sie sind Mittler, die uns nützliches Wissen über konkret nicht anwesende Dinge verschaffen.

Eigentumsregister richten unser Wissen über Dinge auf ein Ziel, «so wie der Pfeil vom Schützen bewegt wird», um es mit den Worten von Thomas von Aquin zu sagen.[250] Dadurch, dass Eigentumsdokumente die wirtschaftlichen Aspekte der Dinge repräsentieren, die wir besitzen, und sie in Kategorien zusammenfassen, die unser Verstand rasch erfassen kann, verringern sie die Kosten im Umgang mit Vermögensgegenständen, wodurch sich deren Wert entsprechend erhöht. Der Gedanke, dass der Wert von Dingen gesteigert werden kann, indem man die Kosten verringert, die man aufwenden muss, um sie zu erkennen und Transaktionen mit ihnen vorzunehmen, gehört zu den wesentlichen Erkenntnissen des Nobelpreisträgers Ronald Coase. In seiner Schrift *The Nature of the Firm* beweist Coase, dass sich die Kosten von Transaktionen im kontrollierten und koordinierten Kontext einer Firma beträchtlich verringern lassen.[251] So gesehen, sind Eigentumssysteme wie Coases Firma kontrollierte Umwelten zur Senkung von Transaktionskosten.

Die Fähigkeit des Eigentums, das Kapital sichtbar zu machen, das latent in den von uns akkumulierten Vermögenswerten vorhanden ist, entstammt einer ehrwürdigen geistigen Tradition, nämlich dem Bestreben, unsere Umwelt so zu gestalten, dass sie unserem Wohlstand dient. Seit Jahrtausenden hören wir von unseren klügsten Denkern, das Leben habe zahlreiche Wirklichkeitsgrade, von denen viele unsichtbar seien, und dass wir zu Letzteren nur durch die Konstruktion von Repräsentationsmitteln Zugang finden könnten. In Platons berühmtem Gleichnis werden wir mit

Gefangenen verglichen, die in einer Höhle mit dem Rücken zum Eingang angekettet sind, sodass die Schatten, die vor uns auf die Wand geworfen werden, alles sind, was wir von der Welt erkennen können. Die in dieses Bild gefasste Wahrheit lautet, dass viele Dinge, die unser Schicksal lenken, nicht selbstevident sind. Darum hat sich die Zivilisation so viel Mühe gegeben, Repräsentationssysteme zu entwickeln, die den virtuellen Teil unserer Realität erschließen und erfassen, sodass er in einer Weise repräsentiert werden kann, die wir verstehen können.

In diesem Zusammenhang schreibt Margaret Boden: «Zu den wichtigsten Leistungen des Menschen gehören neue Repräsentationssysteme. Dazu zählen formale Notationssysteme wie die arabischen Ziffern (die Null nicht zu vergessen), chemische Formeln oder die Notenlinien, Halb- und Viertelnoten, die von Musikern verwendet werden. Ein Beispiel aus neuerer Zeit sind die Programmiersprachen.»[252] Repräsentationssysteme wie die Mathematik und das integrierte Eigentumssystem helfen uns, die komplexen Verhältnisse der Welt so zu handhaben und zu ordnen, dass wir sie begreifen und uns über Fragen verständigen können, die sich sonst unserem Zugriff entzögen. Diese Systeme sind das, was der Philosoph Daniel Dennett «prothetische Erweiterungen des Geistes» nennt.[253] Durch Repräsentationen fördern wir Schlüsselaspekte der Welt zutage, was uns ermöglicht, sie besser zu verstehen. Der Philosoph John Searle hat geschrieben: «Durch Übereinkunft können wir einem Phänomen einen Status zuweisen, wobei dieser Status eine begleitende Funktion hat, die nicht allein durch die intrinsischen materiellen Eigenschaften des betreffenden Phänomens wahrgenommen werden kann.»[254] Das scheint mir große Ähnlichkeit mit dem zu haben, was legales Eigentum leistet: Durch einen Gesellschaftsvertrag weist es Vermögensgegenständen einen Status in einem begrifflichen Universum zu, wodurch sie Funktionen ausüben können, die der Kapitalschaffung dienen.

Der Gedanke, dass wir die Wirklichkeit in einem begrifflichen Universum organisieren, steht im Mittelpunkt aller philosophischen Entwürfe, egal, wo sie entstanden sind. In Frankreich spricht der Philosoph Michel Foucault von der *région médiane*, die ein System von Weichen (*codes fondamentaux*) enthält, ein verstecktes Netzwerk, in dem sich der Gesellschaft der wachsende Horizont ihres Potenzials (*les conditions de possibilité*) erschließt.[255] Für mich ist formales Eigentum eine Art Rangierbahnhof, der es uns erlaubt, das Potenzial unserer akkumulierten Vermögenswerte Schritt für Schritt zu erweitern und dabei jedes Mal das Kapital zu mehren. Nützlich fand ich auch Karl Poppers Begriff der *Welt 3* – einer Wirklichkeit, die getrennt ist von der *Welt 1* der physischen Gegenstände und der *Welt 2* der geistigen Zustände, einer Welt, in der die Erzeugnisse unseres Verstandes eine autonome Existenz gewinnen und unseren Umgang mit der physischen Realität beeinflussen.[256] Und exakt in diese Begriffswelt führt uns formales Eigentum – eine Welt, in der der Westen sein Wissen über Vermögensgegenstände ordnet und aus ihnen die Möglichkeit der Kapitalerzeugung gewinnt.

Aus diesem Grund ist formales Eigentum so außergewöhnlich, so viel mehr als bloßer Besitz. Anders als Tiger und Wölfe, die die Zähne blecken, um ihr Revier zu verteidigen, hat der Mensch, ein körperlich weitaus schwächeres Wesen, den Verstand benutzt, um eine rechtliche Umwelt – das Eigentum – zum Schutz seines Territoriums zu schaffen. Ohne dass es den Beteiligten wirklich bewusst wurde, haben die Repräsentationssysteme, die der Westen zur Regelung territorialer Ansprüche geschaffen hat, ein Eigenleben entwickelt und dabei die Wissensbasis und die Regeln geliefert, die erforderlich sind, um Kapital zu erfassen und zu realisieren.

### Die Feinde von Repräsentationen

Ironischerweise schienen sich die Kapitalismusgegner des virtuellen Ursprungs des Kapitals stets deutlicher bewusst zu sein als die Kapitalisten selbst. Gerade diese virtuelle Seite des Kapitalismus erscheint ihnen so heimtückisch und gefährlich. Der Kapitalismus, so der Vorwurf Viviane Forresters in ihrem Bestseller *Der Terror der Ökonomie*, «ist in den physischen wie in den virtuellen Raum eingedrungen ... er hat in nie da gewesener Weise Reichtum konfisziert und versteckt, hat ihn dem Zugriff der Menschen entzogen, indem er ihn in der Gestalt von Symbolen verbarg. Symbole sind Gegenstand abstrakter Tauschgeschäfte geworden, die nirgendwo sonst als in ihrer virtuellen Welt stattfinden.»[257] Bewusst oder unbewusst steht Forrester in einer langen Tradition von Kritikern, denen unbehaglich zumute ist angesichts der wirtschaftlichen Repräsentationen virtueller Realität – jener «metaphysischen Spitzfindigkeiten», die Marx aber trotzdem für notwendig hielt, um Wohlstand zu verstehen und zu akkumulieren.[258]

Diese Angst vor der Virtualität des Kapitals ist verständlich. Jedes Mal, wenn die Zivilisation eine neue Methode erfindet, um sich den Umgang mit der physischen Welt durch die Verwendung von Repräsentationen zu erleichtern, reagieren die Menschen argwöhnisch. Als Marco Polo aus China zurückkehrte, schockierte er die Europäer mit der Nachricht, dass das Geld der Chinesen nicht aus Metall, sondern aus Papier sei – was die Menschen sogleich für Alchimie hielten. Die europäische Welt wehrte sich bis ins 19. Jahrhundert gegen repräsentatives Geld. Die jüngsten Formen abgeleiteten Geldes – elektronisches Geld, telegraphische Überweisungen und die heute allgegenwärtige Kreditkarte – brauchten ebenfalls Zeit, um akzeptiert zu werden. Da Wertrepräsentationen weniger konkret, also virtueller sind, reagieren die Menschen verständlicherweise skeptisch. Neue Formen von Eigentumsderivaten (wie etwa hypothekengesicherte Pfandbriefe) fördern vielleicht eine zusätzliche Kapitalbildung, erschweren aber auch das Verständnis des Wirtschaftslebens. So kommt es, dass sich die Menschen wohler fühlen beim Anblick der edel schwitzenden Werktätigen, die auf sowjetischen und lateinamerikanischen Wandgemälden zu bewundern sind, wie sie ihre Felder bestellen und ihre Maschinen bedienen, als beim Anblick der Kapitalisten, die in der virtuellen Realität ihrer Computer mit Eigentumstiteln, Aktien und Obligationen jonglieren. Es ist, als machte man sich beim Arbeiten mit Repräsentationen die Hände schmutziger als beim Wühlen in Erdreich und Schmierfett.

Wie alle Repräsentationssysteme – von der Schriftsprache bis zum Geld und den Symbolen der Cyberwelt – wird ein Eigentumspapier von vielen Intellektuellen als ein Instrument des Betrugs und der Unterdrückung verstanden. Negative Einstellungen gegenüber Repräsentationen wirkten als einflussreiche Unterströmungen bei der Entwicklung politischer Ideen. In der Schrift *De la Grammatologie* erinnert der französische Philosoph Jacques Derrida an die Behauptung Jean-Jacques Rousseaus, das Schreiben sei eine wichtige Ursache der Ungleichheit unter den Menschen. Nach Rousseau konnten die Schreibkundigen auf geschriebene Gesetze und amtliche Papiere Einfluss nehmen und damit auch auf das Schicksal der Menschen. Claude Lévi-Strauss hat behauptet, «die primäre Funktion schriftlicher Kommunikation besteht darin, die Unterjochung zu erleichtern».[259]

So gut wie jeder Antikapitalist weiß ich natürlich, dass Repräsentationssysteme, insbesondere die des Kapitalismus, zur Ausbeutung und Unterwerfung benutzt wurden, dass sie die Vielen den Wenigen auf Gedeih und Verderben ausgeliefert haben. Ich habe in diesem Buch erörtert, wie amtliche Papiere ganz offenkundig der Unterdrückung dienen. Und trotzdem zählt die Kunst und Wissenschaft der Repräsentation zu den Stützpfeilern moderner Gesellschaften. Da hilft kein Schimpfen und Wüten, wir werden Schriftsprache, elektronisches Geld, Cyber-Symbole und Eigentumsdokumente nicht mehr rückgängig machen können. Aber wir können dafür sorgen, dass Repräsentationssysteme einfacher und transparenter werden, und uns nach Kräften bemühen, dass die Menschen sie besser verstehen. Sonst wird die rechtliche Apartheid fortbestehen, und die Instrumente, mit denen sich Wohlstand schaffen lässt, werden weiterhin das Privileg derer bleiben, die unter der Glasglocke leben.

## *Ist erfolgreicher Kapitalismus eine Frage der Kultur?*

Nehmen wir Bill Gates, den erfolgreichsten und reichsten Unternehmer der Welt. Inwieweit verdankt er diesen Erfolg, von seinem persönlichen Talent abgesehen, seinem kulturellen Hintergrund und seiner «protestantischen Ethik»? Und wie viel verdankt er dem Eigentumssystem der Vereinigten Staaten?

Wie viele Softwareinnovationen hätte er ohne Patentschutz entwickeln können? Wie viele Geschäfte und langfristige Projekte hätte er abwickeln können ohne gerichtlich durchsetzbare Verträge? Wie viele Risiken hätte er eingehen können ohne Haftungsbeschränkungen und Versicherungspolicen? Wie viel Kapital hätte er akkumulieren können ohne Eigentumsregister zur Erfassung und Aufbewahrung dieses Kapitals? Wie viele Ressourcen hätte er zusammenlegen können ohne fungible Eigentumsrepräsentationen? Wie viele andere Menschen hätte er zu Millionären machen können ohne die Möglichkeit, Aktienbezugsrechte zu vergeben? Aus welchen Größenvorteilen hätte er Nutzen ziehen können, wenn er sich auf weit verteilte Heimindustrien hätte stützen müssen, ohne die Möglichkeit, sie zusammenzulegen? Wie könnte er die Rechte an seinem Imperium ohne gesetzlich geregelte Erbfolge seinen Kindern und Kollegen übereignen?

Ich glaube nicht, dass Bill Gates oder irgendein anderer Unternehmer der westlichen Welt Erfolg hätte haben können ohne ein Eigentumssystem, das sich auf einen fest verankerten, umfassenden Gesellschaftsvertrag gründet. Ehe wir uns von einem allwissenden Kulturexperten, der selber unter der Glasglocke lebt, einreden lassen, der Erfolg im Kapitalismus setze bestimmte kulturelle Eigenschaften voraus, schlage ich daher in aller Bescheidenheit vor, dass wir zunächst einmal beobachten, was geschieht, wenn die Entwicklungsländer und die ehemaligen kommunistischen Staaten Eigentumssysteme etablieren, die Kapital für jedermann schaffen können.

Im Laufe der Geschichte haben die Menschen immer wieder die

Effizienz der ererbten Repräsentationswerkzeuge zur Erwirtschaftung von Mehrwert mit Werten verwechselt, die ihrer Kultur innewohnen. Dabei vergaßen sie, dass eine begünstigte Gruppe der Gesellschaft ihren Vorteil oft der Nutzung eines Repräsentationssystems verdankt, das von einer anderen Kultur entwickelt wurde. Beispielsweise mussten die Nordeuropäer die Rechtsinstitutionen des alten Rom kopieren, um sich zu organisieren, und sich das griechische Alphabet und die arabischen Ziffernsymbole aneignen, um Informationen übermitteln und rechnen zu können. Genauso ist sich heute kaum jemand bewusst, welch ungeheuren Vorteil die formalen Eigentumssysteme den westlichen Gesellschaften verschafft haben. Infolgedessen sind viele Bewohner der westlichen Welt zu der Überzeugung gelangt, das, was ihren Kapitalismus so erfolgreich mache, sei die ererbte Arbeitsethik oder die durch ihre Religionen erzeugte Angst – und das trotz der Tatsache, dass die Menschen überall auf der Welt hart arbeiten, wenn es ihnen möglich ist, und dass Calvinisten und Juden kein Monopol auf existenzielle Ängste oder dominante Mütter haben. (Ich habe genauso viel Angst wie irgendein Calvinist, besonders wenn es Sonntagabend wird, und was die Frage angeht, wer die dominanteste Mutter hat, so könnte ich die meine in Peru gegen jede New-Yorkerin antreten lassen.) Daher bleibt ein Großteil der Forschungsprogramme, die nötig sind, um zu erklären, weshalb der Kapitalismus außerhalb des Westens versagt, im Sumpf einer Vielzahl ungeprüfter und meist gar nicht zu überprüfender Annahmen stecken – die dann als «Kultur» ausgegeben werden und in erster Linie die Aufgabe haben, vielen der Menschen, die in den privilegierten Enklaven dieser Welt leben, ein Gefühl der Überlegenheit zu geben.

Eines Tages, wenn sich die Erkenntnis durchgesetzt hat, wie wichtig gute politische Institutionen und Eigentumsrechte sind, wird man die Haltlosigkeit dieser kulturellen Argumente einsehen. Einstweilen steht Kultur, wie Fareed Zakaria in *Foreign Affairs* feststellt,

> hoch im Kurs. Mit Kultur meine ich nicht Wagner und abstrakten Expressionismus – die standen schon immer hoch im Kurs –, sondern Kultur als Erklärung gesellschaftlicher Phänomene … Kulturelle Erklärungen halten sich hartnäckig, weil sie Intellektuellen gefallen. Hier muss man detaillierte Kenntnisse über die Geschichte der Länder vorweisen, und über die verfügen Intellektuelle in reichlichem Maße. Durch sie bekommt die Analyse von Gesellschaften etwas Geheimnisvolles und Kompliziertes … Doch die Kultur selbst lässt sich formen und verändern. Hinter den vielen kulturellen Einstellungen, Neigungen und Präferenzen stehen politische und ökonomische Kräfte, die sie geprägt haben.[260]

Dies soll nicht heißen, dass die Kultur keine Rolle spielt. Alle Menschen dieser Erde besitzen besondere Vorlieben, Fertigkeiten und Verhaltensmuster, die vermutlich kulturell geprägt sind. Die Schwierigkeit besteht darin herauszufinden, welche dieser Eigenschaften wirklich die tief verwurzelte, unveränderbare Identität eines Volkes ausmachen und welche durch ökonomische und rechtliche Zwänge bestimmt sind. Geht illegales Squatting in Ägypten und Peru zurück auf althergebrachte, nicht auszurottende Nomadentraditionen der Araber und den Brauch der Quechuas, zwischen den Feldern zu wechseln, die sie in verschiedenen Höhenlagen der Anden bestellen? Oder geschieht dies, weil es sowohl in Ägypten wie in Peru länger als fünfzehn Jahre dauert, legale Eigentumsrechte an Brachland zu erwerben? Nach meiner Erfahrung ist Squatting meist auf letztere Ursache zurückzuführen. Können die Menschen für die Landbesiedlung auf einen geregelten Mechanismus zurückgreifen, der den Gesellschaftsvertrag widerspiegelt, dann halten sie sich an den Rechtsweg; so wird nur noch eine Minderheit, wie überall, den extralegalen Weg beschreiten und sich fürs Squatting entscheiden. Viele Verhaltensweisen, die heute dem kulturellen Erbe zugeschrieben werden, sind nicht das unvermeidliche Ergebnis ethnischer Eigenheiten oder persönlicher Charakterzüge der Menschen, sondern erwachsen aus der rationalen Bewertung des Kosten-Nutzen-Verhältnisses, das sich ergibt, wenn sie in das legale Eigentumssystem eintreten.

In jeder Kultur verleiht legales Eigentum dem Einzelnen Rechte, und ich bezweifle, dass Eigentum an sich in direktem Widerspruch zu irgendeiner Kultur steht. Vietnamesische, kubanische und indianische Migranten hatten offenbar kaum Probleme, sich ans US-amerikanische Eigentumsrecht zu gewöhnen. Schlüssig formuliert, kann Eigentumsrecht über die Kulturen hinausgreifen, zu einem besseren gegenseitigen Verständnis zwischen ihnen beitragen und dabei gleichzeitig die Kosten reduzieren, die entstehen, wenn man ihre Waren und Gedanken zusammenführt.[261] Legales Eigentum legt den Umrechnungskurs zwischen verschiedenen Kulturen fest und gibt ihnen somit eine Grundlage ökonomischer Gemeinsamkeiten, auf der sie ihre Geschäfte miteinander abwickeln können.

### *Das Einzige, was bleibt*

Nach meiner Überzeugung befindet sich der Kapitalismus in Entwicklungsländern und den ehemaligen kommunistischen Staaten auf einem Irrweg. Er ist parteiisch. Er hat den Kontakt mit den Menschen verloren, die eigentlich seine größte Klientel bilden sollten. Statt allen eine Chance zu bieten, erscheint der Kapitalismus zunehmend als Selbstbedienungsladen für die Zunft der Geschäftsleute und ihrer Technokratien. Ich hoffe, dieses Buch hat meine Überzeugung zum Ausdruck gebracht, dass sich diese Situation relativ leicht ändern lässt – vorausgesetzt, die betroffenen Staaten sind bereit, folgende Gesichtspunkte zu akzeptieren:

1. Die Situation und das Potenzial der Armen müssen besser dokumentiert werden.
2. Alle Menschen sind in der Lage zu sparen.
3. Was den Armen fehlt, sind rechtlich integrierte Eigentums-

systeme, mit denen sie ihre Arbeit und Ersparnisse in Kapital umwandeln können.

4. Ziviler Ungehorsam und die heutigen Mafia-Organisationen sind keine Randerscheinungen, sondern das Resultat einer millionenfachen Migrationsbewegung, die aus einem Leben in überschaubarem Rahmen in eines führt, das in sehr viel größerem Maßstab organisiert ist.
5. Richtig betrachtet, sind die Armen nicht das Problem, sondern die Lösung.
6. Die Konstruktion eines Eigentumssystems, das die Kapitalbildung ermöglicht, ist eine politische Herausforderung, denn dazu müssen die Verantwortlichen den Kontakt zum Volk suchen, den Gesellschaftsvertrag verstehen und das Rechtssystem gründlich überarbeiten.

Nach dem Sieg über den Kommunismus ist das alte Programm des Kapitalismus für den wirtschaftlichen Fortschritt obsolet geworden; er braucht neue Zielsetzungen. Es ist sinnlos, weiter nach Öffnung der Volkswirtschaften zu rufen, ohne sich der Tatsache zu stellen, dass die gegenwärtigen Wirtschaftsreformen lediglich kleinen, globalisierten Eliten die Tür öffnen, den größten Teil der Menschheit jedoch ausgrenzen. Im Augenblick befasst sich die kapitalistische Globalisierung nur damit, die Eliten zusammenzuschließen, die unter der Glasglocke leben. Um die Glasglocke zu heben und die Eigentums-Apartheid zu beseitigen, wird man die vorhandenen Grenzen der Wirtschaft wie des Rechts überschreiten müssen.

Ich bin kein hartleibiger Kapitalist. Für mich ist der Kapitalismus kein Glaubenssatz. Viel wichtiger sind mir Freiheit, Solidarität mit den Armen, Achtung vor dem Gesellschaftsvertrag und Chancengleichheit. Doch einstweilen ist der Kapitalismus die einzige Möglichkeit, diese Ziele zu erreichen. Kein anderes uns bekanntes System liefert uns die Werkzeuge, die nötig sind, einen erheblichen Mehrwert zu erwirtschaften.

Ich freue mich, dass ich aus der Dritten Welt komme, denn das ist eine wunderbare Herausforderung – die Herausforderung, den Übergang zu einem marktorientierten kapitalistischen System so zu vollziehen, dass die Wünsche und Überzeugungen der Menschen dabei nicht auf der Strecke bleiben. Wenn das Kapital eines Tages nicht nur im Westen, sondern auf der ganzen Welt zur Erfolgsgeschichte geworden ist, können wir die Grenzen der physischen Welt überschreiten und unsere Gedanken frei und ungebunden in die Zukunft schweifen lassen.

Viele der Gedanken dieses Buches beruhen auf praktischen Forschungen in verschiedenen Ländern der Erde. Wer weitere Informationen über diese Arbeit sucht, findet sie auf der Website des Institute of Liberty and Democracy unter www.ild.org.pe

## WIE VIEL TOTES KAPITAL?

**132,9 MILLIARDEN US-$ TOTES KAPITAL**

| Totes Kapital | Milliarden US-$ |
|---|---|
| **städtisch** | |
| Hauptstadt Manila und Umland | 66,4 |
| informell genutzte Flächen der Hauptstadt Manila | 21,3 |
| ehemals formell genutzte Flächen | 39,8 |
| angrenzende Flächen | 5,3 |
| andere philippinische Städte | 5,7 |
| **insgesamt** | **72,1** |
| **ländlich** | |
| nicht übertragbares und veräußerliches Land | 40,8 |
| übertragbares und veräußerliches Land ohne Eigentumstitel | 6,3 |
| übertragbares und veräußerliches Land mit Eigentumstitel und Einschränkungen | 13,7 |
| **insgesamt** | **60,8** |
| **132,9 Milliarden US-$** | |

**im Besitz von 65% der Bevölkerung**

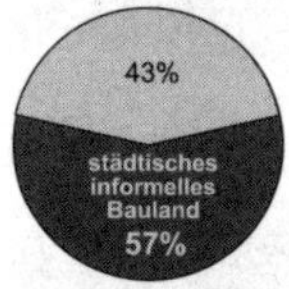


VERTEILUNG DER FORMELLEN UND INFORMELLEN WOHNGEBÄUDE AUF STÄDTISCHEM GEBIET (in Tausend)

| | WOHNGEB. | % |
|---|---|---|
| städt. inform. Bauland | 4.823 | **57** |
| städt. form. Bauland | 3.655 | 43 |
| städt. Bauland insges. | 8.478 | 100 |

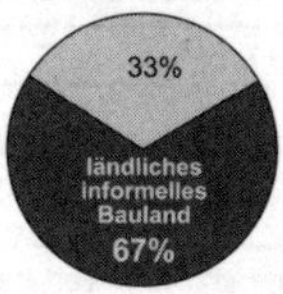


VERTEILUNG DER FORMELLEN UND INFORMELLEN WOHNGEBÄUDE AUF LÄNDLICHEM GEBIET (in Tausend)

| | HEKTAR | % |
|---|---|---|
| ländl. inform. Bauland | 20.623 | **67** |
| ländl. form. Bauland | 10.077 | 33 |
| ländl. Bauland insges. | 30.700 | 100 |

**Anders gesagt:**
**132,9 Milliarden US-$ informelles Kapital sind**

**4**-mal so viel wie der Marktwert der 216 inländischen Unternehmen, die Ende 1997 an der philippinischen Börse notiert wurden (31,4 Milliarden US-$);

**5**-mal so viel wie der Wert der gesamten Erzproduktion (23,6 Milliarden US-$) in den letzten 20 Jahren, 1979–1998;

**7**-mal so viel wie die Gesamtersparnisse und Termineinlagen bei philippinischen Geschäftsbanken (8,8 Milliarden US-$) im Oktober 1998;

**9**-mal so viel wie das Kapital der größten Staatsunternehmen auf den Philippinen Ende 1998 (14,3 Milliarden US-$);

**14**-mal so viel wie der Wert aller ausländischen Direktinvestitionen auf den Philippinen (9,6 Milliarden US-$) zwischen 1973 und 1998.

*Abbildung A.1*
*Philippinen (Bevölkerungszahl: 68 Millionen)*

# WIE VIEL TOTES KAPITAL?

## 74,2 MILLIARDEN US-$ TOTES KAPITAL

## im Besitz von 65% der Bevölkerung

| Totes Kapital | Milliarden US-$ |
|---|---|
| **städtisch** | |
| Hauptstadt Lima | 18,5 |
| andere Städte | 18,0 |
| **insgesamt** | **36,5** |
| **ländlich** | |
| Küste | 21,5 |
| Hochland | 15,8 |
| Dschungel | 0,4 |
| **insgesamt** | **37,7** |
| **74,2 Milliarden US-$** | |

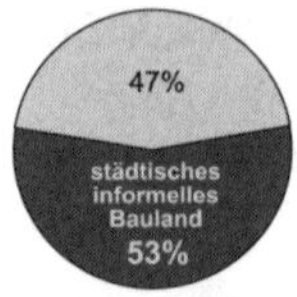


VERTEILUNG DER FORMELLEN UND INFORMELLEN WOHNGEBÄUDE AUF STÄDTISCHEM GEBIET (in Tausend)

| | WOHNGEB. | % |
|---|---|---|
| städt. inform. Bauland | 1.700 | **53** |
| städt. form. Bauland | 1.500 | 47 |
| städt. Bauland insges. | 3.200 | 100 |

VERTEILUNG DER FORMELLEN UND INFORMELLEN WOHNGEBÄUDE AUF LÄNDLICHEM GEBIET (in Tausend)

| | HEKTAR | % |
|---|---|---|
| ländl. inform. Bauland | 4.400 | **81** |
| ländl. form. Bauland | 1.000 | 19 |
| ländl. Bauland insges. | 5.400 | 100 |

## Anders gesagt: 74,2 Milliarden US-$ informelles Kapital sind

**2**-mal so viel wie der Gesamtmarktwert der Privatgesellschaften, die 1995 an der Börse notiert wurden;

**2**-mal so viel wie das Gesamtvermögen der 1000 größten offiziellen Privatunternehmen;

**7**-mal so viel wie die Gesamtersparnisse und Termineinlagen bei peruanischen Geschäftsbanken im Jahr 1995;

**11**-mal so viel wie das Kapital der größten Staatsunternehmen, die privatisiert werden konnten;

**14**-mal so viel wie der Wert aller ausländischen Direktinvestitionen in Peru bis 1995.

*Abbildung A.2*
*Peru (Bevölkerungszahl: 24 Millionen)*

## WIE VIEL TOTES KAPITAL?

**5,2 MILLIARDEN US-$**
**TOTES KAPITAL**

**im Besitz von 82%**
**der Bevölkerung**

| Totes Kapital | Milliarden US-$ |
|---|---|
| **städtisch** | |
| Port-au-Prince | 1,8 |
| andere Städte | 0,2 |
| **insgesamt** | **2,0** |
| **ländlich** | |
| **insgesamt** | **3,2** |
| **5,2 Milliarden US-$** | |

VERTEILUNG DER FORMELLEN UND INFORMELLEN WOHNGEBÄUDE AUF STÄDTISCHEM GEBIET (in Tausend)

| | WOHNGEB. | % |
|---|---|---|
| städt. inform. Bauland | 349 | **68** |
| städt. form. Bauland | 163 | 32 |
| städt. Bauland insges. | 512 | 100 |

VERTEILUNG DER FORMELLEN UND INFORMELLEN WOHNGEBÄUDE AUF LÄNDLICHEM GEBIET (in Tausend)

| | HEKTAR | % |
|---|---|---|
| ländl. inform. Bauland | 1.527 | **97** |
| ländl. form. Bauland | 41 | 3 |
| ländl. Bauland insges. | 1.568 | 100 |

**Anders gesagt:**
**5,2 Milliarden US-$ informelles Kapital sind**

**4**-mal so viel wie das Gesamtvermögen der 123 größten offiziellen Privatunternehmen;

**9**-mal so viel wie das Kapital der größten haitianischen Staatsunternehmen, die privatisiert werden konnten;

**11**-mal so viel wie die Gesamtersparnisse und Termineinlagen in haitianischen Geschäftsbanken im Jahr 1995;

**158**-mal so viel wie der Wert aller ausländischen Direktinvestitionen auf Haiti bis 1995.

*Abbildung A.3*
*Haiti (Bevölkerungszahl: 7 Millionen)*

# WIE VIEL TOTES KAPITAL?

**241,4 MILLIARDEN US-$
TOTES KAPITAL**

**im Besitz von 65%
der Bevölkerung**

| Totes Kapital | Milliarden US-$ |
|---|---|
| **städtisch** | |
| Großraum Kairo | 79,4 |
| Alexandria | 23,1 |
| andere Städte | 51,8 |
| ländliche Wohngebiete | 40,9 |
| **insgesamt** | **195,2** |
| **ländlich** | |
| unteres Ägypten | 28,1 |
| oberes Ägypten | 18,1 |
| **insgesamt** | **46,2** |
| **241,4 Milliarden US-$** | |

**VERTEILUNG DER FORMELLEN UND INFORMELLEN WOHNGEBÄUDE AUF STÄDTISCHEM GEBIET (in Tausend)**

| | WOHNGEB. | % |
|---|---|---|
| städt. inform. Bauland | 11,9 | **92** |
| städt. form. Bauland | 1,0 | 8 |
| städt. Bauland insges. | 12,9 | 100 |

**VERTEILUNG DER FORMELLEN UND INFORMELLEN WOHNGEBÄUDE AUF LÄNDLICHEM GEBIET (in Tausend)**

| | HEKTAR | % |
|---|---|---|
| ländl. inform. Bauland | 2,4 | **83** |
| ländl. form. Bauland | 0,5 | 17 |
| ländl. Bauland insges. | 2,9 | 100 |

**Anders gesagt:
241,4 Milliarden US-$ informelles Kapital sind**

**6**-mal so viel wie die Gesamtersparnisse und Termineinlagen bei ägyptischen Geschäftsbanken;

**13**-mal so viel wie die gesamten Nettodevisenreserven bis 1996;

**16**-mal so viel wie die Gesamtinvestitionen in formelle Vermögensobjekte durch Privatfirmen aufgrund der Anreize, die der ägyptische Staat durch das Investitionsgesetz lieferte;

**30**-mal so wie der Marktwert der 746 Unternehmen, die in Reaktion auf die Anreize des Kapitalmarktgesetzes an der Kairoer Börse notiert wurden;

**55**-mal so viel wie der Wert aller ausländischen Direktinvestitionen in Ägypten bis 1996;

**116**-mal so viel wie das Kapital der 63 Staatsunternehmen, die zwischen 1992 und 1996 privatisiert wurden.

*Abbildung A.4*
*Ägypten (Bevölkerungszahl: 63 Millionen)*

**Typologie 1**
**Durchschnittswert: 500 US-$**

**Typologie 2**
**Durchschnittswert: 3000 US-$**

**Typologie 3**
**Durchschnittswert: 8000 US-$**

**Typologie 4**
**Durchschnittswert: 12000 US-$**

**Typologie 5**
**Durchschnittswert: 22000 US-$**

**Typologie 6**
**Durchschnittswert: 35000 US-$**

**Typologie 7**
**Durchschnittswert: 75000 US-$**

*Abbildung A.5*
*Arten informeller Wohnverhältnisse in den städtischen Gebieten von Port-au-Prince und anderen haitianischen Großstädten*

## Anmerkungen

1 Eigentlich: «als geschlossenes System existiert» *(vécu en système clos)*; Fernand Braudel, *Sozialgeschichte des 15.–18. Jahrhunderts, Der Handel*, München, Kindler, 1986, S. 266.
2 Gordon S. Wood, «Inventing American Capitalism», *New York Review of Books*, 9. Juni 1994, S. 49.
3 Donald Pisani, *Water, Land, and Law in the West: The Limits of Public Policy, 1850–1920*, Lawrence, University Press of Kansas, 1966, S. 51.
4 Anmerkungen des Architekten und Städteplaners Albert Mangonese in: *Conjonction*, Nr. 119, Februar–März 1973, S. 11.
5 Leonard J. Rolfes jr., «The Struggle for Private Land Rights in Russia», *Economic Reform Today*, Nr. 1, 1996, S. 12.
6 Adam Smith, *Der Wohlstand der Nationen*, München, DTV, 1988, S. 228.
7 Ebd., S. 272.
8 Simonde de Sismondi, *Nouveaux principes d'économie politique*, Paris, Calmann-Lévy, 1827, S. 81–82.
9 Jean Baptiste Say, *Traité d'économie politique*, Paris, Deterville, 1819, Bd. II, S. 429.
10 Karl Marx/Friedrich Engels, *Werke*, Berlin, Dietz, 1964, Bd. 25, S. 85.
11 Adam Smith, *Der Wohlstand der Nationen*, München, DTV, 1988, S. 240.
12 Ebd., S. 264
13 Herbert L. Dreyfus und Paul Rabinow, *Michel Foucault: Beyond Structuralism and Hermeneutics*, Chicago, Harvester University of Chicago, 1982, S. 211.
14 George A. Miller und Philip N. Johnson-Laird, *Language and Perception*, Cambridge, MA, Harvard University Press, 1976, S. 578.
15 Gunnar Heinsohn und Otto Steiger, «The Property Theory of Interest and Money», unveröffentlichtes Manuskript (zweiter Entwurf), Oktober 1998; inzwischen veröffentlicht in: John Smithin (Hrsg.), *What Is Money?* (London und New York, Routledge, 2000), S. 67–100 / 79. Anmerkung des Übersetzers: Der Aufsatz ist eine Kurzfassung von Heinsohns und Steigers Monographie *Eigentum, Zins und Geld: Ungelöste Rätsel der Wirtschaftswissenschaft* (Reinbek, Rowohlt, 1996, 2., durchgesehene Auflage zusammen mit dem Ergänzungsband Eigentumstheorie der Wirtschaft versus Wirtschaftstheorie ohne Eigentum, Marburg, Metropolis, 2002).
16 Ebd., S. 93.
17 Ebd., S. 90.
18 Tom Bethell, *The Noblest Triumph*, New York, St. Martin's Press, 1998, S. 9.
19 Fernand Braudel, *Sozialgeschichte des 15.–18. Jahrhunderts, Der Handel*, München, Kindler, 1986, S. 266.
20 «Survey the Internet», *The Economist*, 1. Juli 1995, S. 4–5.
21 Jeb Blount, «Latin Trade», *News Finance*, 20. Januar 1997.
22 Tony Emerson und Michael Laris, «Migration», *Newsweek*, 4. Dezember 1995.
23 Henry Boldrick, «Reaching Turkey's Spontaneous Settlements», *World Bank Policy*, April–Juni 1996.

24 «Solving the Squatter Problem», *Business World*, 10. Mai 1995.
25 *Newsweek*, 23. März 1998.
26 *The Economist*, 6. Juni 1998.
27 Manal El-Batran und Ahmed El-Kholei, *Gender and Rehousing in Egypt*, Kairo, Niederländische Botschaft in Kairo, 1996, S. 24.
28 Gerard Barthelemy, «L'extension des lotissements sauvages à usage populaire en milieu urbain ou Paysans, Villes et Bidonvilles en Haiti: Aperçus et réflexions», Port-au-Prince, Sonderdruck, Juni 1996.
29 Blount, «Latin Trade».
30 Leonard J. Rolfes, «The Struggle for Private Land Rights in Russia».
31 Offizielle Zeitschrift der *National Geographic Society* (Millenium in Maps), Nr. 4, Oktober 1998.
32 Donald Stewart, *AIPE*, Dezember 1997.
33 Matt Moffett, «The Amazon Jungle Had an Eager Buyer, But Was It For Sale?», *The Wall Street Journal*, 30. Januar 1997.
34 Simon Fass, *Political Economy in Haiti: The Drama of Survival*, New Brunswick, NJ, Transaction Publishers, 1998, S. XXIV–XXV.
35 Ahmed M. Soliman, «Legitimizing informal housing: accommodating low-income groups in Alexandria, Egypt», *Environment and Urbanization*, Bd. 8, Nr. 1, April 1996, S. 190–191.
36 Reuters, abgedruckt in *Financial Review*, 1. Mai 1992, S. 45.
37 Mavery Zarembo, *Newsweek*, 7. Juli 1997.
38 *The Economist*, 5. März 1994.
39 Ebd., 6. Mai 1995.
40 «Terrenos de Gamarra valen tres veces más que en el centro de Lima», *El Comercio*, 25. April 1995.
41 Jan de Vries, *Economy of Europe in an Age of Crisis, 1600–1750*, Cambridge, Cambridge University Press, 1976; D. C. Coleman, *Revisions in Mercantilism*, London, Methuen, 1969; J. H. Clapham, *The Economic Development of France and Germany, 1815–1914*, Cambridge, Cambridge University Press, 1963; Eli Heckscher, *Mercantilism*, London, Allen & Unwin, 1934.
42 Joseph Reid, *Repuestas al primer cuestionario del ILD*, Lima, Meca, 1985.
43 D. C. Coleman, *The Economy of England 1450–1750*, Oxford, Oxford University Press, 1977, S. 18–19.
44 Ebd., S. 58–59.
45 Heckscher, *Mercantilism*, Bd. 1, S. 323.
46 Ebd., S. 241.
47 Robert B. Ekelund, jr. und Robert Tollison, *Mercantilism as a Rent Seeking Society*, College Station, Texas A&M University Press, 1981, Kapitel 1.
48 Heckscher, *Mercantilism*, Bd. 1, S. 239–244.
49 Coleman, *The Economy of England*, S. 74.
50 Heckscher, *Mercantilism*, Bd. 1, S. 323.
51 Clapham, *Economic Development of France and Germany*, S. 323–325.
52 Joseph Reid in einer Antwort auf den zweiten vom Institute for Liberation and Democracy verschickten Fragebogen; Heckscher, *Mercantilism*, Bd. 1, S. 247, 251.

53 Charles Wilson, *Mercantilism*, London, Routledge & Kegan Paul, 1963, S. 27.
54 Coleman, *The Economy of England*, S. 105.
55 Francis S. Philbrick, «Changing Conceptions of Property Law», *University of Pennsylvania Law Review*, Bd. 86, Mai 1938, S. 691.
56 Bernard Bailyn, *The Peopling of British North America: An Introduction*, New York, Knopf, 1986, S. 5.
57 Peter Charles Hoffer, *Law and People in Colonial America*, Baltimore, Johns Hopkins University Press, 1998, S. 1–2.
58 Ebd., S. XII.
59 David Thomas Konig, «Community Custom and the Common Law: Social Change and the Development of Land Law in Seventeenth-century Massachusetts», in: Kermit Hall (Hg.), *Land Law and Real Property in American history: Major Historical Interpretation*, New York, Garland Publishing, 1987, S. 339.
60 Ebd., S. 319–320.
61 Ebd., S. 320.
62 Ebd., S. 323.
63 Ebd., S. 324.
64 Ebd., S. 349.
65 Hoffer, *Law and People in Colonial America*, S. 15.
66 Amelia C. Ford, *Colonial Precedents of our National Land System as it Existed in 1800*, Philadelphia, Porcupine Press, 1910, S. 112–113.
67 Ebd., S. 114.
68 Konig, «Community Custom», S. 325.
69 Ebd., S. 325.
70 Aaron Morton Sokolski, *Land Tenure and Land Taxation in America*, New York, Schalkenbach Foundation, 1957, S. 191.
71 Ebd., S. 191.
72 Henry W. Tatter, *The Preferential Treatment*, Ph. D.-Dissertation, Northwestern University, 1933, S. 273.
73 Ebd., S. 23.
74 Ford, *Colonial Precedents*, S. 103.
75 Ebd., S. 103.
76 Ebd., S. 89–90.
77 Ebd., S. 126.
78 Ebd.
79 Ebd., S. 128.
80 Ebd., S. 129.
81 Ebd., S. 130.
82 Tatter, *The Preferential Treatment*, S. 40–41.
83 Zitiert in: Stanley Lebergott, «‹O'Pioneers›: Land Speculation and the Growth of the Midwest», in: David C. Klingman und Richard K. Vedder (Hg.), *Essays on the Economy of the Old Northwest*, Athens, OH, Ohio University Press, 1987, S. 39.
84 Ford, *Colonial Precedents*, S. 119.
85 Sokolski, *Land Tenure*, S. 192.

86 Ebd., S. 193.
87 Ebd.
88 Zitiert in: Pisani, *Water, Land, and Law,* S. 51.
89 Sokolski, *Land Tenure,* S. 193–194.
90 Lebergott, «‹O'Pioneers›», S. 39–40.
91 Ebd.
92 Ebd., S. 40.
93 Act XXXIII, März 1642, *The Statutes at Large, Being a Collection of all the Laws of Virginia from the First Session of the Legislature*, hg. v. William Hening, New York 1823, S. 134.
94 Richard E. Messick, ‹A History of Preemption Laws in the United States›, *Manuskript zur Vorlage beim ILD,* S. 7.
95 Ford, *Colonial Precedents,* S. 124.
96 Ebd., S. 124.
97 Ebd., S. 132.
98 Ebd., S. 134.
99 An Act for Adjusting and Settling the Titles of Claimers to Unparented Land under the Present and Former Government, Previous to the Establishment of the Commonwealth's Land Office, *The Statutes at Large: Being a Collection of all the Laws of Virginia,* hg. v. William Hening, Richmond 1822, S. 40.
100 Douglas W. Alien, «Homesteading and Property Rights; or ‹How the West was Really Won›», *Journal of Law and Economics* 34 (April 1991), S. 6.
101 Richard Current u. a. (Hg.), *American History: A Survey,* 7. Aufl., New York, Knopf, 1987, S. 150.
102 Terry L. Anderson, «The First Privatization Movement», in: *Essays on the Economy of the Old Northwest,* S. 63.
103 Current, *American History,* S. 150.
104 Roy M. Robbins, «Preemption – A Frontier Triumph», *Mississippi Valley Historical Review,* Bd. 18, Dezember 1931, S. 333–334.
105 Ebd.
106 Ford, *Colonial Precedents*, S. 117.
107 Lebergott, «‹O'Pioneers›», S. 40.
108 Ebd., S. 40.
109 Messick, «A History of Preemption», S. 9.
110 Zitiert in: Tatter, *The Preferential Treatment,* S. 91–92.
111 Messick, «A History of Preemption», S. 10
112 Act vom 18. Mai 1796, *Public and General Statutes Passed by the Congress of the United States of America: 1789 to 1827 Inclusive*, hg. v. Joseph Story, Boston 1828.
113 Tatter, *The Preferential Treatment*, S. 118.
114 Zitiert ebd., S. 125.
115 Patricia Nelson Limerick, *The Legacy of Conquest: The Unbroken Past of the American West*, New York, W. W. Norton & Company, 1987, S. 59
116 Ebd.
117 Ebd., S. 140.

118 Lebergott, «‹O'Pioneers›», S. 44.
119 Ebd.
120 Ebd.
121 Richard E. Messick, «Rights to Land and American Economic Development», *Manuskript zur Vorlage beim ILD*, S. 44.
122 Richard White, *It's Your Misfortune and None of My Own: A New History of the American West*, Norman, University of Oklahoma Press, 1991, S. 146.
123 Ebd.
124 Stephen Schwartz, *From West to East*. New York, The Free Press, 1998, S. 105 bis 110.
125 Zitiert in: Lebergott, «‹O'Pioneers›», S. 40
126 Zitiert in: Anderson, «The First Privatization Movement», S. 63.
127 Paul W. Gates, *Landlords and Tenants on the Prairie Frontier*, Ithaca, Cornell University Press, 1973, S. 13.
128 Ebd., S. 16.
129 Zitiert ebd.
130 Zitiert ebd., S. 24.
131 Lawrence M. Friedman, A *History of American Law,* 2. Aufl., New York, Simon & Schuster, 1986, S. 241–242.
132 Zitiert ebd., S. 242.
133 Ebd.
134 G. Edward White, *The American Judicial Tradition: Profiles of Leading Judges*, New York, Oxford University Press, 1976, S. 48.
135 Zitiert in: Ford, *Colonial Precedents,* S. 129 [Hervorhebung von mir].
136 Gates, *Landlords and Tenants*, S. 27.
137 *Green v. Biddle,* 8 Wheaton 1 (1823).
138 Ebd., S. 33.
139 Ebd., S. 66.
140 Gates, *Landlords and Tenants*, S. 37.
141 Current, *American History,* S. 149.
142 Zitiert ebd., S. 31.
143 Zitiert ebd.
144 Tatter, *The Preferential Treatment,* S. 265.
145 Gates, *Landlords and Tenants*, S. 33.
146 *Bodley v. Gaither,* 19 Kentucky Reports 57, 58 (1825).
147 *M'Kinney v. Carrol,* 21 Kentucky Reports 96, 97 (1827).
148 White, *It's Your Misfortune*, S. 139.
149 Gates, *Landlords and Tenants,* S. 46; *Congressional Record,* 43. Congress, 1. Sitzung, 1603 (18. Februar 1874).
150 Pisani, *Water, Land, and Law*, S. 63.
151 Tatter, *The Preferential Treatment*, S. 154.
152 Gates, *Landlords and Tenants*, S. 44.
153 Paul W. Gates, «California's Embattled Settlers», *The California Historical Society Quarterly,* Bd. 41, Juni 1962, S. 115.
154 Messick, «A History of Preemption», S. 17.

155 Zitiert ebd.
156 Ebd., S. 19.
157 Act vom 29. Mai 1830, *Public Statutes at Large of the United States of America*, Bd. 4, Boston 1846.
158 Act vom 4. September 1841, *Public Statutes at Large of the United States of America,* Bd. 5, Boston, Charles C. Little und James Brown, 1845–1867.
159 Messick, «A History of Preemption», S. 26.
160 Pisani, *Water, Land, and Law*, S. 69.
161 Allan G. Bogue, «The Iowa Claim Clubs: Symbol and Substance», in: Vernon Carstensen (Hg.), *The Public Lands: Studies in the History of the Public Domain,* Madison, Univ. of Wisconsin Press, 1963, S. 47.
162 Pisani, *Water, Land, and Law*, S. 53.
163 Ebd., S. 63.
164 Bogue, «The Iowa Claim Clubs», S. 51.
165 Ebd., S. 50.
166 Zitiert ebd., S. 52.
167 Tatter, *The Preferential Treatment*, S. 276.
168 Bogue, «The Iowa Claim Clubs», S. 54.
169 White, *It's Your Misfortune*, S. 141.
170 Tatter, *The Preferential Treatment*, S. 280.
171 Terry Anderson und P. J. Hill, «An American Experiment in Anarcho-capitalism: The Not So Wild West», *Journal of Libertarian Studies,* Bd. 3, 1979, S. 15.
172 Ebd.
173 Bogue, «The Iowa Claim Clubs», S. 50.
174 Ebd., S. 51.
175 Zitiert ebd., S. 54.
176 White, *It's Your Misfortune*, S. 141.
177 Bogue, «The Iowa Claim Clubs», S. 55.
178 Tatter, *The Preferential Treatment*, S. 273.
179 Ebd., S. 287.
180 John Q. Lacy, «Historical Overview of the Mining Law: The Miners' Law Becomes Law», *The Mining Law of 1872*, Washington, DC, National Legal Center for the Public Interest, 1984, S. 17.
181 Robert W. Swenson, «Sources and Evolution of American Mining Law», in: Matthew Bender (Hg.), *The American Law of Mining,* New York, Rocky Mountain Mineral Law Foundation, 1960, S. 19.
182 Gates, «California's Embattled Settlers», S. 100.
183 Harold Krent, «Spontaneous Popular Sovereignty in the United States», *Manuskript zur Vorlage beim ILD,* S. 2.
184 Pisani, *Water, Land, and Law*, S. 52.
185 Limerick, *Legacy of Conquest,* S. 65; vgl. auch White, *It's Your Misfortune,* S. 147.
186 Pisani, *Water, Land, and Law*, S. 69.
187 Ebd.
188 Gates, «California's Embattled Settlers», S. 100.
189 Ebd., S. 22–26.

190 Lacy, «Historical Overview of the Mining Law», S. 26.
191 Zitiert in: Charles Howard Shinn, *Mining Camps: A Study in American frontier Government*, New York, Alfred A. Knopf, 1948, S. 107.
192 *Gore v. McBreyer,* 18 Cal. 582 (1861), zitiert in: Lacy, «Historical Overview of the Mining Law», S. 22.
193 Ebd., S. 21.
194 Ebd., S. 24–25.
195 Swenson, «Sources and Evolution», S. 24.
196 Ebd., S. 29.
197 Ebd., S. 30.
198 Ebd.
199 Krent, «Spontaneous Popular Sovereignty», S. 3.
200 Lacy, «Historical Overview of the Mining Law», S. 5.
201 14 Stat. 252 (1866).
202 Swenson, «Sources and Evolution».
203 Lacy, «Historical Overview of the Mining Law», S. 36.
204 Zitiert in Krent, «Spontaneous Popular Sovereignty», S. 3.
205 Lacy, «Historical Overview of the Mining Law», S. 37–38; 17 Stat. 91, 30 USC, §§ 22–42.
206 *Jennison v. Kirk,* 98 U.S. 240, 243 (1878).
207 Swenson, «Sources and Evolution», S. 27.
208 Messick, «Rights to Land and American Development», S. 45.
209 White, *It's Your Misfortune*, S. 143.
210 Ebd., S. 145.
211 Wood, «Inventing American Capitalism», S. 49.
212 White, *It's Your Misfortune*, S. 270.
213 White, *The American Judicial Tradition*, S. 48–49.
214 Philbrick, «Changing Conceptions», S. 694.
215 C. Reinold Noyes, *The Institution of Property*, New York, Longman's Green, 1936, S. 2 und 13.
216 Zu einer sehr klaren und aktuellen Diskussion dieses Themas vgl. William M. Landes und Richard A. Posner, «Adjudication as a Private Good», *Journal of Legal Studies,* Bd. 8, März 1979, S. 235–284.
217 Noyes, *The Institution of Property,* S. 20.
218 John C. Payne, «In Search of Title», Teil 1, *Alabama Law Review,* Bd. 14, Nr. 1, 1961, S. 17.
219 Andrzej Rapaczynski, «The Roles of the State and the Market in Establishing Property Rights», *Journal of Economic Perspectives,* Bd. 10, Nr. 2, Frühjahr 1996, S. 88.
220 Vgl. Robert C. Ellickson, *Order without Law: How Neighbors Settle Disputes*, Cambridge, MA, Harvard University Press, 1991, zu einer höchst interessanten Diskussion der Frage, wie extralegale Vorschriften Eigentumsbeziehungen in den Vereinigten Staaten bestimmen.
221 Vgl. Richard A. Posner, «Hegel and Employment at Will: A Comment», *Cardozo Law Review,* Bd. 10, März/April 1989.

222 Harold J. Berman, *Law and Revolution. The Formation of the Western Legal Tradition*, Cambridge, MA, Harvard University Press, 1983, S. 555–556.

223 Ebd., S. 557.

224 Robert Cooter und Thomas Ulen, *Law and Economics, an Economic Theory of Property,* Reading, MA, Addison-Wesley, 1997, S. 79.

225 Margaret Gruter, *Law and the Mind*, London, Sage, 1991, S. 62.

226 Bruce L. Benson, *The Enterprise of Law*, San Francisco, Pacific Research Institute for Public Policy, 1990, S. 2.

227 Zu einem Bericht über die Bemühungen informeller Organisationen, in den formellen Sektor zu gelangen, vgl. Hernando de Soto, *The Other Path: The Invisible Revolution in the Third World*, New York, Harper & Row, 1989, vor allem die Kapitel 1–4.

228 Bruno Leoni, *Freedom and the Law*, Los Angeles, Nash Publishing, 1972, S. 10–11.

229 Vgl. Robert Sugden, «Spontaneous Order», *Journal of Economic Perspectives,* Bd. 3, Nr. 4, Herbst 1989, vor allem die Seiten 93–94. Vgl. ferner F. A. von Hayek, *Law, Legislation and Liberty,* Bd. I–III, London, Routledge & Kegan Paul Ltd, 1973.

230 Payne, «In Search of Title», S. 20.

231 Vgl. John P. Powelson, *The Story of Land*, Cambridge, MA, Lincoln Institute of Land Policy, 1988.

232 Richard Pipes, *Die Russische Revolution*, Bd. 1, Berlin, Rowohlt Berlin, 1992, S. 201.

233 Samar K. Datta und Jeffrey B. Nugent, «Adversary Activities and Per Capita Income Growth», *World Development,* Bd. 14, Nr. 12, 1986, S. 1458.

234 S. Rowton Simpson, *Land, Law and Registration*, Cambridge, Cambridge University Press, 1976, S. 170.

235 Peter Stein, *Legal Evolution: The Story of an Idea*, Cambridge, Cambridge University Press, 1980, S. 53.

236 Ebd., S. 55.

237 Lynn Holstein, «Review of Bank Experience with Land Titling and Registration», Arbeitspapier, März 1993, S. 9.

238 J. D. McLaughlin und S. E. Nichols, «Resource Management: The Land Administration and Cadastral Systems Component», *Surveying and Mapping,* Bd. 49, Nr. 2, 1989, S. 84.

239 Lester Thurow, *The Future of Capitalism*, New York, Penguin Books, 1996, S. 5.

240 Hernando de Soto, *The Other Path.*

241 «Side Effects of Egypt's Economic Reform Warned», *Xinhua* (CNN), 4. Februar 1999.

242 George F. Will, *The Pursuit of Virtue and Other Tory Notions*, New York, Simon & Schuster, 1982.

243 Klaus Schwab und Claude Smadja, «Globalization Needs a Human Face», *International Herald Tribune,* 28. Januar 1999.

244 Tim Padgett, *Newsweek,* 16. September 1996.

245 George Soros, *The Crisis of Global Capitalism: Open Society Endangered*, New York, Public Affairs, 1998, S. XXVII (dt.: Die Krise des globalen Kapitalismus, Berlin, Alexander Fest, 1998).

246 Karl Marx und Friedrich Engels, *Werke*, Band 23, «Das Kapital», Bd. I, Siebenter Abschnitt, Dietz Verlag, Berlin 1968 , S. 742.

247 Nancy Birdsall und Juan Luis Londoño, «Assets in Equality Matters», *American Economic Review*, Mai 1997.

248 Karl Marx, ebd., S. 86.

249 Ebd., S. 170.

250 Thomas of Aquinas, *Summa Theologica,* Teil I vom zweiten Teil Q.12, Art. 4, London, Encyclopaedia Britannica, 1952, S. 672.

251 Ronald H. Coase, «The Nature of the Firm», *Economica,* November 1937.

252 Margaret Boden, *The Creative Mind*, London, Abacus, 1992, S. 94.

253 Daniel C. Dennett, «Intentionality», in: Richard L. Gregory (Hg.), *The Oxford Companion to the Mind,* Oxford, Oxford University Press, 1991, S. 384.

254 John R. Searle, *The Construction of Social Reality*, New York, The Free Press, 1995, S. 46.

255 Vgl. Michel Foucault, *Les Mots et les chases*, Saint Amand, Gallimond, 1993.

256 Karl Popper, *Knowledge and the Body-Mind Problem*, London, Routledge, 1994.

257 Viviane Forrester, *L'horreur economique*, Paris, Fayard, 1996, S. 61 (dt.: Der Terror der Ökonomie, Wien, Zsolnay, 1997).

258 Karl Marx, ebd., S. 85.

259 Claude Lévi-Strauss, *Tristes Tropiques* (Paris: Plon, Terre Humaine/Poche, 1996), S. 354.

260 Fareed Zakaria, «The Politics of Port», *Slate Magazine,* Internet, 16. März 1999.

261 Ein wichtiges Buch zum Phänomen von Vertrauen und sozialer Kooperation ist natürlich: Francis Fukuyama, *Trust*, New York, The Free Press, 1995.

# *Danksagung*

Niemand schreibt ein Buch allein. Ich habe von den Informationen, Meinungen, Ermutigungen und der Hilfe vieler Menschen profitiert – so vieler, dass es mir nicht möglich ist, ihnen allen einzeln zu danken. Doch einige sind darunter, ohne die dieses Buch nie das geworden wäre, was es ist, und in diesen Fällen möchte ich meinen Dank schwarz auf weiß festhalten.

Zunächst sind da meine Kollegen aus dem Institute of Liberty and Democracy (ILD) in Lima, Peru, die meine ständigen Begleiter waren in unserem Bemühen, ein nicht ausgrenzendes Marktsystem zu schaffen, in dem die Gesetze allen eine Chance geben, zu Wohlstand zu kommen. Die Gedanken und Konzepte dieses Buches stützen sich auf die Fakten und Zahlen, die mein ILD-Team bei unseren Projekten in aller Welt im Feld erhoben haben. Ich stehe wirklich auf ihren Schultern. Manuel Mayorga La Torre, mein Organisationsleiter, nutzte seine lange Erfahrung als Kraftwerksingenieur, um all unsere Projekte zu planen und zu organisieren, Tag für Tag, immer an vorderster Front. Luis Morales Bayro ist Chefvolkswirt des ILD und beaufsichtigt die Forschungsarbeiten und die Kosten-Nutzen-Analyse in den Ländern, in denen wir arbeiten. Seine Arbeit ist von entscheidender Bedeutung für den Erfolg unseres Bemühens, die verborgenen Kosten von Gesetzen und Institutionen aufzudecken. Unterstützt wird Luis von Mario Galantini und, falls erforderlich, auch von Vittorio Corvo.

Um die rechtliche Seite kümmern sich zwei Kolleginnen, denen seit fünfzehn Jahren mein Vertrauen und meine Freundschaft gehören: Ana Lucia Camaiora leitet das juristische Team des ILD und hat die Aufgabe, das juristische Gesamtbild zu entwickeln. Sie arbeitet Hand in Hand mit Maria del Carmen Delgado, unserer verantwortlichen Rechtsanalytikerin. Sie sind die scharfsinnigsten Experten auf dem Gebiet des Rechtspluralismus, die ich kenne. Sie verstehen nicht nur die Gesetze, sondern auch ihre Bedeutungen. Unterstützt werden sie in ihrer Arbeit durch viele andere ILD-Juristen, unter denen, soweit es dieses Buch angeht, vor allem zu nennen sind: Gustavo Marini, Jackeline Silva, Luis Aliaga und Guillermo Garcia Montufar. Unser leitender Techniker ist Daniel Herencia, dessen Team, bestehend aus Javier Robles und David Castillo, unsere Computersysteme im Feld betreut. Elsa Jo leitet die Verwaltung des ILD, wobei sie sich auf die fähige Unterstützung ihrer Chefbuchhalterin Eliana Silva und die übrigen Mitarbeiter verlassen kann.

Dann gibt es die Menschen, die mich mit dem geistigen Rüstzeug versehen haben, das mir ermöglichte, die Information zu verarbeiten, die ich bekam. Niemand hat bei der Niederschrift dieses Buches enger mit mir zusammengearbeitet als Duncan Macdonald, mein alter Freund und kosmischer Führer aus Schottland. Duncan verdanke ich die Bekanntschaft mit der Kognitionswissenschaft, vor allem mit den Forschungsarbeiten, die sich mit der Theorie des Geistes beschäftigten. Zu meiner großen Freude konnte ich das, was ich las, dazu benutzen, die Ergebnisse meiner Arbeit im Feld zu analysieren. Von dem amerikanischen Anthropologen Douglas Uzzell hatte ich bereits gelernt, wie sehr mir die anthropologische Technik der «teilnehmenden Beobachtung» bei meiner Arbeit helfen konnte, während der Rechtsprofessor Warren Schwartz aus Georgetown mich gelehrt hatte, wirtschaftliche Grundsätze auf die Analyse des Rechts anzuwenden. Doch Duncan zeigte mir, wie die Philosophen des menschlichen Geistes mir helfen konnten, jene Verknüpfungen zwischen Eigentum und Entwicklung zu finden, nach denen ich suchte. Unsere Diskussionen über die Frage, wie Menschen ihre Umwelt in eine Erweiterung ihres Geistes verwandeln können, waren entscheidend für meine Ideen über die Entstehung modernen Kapitals. Wenn ich verwirrt war, mich in meinen Gedanken festgefahren hatte oder einfach im Dunkeln tappte, kam Duncan und rettete mich.

Ferner möchte ich der deutschen Philosophin Dorothee Kreuzer danken, die mich mit den Feinheiten des französischen Poststrukturalismus, vor allem Jacques Derrida und Michel Foucault, vertraut gemacht hat. Von Derrida habe ich gelernt, dass man mit den Kategorien der einen Kultur eine andere so beschreiben kann, dass jeder sie versteht – ohne dass man dem besonderen Charakter der Kultur Gewalt antut. So war ich besser in der Lage, zu verstehen, wie wir extralegale Eigentumsregelungen erfolgreich in formales Eigentumsrecht integrieren. Von Foucault lernte ich die Grundbegriffe der «geheimen Architektur», die das Unsichtbare mit dem Sichtbaren verbindet, und gewann aus seinen Schriften auch die Erkenntnis, dass ein gutes Repräsentationssystem die *condition de possibilité* für die ganze Menschheit erweitert. Mein Sinn für die ökonomische Kraft und Bedeutung von Repräsentationen wurde zusätzlich geschärft durch die Lektüre der Semiotik, vor allem der Werke von Umberto Eco und Ferdinand de Saussure, und der Philosophie des Geistes; hier sind vor allem die Bücher von John Searle und Daniel Dennett zu nennen.

Doch den entscheidenden Anteil daran, dass meine Ideen sich auch der Öffentlichkeit stellen können, hat mein Freund und Kollege Mariano Cornejo. Egal, wie genial oder elegant eine Idee auch ist, sie wird in kein ILD-Projekt Eingang finden, wenn sie nicht die beiden Grundbedingungen von Mariano erfüllt: dass sie funktioniert und dass sie von ganz einfachen Menschen angewendet werden kann. Wenn ich Recht habe, lächelt er einfach und sagt mir, ich hätte da etwas Selbstverständliches gefunden («No *es problema, no es problema*»); wenn ich Unrecht habe, zeigt er mir die richtige Richtung.

Noch zwei Menschen gibt es, ohne deren Anregung, Ermutigung und Hilfe ich niemals in der Lage gewesen wäre, dieses Buch zu schreiben. Nach zwölfjähriger Partnerschaft ist mir Stephan Schmidheiny ein lieber Freund geworden. Stephan, der nicht nur ein Intellektueller und Philanthrop ist, sondern auch ein außerordentlich erfolgreicher Geschäftsmann, hat auf vielerlei Weise zum Erfolg des ILD beigetragen. Er hat uns in unseren Bemühungen unterstützt, den Menschen eine Chance zu geben, die ungerechterweise nie eine gehabt haben. Er hat uns auch in unserer Überzeugung bestärkt, dass globale Märkte ohne globale Gesetze gefährlich sind. Entscheidend war Stephans Einfluss auf die Arbeit des ILD aber vor allem deswegen, weil er uns ständig auf die Notwendigkeit zum Realismus hingewiesen hat: Wenn der Idealismus nicht den Prinzipien der Geschäftswelt Rechnung trägt, bleiben die Ideale bloße Ideale, ohne Nutzen für die Leute, denen wir helfen wollen. Ein weiterer sehr wichtiger und sehr lieber Freund ist Lawrence Chickering, ein scharfsinniger Intellektueller aus San Francisco, der dem ILD geholfen hat, viele Projekte und Experimente auf den Weg zu bringen, während er mir persönlich ständig mit seiner einfühlsamen «pastoralen» Beratungsmethode geholfen hat.

Auf keinen Fall darf ich meine Freunde in der *International Development Association* der Weltbank vergessen: Brian Atwood, Dick McCall, Jim Michels, Norma Parker, Aaron Williams, Paula Goddard und vor allem die phantastischen Leute in der lateinamerikanischen und karibischen Abteilung, Mark Schneider, Carl Leonard, Michael Deal, Timothy Mahoney, William B. Baucom, Donald Drga und Jolyne Sanjak. Sie haben das ILD in all den Jahren nicht nur unterstützt und gefördert, sondern uns auch viele Möglichkeiten eröffnet. Wenn ich vor einem organisatorischen Problem stand, hat mir mein alter Freund John Sullivan, der das Center for International Private Enterprise leitet, erläutert, wie US-amerikanische Institutionen es angehen würden. Er hat mich auch gelehrt, wie mehrere klug ausgewählte Institutionen widersprüchliche Positionen in funktionierende und gewinnträchtige Lösungen verwandeln können. Von meinem Freund Bob Litan an der Brookings Institution habe ich nicht nur gelernt, dass das Recht wirtschaftliches Verhalten beeinflusst, sondern auch, dass die übrige Welt wichtige Erkenntnisse aus der Art und Weise gewinnen kann, wie die Finanzrevolution in den Vereinigten Staaten die Kapitalbildung gesteigert hat. Eines Tages im Juni 1999 betrat Bob mein Haus in Lima und sagte: «Ich habe einen schönen Titel für dein Buch – *The Mystery of Capital.*» Auch dafür danke ich ihm.

Ein besonderer Dank geht an die Smith Richardson Foundation, die viele der Untersuchungen für dieses Buch mit großzügigen Forschungsmitteln unterstützte. Wir sind mit der Stiftung seit langem herzlich verbunden, hat sie das ILD doch in den neunziger Jahren, als es sich Bombenangriffen und Feuerüberfällen ausgesetzt sah, mit einem kugelsicheren Fahrzeug versorgt, sodass wir unsere Arbeit fortsetzen konnten.

Außerordentlich dankbar bin ich Harold Krent, Saul Levmore, Rick Messick, Tom Romero und Larry Stay für die schier übermenschlichen Anstrengungen, die sie unternahmen, um die Geschichte des US-Eigentums zu recherchieren. Mein Dank gilt auch meinen Freunden an Her Majesty's Land Registry in London – vor allem John Manthorpe und Christopher West –, weil sie mir die Bücher genannt haben, die mir geholfen haben, die Entwicklung des britischen Eigentums zu verstehen. Monika Bergmeier und Klaus Joachim Grigoleit haben mich auf die Ursprünge des deutschen Eigentums hingewiesen und Hans-Urs Wili mich mit den Anfängen des Schweizer Eigentums vertraut gemacht und mir dabei erläutert, wie das römische Recht in der Schweiz und in Deutschland aus einem strengen Regelsystem in ein bürgerfreundlicheres Recht umgewandelt wurde. Peter Schaeffer, mein Freund in Washington, DC, hat seine Gedanken, Anmerkungen und Beobachtungen beigesteuert und mich mit anderen Menschen bekannt gemacht, die wertvolle Anregungen für unsere Arbeit hatten.

Merran Van Der Tak hat mir geholfen, die Beziehung zwischen Eigentumsrechten und öffentlichen Versorgungsunternehmen zu untersuchen. Von Oscar Beasley habe ich erfahren, wie *Title Insurance* (Versicherung gegen Rechtsmängel bei Grundstückserwerb) und die Sicherung von Grundstücken erfolgt. Robert Freedman vertiefte meine oberflächlichen Kenntnisse des Marxismus. Lee und Alexandra Benham waren so freundlich, frühe Fassungen dieses Buches durchzusehen.

Zum Gelingen des Buchs haben ferner die Einladungen beigetragen, die wir von verschiedenen Regierungen und nichtstaatlichen Organisationen erhalten haben, in ihren Ländern Projekte durchzuführen, die das Ziel hatten, die Armen mit Kapital zu versorgen. Die Möglichkeit, auf praktisch allen Kontinenten Informationen zu sammeln, Institutionen und Gesetzgebungen zu analysieren und Teilnehmer sowohl des legalen Sektors wie der Schattenwirtschaft zu interviewen, trugen dazu bei, dass dieses Buch für praktisch alle Länder der Welt relevant wurde. Im jetzigen Stadium kann ich nur den Kollegen dreier Länder, in denen wir gegenwärtig arbeiten, öffentlich danken. In Ägypten gilt mein Dank den Freunden und Kollegen vom Ägyptischen Zentrum für Wirtschaftliche Studien Ahmed Galal, Hisham Fahmy, Taher Helmy, Gamal Mubarak und ihren Mitarbeitern. Sherif El Diwany hat bei allen Studien, die das ILD in Ägypten durchgeführt hat, wesentlichen Anteil an unserer Arbeit gehabt. Entscheidend war auch die Unterstützung von Ministerpräsident Atef Ebeid, Finanzminister Medhat Hassanein, Wirtschaftsminister Yousef Boutros Ghali und Sozialminister Mervat El Talawi. In Haiti danke ich Präsident Rene Preval und Ex-Präsident Jean Bertrand Aristide sowie ihren Mitarbeitern. Zu Dank verpflichtet bin ich ferner dem Centre pour la Libre Entreprise et la Démocratie, insbesondere Georges Sassine, Lionel Delatour, Bernard Craan und Jean Maurice Buteau. Auf den Philippinen war die Hilfe, die wir von Präsident Joseph Estrada und Staatssekretär Ronaldo Zamora erhielten, von großer Bedeutung für unsere Arbeit. Von großer Bedeutung für unser Forschungsprojekt waren auch die Bemühungen und die Unterstützung von Vie Taylor sowie Ernesto Garilao, Jose P. Leviste, Arturo Alvendia, Alex Melchor und vielen anderen.

Das Manuskript dieses Buches hätte nie das Licht der Welt erblickt ohne Iris MacKenzie, die mein Englisch sicher durch zahllose Entwürfe führte; als meine erste Leserin und Lektorin hat mich Iris immer wieder zu größerer Klarheit angehalten. Meiner Assistentin Miriam Gago möchte ich dafür danken, dass sie mir geholfen hat, das Manuskript in eine Form zu bringen, die den kritischen Blicken der Verleger in der ganzen Welt standhalten konnte. Vor allem aber verdanke ich es ihrer tüchtigen Organisation meines Lebens und meiner Verwaltungsarbeit, dass ich dem Büro über längere Zeiträume fern bleiben konnte, um dieses Buch zu schreiben.

Schließlich möchte ich meinen Dank einigen Menschen abstatten, die mir geholfen haben, ein paar gute Ideen in ein Buch zu verwandeln. Mein Agent Andrew Wylie ist ein Quell unerschöpflichen Einfallsreichtums, wenn es darum geht, ein Buch für ein internationales Publikum interessant zu machen. Er setzte hohe Maßstäbe und hat mir nie erlaubt, hinter ihnen zurückzubleiben. Sobald ich ein Manuskript hatte, wurden meine Freunde David Frum und Mirko Lauer seine Architekten; zehn Tage lang nahmen sie sich den Entwurf vor, krempelten ihn um und um und «wrangen», wie Frum sagte, «das Wasser heraus», bis der endgültige Aufbau sichtbar wurde. Bei der Aufgabe, das Manuskript so aufzuarbeiten, dass ich für die Treffen mit potenziellen Verlegern gerüstet war, hatte ich glücklicherweise Edward Tivnan an meiner Seite. Als Journalist und Autor, der in Philosophie promoviert hat, ist Rivnan im Umgang mit Ideen und Fristen gleichermaßen erfahren. Fünfzig Tage hat er bei mir in Lima verbracht, fünfzig Tage, in denen wir das ganze Buch Satz für Satz umgeschrieben haben.

Bill Frucht, mein US-amerikanischer Lektor, hat bei der Vorbereitung des Buchs zur Veröffentlichung großartige Arbeit geleistet, er hat mir geholfen, viele Punkte klarer zu fassen, und auf diese Weise wesentlich zur Verbesserung des Buches beigetragen. Sally Gaminara war meine britische Lektorin. Ihre Fähigkeiten als Lektorin wurden nur noch von ihrer Phantasie und Kreativität bei der Präsentation und der Öffentlichkeitsarbeit für dieses Buch übertroffen.

Der Erfolg des fertigen Buches ist all den Menschen zu verdanken, die ich oben genannt habe. Für seine Mängel bin ich allein verantwortlich.

## *Namen- und Sachregister*